职业教育新形态
财会精品系列教材

管理会计
基础与实务

万凯 卢芳敏 ◆ 主编

熊懿荣 何莹 肖铁锋 眭召强 ◆ 副主编

Fundamentals and Practice of Management Accounting

人民邮电出版社
北 京

图书在版编目（CIP）数据

管理会计基础与实务 / 万凯，卢芳敏主编. -- 北京：
人民邮电出版社，2023.8
职业教育新形态财会精品系列教材
ISBN 978-7-115-61908-2

Ⅰ. ①管… Ⅱ. ①万… ②卢… Ⅲ. ①管理会计－高
等职业教育－教材 Ⅳ. ①F234.3

中国国家版本馆CIP数据核字(2023)第098858号

内 容 提 要

本书根据财政部发布的《管理会计基本指引》及《管理会计应用指引》设置内容框架，旨在帮助
学生理解管理会计的基本概念、基本理论，并能够应用管理会计的基本方法。全书由 7 个项目构成，
包括管理会计认知、战略管理、全面预算管理、投融资管理、营运管理、成本管理、绩效管理等相关
内容。

本书知识体系完整，内容丰富，栏目设置多样化，并且提供完整的教学资源，既可作为高等职业
院校大数据与会计、大数据与财务管理专业的教材，又可作为社会相关人员的学习和培训用书。

◆ 主　　编　万　凯　卢芳敏
　　副主编　熊懿荣　何　莹　肖铁锋　眭召强
　　责任编辑　崔　伟
　　责任印制　王　郁　彭志环
◆ 人民邮电出版社出版发行　　北京市丰台区成寿寺路 11 号
　　邮编 100164　电子邮件 315@ptpress.com.cn
　　网址 https://www.ptpress.com.cn
　　三河市祥达印刷包装有限公司印刷
◆ 开本：787×1092　1/16
　　印张：12.5　　　　　　　　2023 年 8 月第 1 版
　　字数：359 千字　　　　　　2025 年 1 月河北第 4 次印刷

定价：52.00 元

读者服务热线：**(010)81055256**　印装质量热线：**(010)81055316**
反盗版热线：**(010)81055315**
广告经营许可证：京东市监广登字 20170147 号

前 言

管理会计是一门综合性学科，它以现代管理科学为理论基础，涉及管理学、会计学、运筹学、心理学、行为学等多门学科。管理会计工作是会计工作的重要组成部分。全面深化管理会计应用，是增强企业价值创造力、推动企业高质量发展的内在需要，是建立现代财政制度、推进国家治理体系和治理能力现代化的重要举措。2021年11月，财政部印发《会计改革与发展"十四五"规划纲要》，提出了"推动会计职能对内拓展"的主要任务，而全面深化管理会计应用，是推动会计职能对内拓展的重要任务之一。

随着《财政部关于全面推进管理会计体系建设的指导意见》的出台，以及我国数字经济的发展，企业对财务信息和非财务信息的整合性、及时性和准确性提出了更高的要求，管理会计逐步走到了业务前端，发挥其在战略制定、事前预测、事中管控中的重要作用。党的二十大报告提出，要"加快发展数字经济"，"健全现代预算制度"。新兴技术的不断涌现为管理会计信息化建设提供了新的契机和前景，为管理会计的发展壮大创造了良好的基础环境。

在管理会计体系建设中，人才建设是关键，管理会计的理论体系、指引体系、信息系统建设及咨询服务发展等各项工作都需要专业的管理会计人才予以实施。因此，高等职业院校有必要将管理会计的基本知识、基本方法和手段等知识与技能纳入财会专业教学中，以培养学生从事企业管理会计工作的能力，为其职业发展奠定基础。本书以培养学生的职业能力为主线，把知识学习、知识运用紧密结合起来，融教、学、做于一体，充分体现以学生为本、能力与素质培养相统一的现代高职教育理念。

本书具有以下特色。

（1）**注重时效性**。本书的教学内容严格按照新的《管理会计基本指引》和《管理会计应用指引》进行安排。

（2）**注重技能性**。本书共有7个项目，每个项目都设置了知识目标、能力目标、素养目标，并通过以案导学、知识拓展、提示、阅读案例、随堂小测等多样化的小栏目，引导学生在消化理论知识的同时能够将其应用于实践，以适应未来职业发展的需要。此外，每个项目后还提供了同步训练题，可以帮助学生及时检查自己的学习效果、把握学习进度。

（3）**注重素养性**。本书设置"以文化人"栏目，通过案例分析、经典阅读、时事讨论等形式，在讲授相关理论知识的同时，注重引导学生树立正确的世界观、人生观和价值观，达到立德树人、铸魂育人的目的。

（4）**注重融合性**。本书将管理会计核心岗位要求与国家会计技能大赛、管理会计相关执业证书的要求相融通，在预算管理、投融资管理、营运管理、成本管理和绩效管理项目中增加了"岗课赛证素质拓展"栏目，帮助学生了解管理会计岗位应具备的核心能力，明确具体的岗位任务，并通过实例分析对理论知识进行拓展应用。

本书由江西财经职业学院万凯、卢芳敏担任主编，熊懿荣、何莹、肖铁锋、眭召强担任副主编。在编写本书的过程中，编者还得到了新道科技股份有限公司的帮助，特此致谢。

由于编者水平有限，书中不当之处在所难免，敬请读者批评指正。

编　者

2023年5月

CONTENTS

目 录

项目一 管理会计认知

政策指引

《管理会计基本指引》

知识目标

■ 明确管理会计的概念、目标和职能；
■ 了解管理会计的形成与发展；
■ 熟悉我国管理会计体系的建设历程；
■ 掌握管理会计职业道德规范的主要内容。

能力目标

■ 能够构建管理会计思维；
■ 能区分管理会计与财务会计；
■ 能明确管理会计在价值链中的角色。

素养目标

■ 树立正确的管理会计职业道德观；
■ 理解管理会计的发展对经济发展的重要性，培养职业的自豪感与使命感。

以案导学

从扁鹊三兄弟的故事初识管理会计

魏文王问名医扁鹊："你们家兄弟三人都精于医术，到底哪一位医术最高明呢？"扁鹊回答："长兄最好，中兄次之，我最差。"魏文王再问："为何你最出名？"扁鹊答："长兄治病是治病于病情发作之前，由于一般人不知道他能事先铲除病因，所以他的名气无法传出去。中兄治病，是治病于病情初起时，一般人以为他只能治轻微的小病，所以他的名气只及本乡里。而我治病于病情严重之时，一般人都看到我在经脉上穿针管放血、在皮肤上敷药等，所以以为我的医术高明，我的名气因此最大。"

【点评】在这个故事中，我们可以看到大哥擅长事前控制，具有敏锐的洞察力和战略眼光，能够帮助别人防患于未然；而二哥擅长事中控制，出手迅速，具备帮助人们免于被大病折磨的能力；扁鹊擅长事后控制，能够扶大厦于将倾，是临危受命的人物。

防患于未然才能从根本上解决问题。正确的管理思路是先从企业的战略出发，做好战略规划，做到事前有规划、事中有控制、事后有分析，这样才能将各种风险消灭于萌芽状态，为企业的健康发展保驾护航。而管理会计正是为企业的事前规划决策、事中控制、事后评价提供信息支持的。管理会计就是解析过去、控制现在、规划未来。

任务一　管理会计的内涵

管理会计产生于西方国家，是管理科学化、现代化的产物。管理会计作为现代企业会计信息系统中的一个子系统，是在企业追求最大利润的过程中，会计实践发展的必然结果，也是社会生产力发展到一定阶段的产物。

一、管理会计的概念

"管理会计"这个名词最早是由 H.W. 奎因坦斯在 1922 年的《管理会计：财务管理入门》中提出的，而 1952 年的国际会计师联合会正式启用"管理会计"这个专门术语。此后，国内外有关组织、机构和研究人员都从不同角度对管理会计的概念进行了界定。

（一）狭义管理会计阶段

20 世纪 20—70 年代，人们普遍认为管理会计只是为企业内部经营管理者提供计划与控制所需信息的内部会计。

1958 年，美国会计学会管理会计委员会将管理会计定义为：管理会计就是运用适当的技术和概念，处理企业历史和计划的经济信息，以有利于管理人员制订出合理的能够实现经营目标的计划，以及为达到各项目标所进行的决策。

1966 年，美国会计学会管理会计委员会对上述定义做了修正：管理会计是利用适当的技术和观念，加工历史和未来的经济信息，以帮助管理人员编制合理的经济目标方案，并协助管理部门达到其经济目标而制定合理的经济决策。

> ✎ 提示
> 上述两个定义的内涵相差不大，其实质都是将管理会计理解为通过对历史和未来的资料或信息进行分析处理，协助企业管理人员制定合理的目标及做出恰当的决策而使用的一种技术或概念。但是无论是从管理会计基础理论还是实务等其他方面而言，1966 年的定义相比 1958 年有了较大的发展，认为管理会计是一种技术与方法。

狭义管理会计的核心内容在于强调管理会计计划与决策，即以企业为主体开展的管理活动，旨在为企业管理当局提供为管理目标服务的信息系统，是从微观角度来解释管理会计的。

（二）广义管理会计阶段

进入 20 世纪 70 年代，管理会计的外延开始扩大。

1986 年，美国全美会计师协会管理会计实务委员会在其颁布的公告中指出：管理会计是向管理当局提供用于企业内部计划、评价、控制以及确保企业资源的合理使用和经营责任的履行所需财务信息的确认、计量、归集、分析、编报、解释和传递的过程。管理会计还包括为诸如股东、债权人、规章制定机构及税务当局等非管理集团编制财务报告。这一定义，明显将管理会计的适用范围从微观扩展到了宏观。

1988 年，国际会计师联合会所属的财务和管理会计委员会将管理会计解释为：管理会计是在一个组织内部对管理当局用于规划、评价和控制的信息（财务和经营的信息）进行确认、计量、积累、分析、编报、解释和传输的过程，以确保其资源的合理利用并对它们承担经营责任。这是一种广义的管理会计观，它把管理会计职能扩大到企业整个管理过程，并且认为管理会计是一个信息系统和一门综合性的学科，扩大了管理会计的范围。

1997 年美国管理会计师协会提出的管理会计新定义与以上几种相比，在对管理会计本质的认识上，又有了新的突破。该定义认为：管理会计是提供价值增值，为企业规划设计、计量和管理财务与非财务信息系统的持续改进过程，通过此过程指导管理行为、激励行为、支持和创造达到组织战略、战术和经营目标所必需的文化价值。这个定义认为管理会计活动本身能够创造价值，为组织"提供价值增值"，而非只是为改善管理而"提供信息"。同时，这一定义将管理会计的职能提升到战略高度，表明管理会计追求和关注的应不仅是企业的短期利益，而且包括企业的长期发展；管理会计这个"过程"指导的也不仅是经营活动本身，还包括为实现组织目标而必须建立的组织文化的形成。

2007 年，美国管理会计师协会提出建立管理会计新定义的目标，2008 年批准了新定义：管理会计是一种深度参与管理决策、制订计划与绩效管理系统、提供财务报告与控制方面的专业知识，以及帮助管理者制定并实施组织战略的职业。该定义强调了管理会计的专业应用及其在企业战略中的作用。

（三）我国对管理会计的定义

20 世纪 70 年代末 80 年代初，我国引入管理会计。虽然我国的会计学者对管理会计的解释有不同的侧重点，但关于管理会计的定义基本达成了以下共识。

第一，管理会计同财务会计一样是现代会计的组成部分，但是与财务会计不同的是，时间上管理会计反映现在和未来的情况，空间上管理会计为组织内部管理当局服务。

第二，管理会计不仅提供财务信息，也提供非财务信息，包括生产经营、运营管理和过程控制中产生的信息。

改革开放以来，特别是社会主义市场经济体制建立以来，我国会计工作紧紧围绕服务经济财政工作大局，会计改革与发展取得了显著成效，但是我国管理会计发展相对滞后，迫切要求继续深化会计改革，加强管理会计工作。

2014 年 10 月，财政部发布《财政部关于全面推进管理会计体系建设的指导意见》（后文简称《指导意见》），强调加快我国管理会计理论体系的建设步伐需要加强对管理会计概念框架、管理会计工具方法以及管理会计基本理论的研究。随后，2016 年 6 月财政部印发了《管理会计基本指引》（后文简称《基本指引》），12 月又印发了 22 项管理会计应用指引的征求意见稿。2017 年 9 月，财政部正式印发了《管理会计应用指引第 100 号——战略管理》等 22 项管理会计应用指引；2018 年 8 月，财政部又印发了《管理会计应用指引第 202 号——零基预算》等 7 项管理会计应用指引。这一系列政策的发布，将管理会计理论建设上升为国家层面的计划安排。

财政部印发的《指导意见》将管理会计定义为：管理会计是会计的重要分支，主要服务于单位（包括企业和行政事业单位）内部管理需要，是通过利用相关信息，有机融合财务和业务活动，在单位规划、决策、控制、评价等方面发挥重要作用的管理活动。

✏️ **提示**

第一，管理会计为内部管理服务，解决的是"管理"问题而非"会计"问题，在服务管理过程中起到的是支持作用。因此，管理会计本质上是一个信息系统，其功能定位为决策支持系统。

第二，管理会计发挥作用的路径或载体，是业财融合的管理活动过程，实现服务的过程是提供信息和利用信息开展管理活动。这意味着管理会计与这些管理活动过程的关系是伴生性关系，管理活动在哪里，管理会计的服务就应该跟着发挥到哪里。

第三，管理会计的服务领域，涉及单位各个管理职能的规划、决策、控制和评价活动，这意味着管理会计的功能领域具有广泛性、复杂性和动态性。

二、管理会计的目标与职能

（一）管理会计的目标

2016 年 6 月财政部印发的《基本指引》，总结提炼了管理会计的目标、原则、要素等内容，以指导单位管理会计实践。《基本指引》指出：管理会计的目标是通过运用管理会计工具方法，参与单位规划、决策、控制、评价活动并为之提供有用信息，推动单位实现战略规划。

管理会计是为企业内部管理服务的，它不受财务通则和会计准则的约束，可以按企业管理的需要来处理会计信息，为企业的管理和决策提供信息服务，参与企业的经营管理。管理会计通过编制全面预算和各级责任预算，按照各项经济目标的要求合理配置资源，引导资源在企业内部合理流动。管理会计通过标准成本、绩效考核管理等方法，分析差异，调节控制经济活动，考核和评价企业各部门的业绩。

（二）管理会计的职能

管理会计的职能是指管理会计客观上具有的功能。由于管理会计是管理科学与会计科学相结合的产物，它是为企业管理服务的，所以管理会计职能也应当与企业管理职能相匹配，其职能范围也是随着社会经济的发展而逐步扩大的。根据管理五职能的观点，管理会计的主要职能可以概括为预测、决策、规划、控制和考核评价。

1. 预测经济前景职能

所谓预测，是指采用科学的方法预计推测客观事物未来发展的必然性或可能性的行为。管理会计发挥"预测"的职能，就是预测经济前景。预测经济前景是指按照企业未来的总目标和经营方针，充分考虑经济规律的作用和经济条件的约束，选择合理的量化模型，有目的地预计和推测未来企业销售、利润、成本及资金的变动趋势和水平，为企业经营决策提供第一手信息。

2. 参与经济决策职能

决策是在充分考虑各种可能的前提下，按照客观规律的要求，通过一定程序对未来实践的方向、目标、原则和方法做出决定的过程。管理会计发挥"决策"职能，就是参与经济决策。这一职能主要体现在根据企业决策目标搜集、整理有关信息资料，选择科学的方法计算有关长短期决策方案的评价指标，并做出正确的财务评价，最终筛选出最优的行动方案。

3. 规划经营目标职能

规划是企业未来经济活动的计划，它以预测、决策为基础，以数字、文字、图表等形式将管理会计目标落实下来，以协调各单位的工作、控制各单位的经济活动、考核各单位的工作业绩。管理会计规划职能就是规划经营目标，是通过编制各种计划和预算实现的。它要求管理会计提供高质量的历史和未来信息，采用适当的方式，量化并说明未来经济活动对企业的影响。在最终决策方案的基础上，将事先确定的有关经济目标分解落实到各有关预算中去，从而合理有效地组织协调企业供、产、销及人、财、物之间的关系，并为控制和考核评价创造条件。

4. 控制经济过程职能

控制是对企业经济活动按计划要求进行的监督和调整，以使其最终达到或超过预期目标。管理会计发挥"控制"职能就是控制经济过程，将经济过程的事前控制同事中控制有机地结合起来。一方面，企业应监督计划的执行过程，确保经济活动按照计划的要求进行，从而为完成目标奠定基础；另一方面，企业也应对采取的行动及计划本身的质量进行反馈，以确定计划阶段对未来期间影响经济变动各因素的估计是否充分、准确，从而调整计划或工作方式，以确保目标的实现。因此，为了实现控制职能，企业应建立完善的控制体系，确保该控制体系所提供的与经济活动有关的信息真实、完整，确保该控制体系能够适时、有效地调整计划及管理人员的行为。

5. 考核评价经营职能

在对未来经济活动进行计划的过程中，管理人员应提供预测、决策的备选方案及相关的信息，并准确判断历史信息和未来事项的影响程度，以便选择最优方案。在这一过程中，管理人员应对有关信息进行加工处理，去粗取精、去伪存真，以确保选用信息能够反映经济活动的未来趋势，揭示经济活动的内在比例关系。管理会计履行"考核评价"的职能，就是考核评价经营业绩。这是通过建立责任会计制度来实现的，即在各部门、各单位及每个人均明确各自责任的前提下，逐级考核责任指标的执行情况，找出成绩和不足，从而为奖惩制度的实施提供依据。

任务二　管理会计的形成与发展

管理会计的萌芽产生于第一次世界大战以后，随着社会化大生产程度的加深，生产规模日益扩大，竞争开始激烈起来，企业的生存和发展不仅取决于产量的增长，更取决于成本的降低。因此，企业要想在竞争中取胜，就必须加强内部管理、降低成本、提高生产效率，以获取最大利润。第二次世界大战以后，科学技术日新月异，生产力迅速发展，竞争更加激烈，迫使企业更加注重市场，在加强内部管理的同时，更加注重市场的预测、决策，努力提高企业的经济效益。

一、管理会计的形成和发展概述

任何一门学科都有其产生和发展的背景，其理论和技术方法都是在实践中逐渐形成的，管理会计的发展是同商品经济和管理理论的发展紧密联系在一起的。

（一）以成本控制为基本特征的传统阶段（20 世纪初—20 世纪 40 年代末）

20 世纪初，西方国家的社会经济进入了一个新的发展时期，在新的经济技术条件下，经营者只凭经验和惯例进行管理已不能满足要求，以先进的科学管理代替落后的传统管理已成必要。1911 年，被西方誉为"科学管理之父"的泰罗发表了《科学管理原理》这一重要文献，他科学地分析了人在劳动中的机械动作，省去了多余的笨拙的动作，为工人的劳动制定了精确的工作方法，实行了完善的计算和监督制度。泰罗制的实施提出了这样的问题：会计如何为提高企业的生产和工作效率服务？与泰罗同时代的埃默生利用泰罗创立的精确计算方法对劳动工资制度进行了改革，首先在成本管理上实行了标准人工成本法。美国的甘特又把标准人工成本法推广到材料和制造费用的成本管理中，产生了标准成本会计。1921 年，美国颁布《预算与会计法案》，使预算管理的职能普遍为人们所了解，企业纷纷引入预算管理。预算管理成为一种重要的企业管理工具。总之，在科学管理理论的影响下，会计理论和会计实践得到空前的丰富和发展。标准成本、预算控制、差异分析等专门方法被引进会计体系，这些新的概念和方法都是后来的管理会计的有机组成部分，并被沿用至今。1922 年，麦金西的《预算控制》、奎因斯坦的《管理会计：财务管理入门》相继问世，1924 年，麦金西的《管理会计》和布利斯的《通过会计进行经营管理》都主张会计服务的重心要在加强内部管理上。综上所述，可以说以泰罗的科学管理理论为基础，以标准成本和预算控制为主要支柱的早期执行性管理会计，在 20 世纪二三十年代已初步形成。

（二）以预测、决策为基本特征的现代管理会计阶段（20 世纪 50 年代—20 世纪 70 年代末）

20 世纪 50 年代，世界经济进入了第二次世界大战后的快速发展时期，日益高涨的第三次技术革命浪潮推动着社会生产力迅猛发展，生产高度自动化和社会化，产品更新周期大大缩短，一系列新兴产业部门层出不穷，资本的国际化加剧，企业的组织规模不断扩大，出现了大量的集团企业、跨国企业，企业产销规模庞大，管理层次繁多，企业间的竞争越来越激烈，单纯依靠大规模的技术革新，已经无法应对外部市场的急剧变化。面对瞬息万变的外部环境，企业的管理人员意识到，欲使本企业在市场竞争中处于不败之地，并且提高自身的价值，早期的执行性管理会计已不能满足管理工作的需要，管理会计必须对市场变化进行正确预测，在科学预测的基础上做出决策。由此，管理会计的工作重心从规划控制、差异分析向事前的预测、决策转移。

在这种情况下，管理科学理论和决策理论应运而生，管理会计中有关决策的理论和方法，也得到丰富和发展。预测和决策分析成为管理会计的一部分，各种数学模型的建立与应用，包括一般代数模型、数学分析模型、数学规划模型、概率模型，使预测与决策的正确性大大提高。电子计算机在管理会计中的应用，使大量的、快速的信息处理变为可能。

（三）战略管理阶段（20 世纪 80 年代至今）

20 世纪 80 年代以来，随着新技术的不断涌现，经济结构、产业结构和产品结构都发生了巨大的变化，管理理论和实践受到极大的冲击与挑战，国外学者率先提出了战略管理的理念。企业的管理不仅要协调内部的各种关系，还应该协调企业内部与外部环境的关系，使企业在变幻莫测的市场中生存下去并不断发展。与战略管理相适应的战略管理会计（Strategic Management Accounting）自然成为各国学者研究和探索的新课题。战略管理会计是管理会计在现代管理基础上的进一步发展，与战略管理相互依存、相互渗透，其总体的框架结构还不是很完善。但一般观点认为，战略管理会计是以取得整体竞争优势为主要目标，以战略观念审视企业外部和内部信息，强调财务与非财务信息、数量与非数量信息并重，为企业战略及企业战术的制定、执行和考评，揭示企业在整个行业中的地位及其发展前景，建立预警分析系统，提供全面、相关和多元化信息而形成的将战略管理与管理会计融为一体的新型的管理会计体系和方法。目前西方战略管理会计主要关注以下四个领域：战略成本分析、目标成本法、产品生命周期成本法以及平衡计分卡。

为了增强企业的市场竞争能力，管理会计不但参与企业的日常管理，而且还在协助最高管理层确定战略目标、进行战略规划、评价企业管理业绩方面发挥作用。因此，20世纪80年代后管理会计呈现出以下特征。

（1）管理会计更趋精密化和科学化。在大量引入不确定性条件和代理理论的情况下，现代管理会计在预测和决策的能力与准确性上更精密化和科学化。

（2）管理会计和财务会计开始趋向一体化。财务会计和管理会计运用的原始数据都是相同的，借助电子计算机，人们可以建立起集中存储数据、共享数据资料、统一提供财务会计与管理会计数据的信息系统，财务会计与管理会计实现资源共享已成为可能，两者的界限日渐模糊。

（3）现代管理会计的视野已开始从微观转向宏观。现代管理会计如果仅仅关注企业内部经营管理很难使企业在竞争中处于优势，特别是在进行决策时，必须综合考虑多方面的因素。其中，宏观经济政策是必须考虑的因素。关注宏观经济环境，利用其为企业的发展创造机会，这也是现代管理会计的重要内容。

管理会计是多种学科相互渗透的结晶，具有很强的综合性，因此随着其他学科特别是管理理论的丰富发展，它的基本理论和技术方法也会日渐成熟和完善。

随堂小测

管理会计起源于西方的（　　　　）。
A. 资金管理　　　　B. 成本管理　　　　C. 预算管理　　　　D. 绩效管理

二、我国管理会计体系的建设历程

（一）引入西方管理会计理念的借鉴阶段（1978—1991年）

管理会计的概念最早起源于西方国家。从实行改革开放开始，我国会计学术界就对西方的管理会计进行了热烈的讨论和引进，并对西方管理会计在我国的借鉴和应用意义进行了广泛而热烈的讨论，余绪缨教授等优秀学者为管理会计在国内的发展做出了巨大贡献。

借鉴西方管理会计对我国企业的会计改革起到了推动作用。王棣华总结了引入西方管理会计理念的作用：学习从西方引入的管理会计理论，改变了我国传统的会计观念，使我国诸多财务人员逐步形成了经济效益观念、对外开放观念、市场竞争观念、资金时间价值观念、预测决策观念。许多企业在借鉴西方管理会计之后，其会计体系由传统的报账型转换为预算型，由单一的核算型转变为多方面的控制型，实现了很大的跨越。

从改革开放到20世纪90年代，我国对管理会计的研究主要集中在如何借鉴西方管理会计内容，以及管理会计工具的开发应用方面。有些学者讨论了西方管理会计对我国经济体制的适用性，从多个方面对中西方差异及财务会计与管理会计的差异进行了比较，总结了管理会计存在的意义并指出不足。例如，孟焰指出，中西方管理会计存在一个重大薄弱环节，即管理会计没有像财务会计那样形成一套完整、系统的理论体系，并指出理论既指导实践又源于实践。还有学者对我国管理会计的发展方向提出了建议并进行了预测。此阶段，我国管理会计的研究应用主要侧重于改善企业内部，没有明显的市场特征。

（二）管理会计初步实践探索阶段（1992—2000 年）

从世界范围来看，现代管理会计自 20 世纪 80 年代中期后开始面临各种各样的问题。我国于 1992 年确立了社会主义市场经济体制改革目标，并在 1993 年建立现代企业制度，实行分税制改革。此阶段管理会计在我国企业的应用程度很低，一些管理会计方法如本量利分析、短期经营决策以及责任会计只在一小部分企业中应用且并没有很好地得到规范，管理会计这一会计分支在我国还没有得到广泛的认可和应用。这是因为企业管理决策层或财务负责人思想观念落后，只遵循传统的会计流程，采取事后算账、报账方式，且部分企业会计人员缺乏对管理会计的认识和了解。

西方管理会计理念从改革开放引入到 20 世纪 90 年代初，我国管理会计缺乏示范性的典型案例分析和经验总结。随着全球化经济浪潮及国内企业改革的推进，企业技术水平不断提高，技术进步引起管理巨变，管理的巨变又促使管理会计工具不断被企业引进和应用，其中包括业绩计量、预算管理系统以及作业成本法，但当时的管理会计工具没有得到很好的规范。组织结构的改变对管理会计产生了影响，管理会计学科范围也不断扩大，而管理会计在不断引进与发展的同时，与成本会计及财务管理存在着学科重复的情况，缺乏管理会计理论体系，因此，管理会计如何规范成为学者研究的热点。

（三）管理会计全面快速发展阶段（2001—2013 年）

随着改革开放进程的不断深入，经济全球化进程不断加快，我国于 2001 年成为世界贸易组织的成员，随后我国市场逐步开放，政府干预逐渐减少，企业自主管理权逐渐扩大。随着企业间的竞争日益激烈，越来越多的企业开始重视管理会计，我国管理会计逐步走向正轨。管理会计各个分支逐渐茂盛，管理控制系统、成本管理、外部导向型管理会计以及管理会计信息系统等方向逐渐发展成熟，并获得了广泛应用。

1. 管理控制系统研究

管理控制系统大致分为预算管理、业绩计量和责任会计。我国学者从成功案例中梳理了实施预算的过程，并提出了将预算管理系统与责任会计相结合的方法。

2. 成本管理研究

成本管理研究不仅着重于从企业内部出发，关注如何控制产品的制造成本以及如何减少自身生产引起的耗费，也考虑供应商和客户的关系成本及整个供应链成本，让很多企业意识到应优化自身供应链，缩减供应链成本，从而增强竞争力。很多企业引入了成本管理的方法——作业成本法和标准成本法，以强化成本控制。

3. 外部导向型管理会计研究

外部导向型管理会计研究包括对价值链的分析、战略管理会计以及供应链管理。我国自引进战略管理会计以来一直处于理论研究和实际探索之中，经过不断的研究发展，现在很多企业已经受益于战略管理会计。

4. 管理会计信息系统研究

近几年会计信息系统得到逐步发展与完善，从早期的流程管理、企业资源计划（Enterprise Resource Planning，ERP）、云计算到现在的财务共享，使得会计信息被各个部门高效利用。财务共享服务作为一种新的财务管理模式正在我国兴起。

（四）政府引导管理会计推进的新阶段（2014 年至今）

自 2014 年开始，财政部全面建设管理会计体系，发布了《指导意见》，指明了管理会计体系的建设任务、措施以及所要达到的目标。2016年6月，为指导单位管理会计实践应用和加强管理会计体系建设，财政部印发了《基本指引》。2016年10月，财政部发布了《会计改革与发展"十三五"规划纲要》，明确了推进管理会计广泛应用的三大具体任务：①加强管理会计指引体系建设；②推进管理会计广泛应用；③提升会计工作管理效能。这代表我国开始从政府层面重视管理会计，开启了全面构建符合中国国情的中国特色管理会计体系的征程。

三、管理会计指引体系

微课 1-2

管理会计指引体系

管理会计指引体系包括管理会计基本指引、管理会计应用指引和管理会计案例库。

（一）管理会计基本指引

2016年6月，财政部印发了《基本指引》，《基本指引》是根据《会计法》和《指导意见》的精神加以设计和规范的。《基本指引》通过界定管理会计目标，明确了管理会计应遵循的原则和具体的要素构成，突出了管理会计的实用性特征，以指导单位管理会计实践。管理会计基本指引在管理会计指引体系中起统领作用，是制定管理会计应用指引和建设管理会计案例库的基础。

1. 管理会计应用原则和应用主体

企业应用管理会计，应当遵循以下原则。

（1）战略导向原则。管理会计的应用应以战略规划为导向，以持续创造价值为核心，促进企业可持续发展。战略导向原则在管理会计中的呈现是全方位、全过程的。从成本管理的角度来看，就是要克服"低成本制胜"的观念，要拥有权变意识，用战略的眼光来观察企业的经营与投资活动。也就是说，实践中往往并非"成本越低越好"。从预算管理的角度来看，嵌入战略导向的预算就是要在预算管理中留有余地，企业资金、人员等的计划安排要与战略规划相一致，还要符合可持续发展的价值创造内涵与外延，并以实现企业的价值增值为基本目标。

（2）融合性原则。管理会计本身就应当服务于企业的价值创造，实现企业价值增值，保持企业的可持续性发展。从这个意义上讲，管理会计本质上就是一种"业财融合"的管理活动。管理会计通过主动嵌入企业的业务流程，不断完善管理会计工具方法，使这种"业财融合"更加合理与有效。

（3）适应性原则。管理会计是为改善企业经营管理效益和提升企业核心竞争力服务的。由于企业所处的发展阶段以及行业、规模、产权性质、管理模式和治理水平等不同，管理会计在企业实践中的适应能力是有差异的。因此，只有结合企业自身的内部条件，因地制宜地选择管理会计工具方法，合理地加以推广应用，才能获得最高与最佳的效率与效益。

（4）成本效益原则。管理会计的应用应权衡实施成本和预期收益，合理、有效地推进管理会计应用。管理会计在各项决策过程中所决策项目取得的效益应大于该项目所发生的成本，即此决策项目必须为决策主体带来净效益。

管理会计应用主体视管理决策主体确定，可以是企业整体，也可以是企业内部的责任中心。

2. 管理会计要素

单位应用管理会计，应包括应用环境、管理会计活动、工具方法、信息与报告四项管理会计要素。这四项要素构成了管理会计应用的有机体系，单位应在分析管理会计应用环境的基础上，合理运用管理会计工具方法，全面开展管理会计活动，并提供有用信息，生成管理会计报告，支持单位决策，推动单位实现战略规划。

（1）应用环境。管理会计应用环境是单位应用管理会计的基础。单位应用管理会计，首先应充分了解和分析其应用环境，包括外部环境和内部环境。外部环境包括国内外经济、社会、文化、法律、技术等因素，内部环境包括与管理会计建设和实施相关的价值创造模式、组织架构、管理模式、资源、信息系统等因素。

（2）管理会计活动。管理会计活动是单位管理会计工作的具体开展，是单位利用管理会计信息，运用管理会计工具方法，在规划、决策、控制、评价等方面服务于单位管理需要的相关活动。在了解和分析管理会计应用环境的基础上，单位应将管理会计活动嵌入规划、决策、控制、评价等环节，形成完整的管理会计闭环。

（3）工具方法。管理会计工具方法是实现管理会计目标的具体手段，是单位应用管理会计时所采用的战略地图、滚动预算管理、作业成本管理、本量利分析、平衡计分卡等模型、技术、流程的统称。管理会计工具方法具有开放性，随着实践发展不断丰富完善。管理会计工具方法主要应用于以下领域：战略管理、预算管理、成本管理、营运管理、投融资管理、绩效管理、风险管理等。

单位应用管理会计，应结合自身实际情况，根据管理特点和实践需要选择适用的管理会计工具方法，并加强管理会计工具方法的系统化、集成化应用。

（4）信息与报告。管理会计信息包括管理会计应用过程中所使用和生成的财务信息和非财务信息，是管理会计报告的基本元素。单位应充分利用内外部各种渠道，通过采集、转换等多种方式，获得相关、可靠的管理会计基础信息。单位应有效利用现代信息技术，对管理会计基础信息进行加工、整理、分析和传递，以满足管理会计应用需要。单位生成的管理会计信息应相关、可靠、及时、可理解。

管理会计报告是管理会计活动成果的重要表现形式，旨在为报告使用者提供满足管理需要的信息，是管理会计活动开展情况和效果的具体呈现。管理会计报告按期间可以分为定期报告和不定期报告，按内容可以分为综合性报告和专项报告等类别。单位可以根据管理需要和管理会计活动性质设定报告期间，一般应以公历期间作为报告期间，也可以根据特定需要设定报告期间。

（二）管理会计应用指引

在管理会计指引体系中，管理会计应用指引居于主体地位，是对单位管理会计工作的具体指导。为切实提高科学性和可操作性，管理会计应用指引既要遵循管理会计基本指引，也要体现实践特点；既要形成一批普遍适用、具有广泛指导意义的基本工具方法，如经济增加值、本量利分析、平衡计分卡、作业成本法等，也要针对一些在管理会计方面可能存在独特要求的行业和部门，研究制定特殊行业的应用指引；在企业层面，还要兼顾不同行业、不同规模、不同发展阶段等特征，坚持广泛的代表性和适用性；既要考虑企业的情况，也要考虑行政事业单位的情况。

管理会计应用指引作为管理会计指引体系的一个重要组成部分，具有如下特点。

1. 注重指导性

管理会计属于内部报告会计，主要为企业内部管理决策提供信息支持，而企业内部管理既具共性，又特点鲜明，管理会计应用指引采用指导性文件方式印发，既有利于普遍推广，又有利于灵活应用，能够充分发挥制度效应。

2. 注重应用性

管理会计工具方法只有与企业管理实践相结合，才能创造价值。企业管理领域不同，适用的管理会计工具方法亦不尽相同。一般而言，企业管理可分为战略管理、全面预算管理、投融资管理、营运管理、成本管理、绩效管理、风险管理等七大领域，每一领域在实践中形成了各自适用的管理会计工具方法。为此，管理会计应用指引本着"管理会计在管理中的应用"这一设计理念，注重在管理中的应用性，围绕七大管理领域，系统阐述了管理会计工具方法在相关管理领域中的应用。

3. 注重开放性

首先，管理会计的应用领域具有开放性，不局限于上述七大领域，随着管理会计实践的发展，其应用领域也不断拓展。其次，每一领域下的管理会计工具方法不是一成不变的，而是随实践发展不断得到丰富完善的。最后，每项管理会计工具方法的应用领域具有一定的开放性，即某一领域下的某项工具方法也可应用于其他领域。如绩效管理领域的平衡计分卡，也常常用于战略管理领域。

4. 注重操作性

为了提高管理会计应用指引的可操作性，每一领域的管理会计应用指引按照"概括性指引和工具方法指引相结合"的思路构建。概括性指引一般由总则、应用程序和附则等组成,概要阐述本领域常用工具方法种类,以及这些工具方法应用的共性要求。工具方法指引一般由总则、应用环境、应用程序、应用评价和附则等组成,内容围绕管理会计应用展开,从而增强操作性。

管理会计应用指引是我国管理会计指引体系建设的主体内容,是对单位管理会计工作的具体指导,其制定和发布具有重要意义。

(三)管理会计案例库

管理会计案例库是对国内外管理会计经验的总结提炼,是运用管理会计应用指引的实例。建立管理会计案例库,为单位提供直观的参考借鉴,是管理会计指引体系指导实践的重要内容和有效途径,也是管理会计体系建设区别于企业会计准则体系建设的一大特色。

管理会计案例库建设坚持典型性和广泛性相结合的原则,在统一框架结构、基本要素、质量特征等案例标准,形成案例规范格式文本的基础上,分不同性质、不同行业、不同规模、不同发展阶段等情况,逐步提炼若干管理会计案例,并不断予以丰富和完善;同时,既提炼总结管理会计整体应用案例,也针对管理会计的某些领域和管理会计应用指引中的相关工具方法提炼专项应用案例。

📝 **随堂小测**

管理会计指引体系不包括(　　　　)。

A. 管理会计基本指引　　　　　　B. 管理会计应用指引

C. 管理会计案例库　　　　　　　D. 管理会计制度解释

任务三　构建管理会计思维

阅读案例

华域汽车以价值链分析为核心构建全面成本管理体系

管理会计产生于西方资本主义国家,是管理科学化、现代化的产物,是会计实践发展的必然结果,更是企业追求利润最大化的结果。管理会计是直接为企业的经营管理服务的,企业管理循环的各个步骤都要求管理会计与之相配合。管理会计基本理论与方法渗透现代企业管理的各个领域,贯穿企业经营预测、经营决策、经营规划与经营控制的全过程。构建管理会计思维,有助于更好地服务于企业的内部管理,提高企业的经济效益。构建管理会计思维,首先需要厘清管理会计与财务会计的联系与区别。

一、管理会计与财务会计的差异

管理会计和财务会计是现代企业会计的两大分支,管理会计与财务会计同属企业会计的范畴,两者之间具有千丝万缕的联系。它们分别服务于企业内部管理的需要和外部决策的需要,两者之间既有区别又有联系。下面主要介绍两者的差异。

(一)服务对象不同

管理会计侧重于为企业内部管理提供服务。管理会计运用一系列特定的理论与专门方法,对企业的各种信息资料进行加工,向企业管理当局提供有关经营决策等方面的信息,以利于他们确定企业经营目标,制定经营决策方案,进行经营规划,控制经营活动,使企业的资源得以最优配置,以取得最佳经济效益。

财务会计则主要为企业外部有经济利害关系的投资者、债权人、银行、税务部门等服务,使其能够及时、准确地了解企业的财务状况和经营成果,以保障其经济利益。

正是由于管理会计与财务会计工作的服务对象不同,所以管理会计又称为"对内报告会计",财务会计又称为"对外报告会计"。

（二）会计主体不同

管理会计主要以企业内部各个责任单位为会计主体，为企业内部责任单位提供有效经营和最优化决策所需的管理信息。管理会计的服务主体范围和对象具有层次性。管理会计主体可以具有多个工作主体层次，既可以企业为主体，也可以企业内部各责任中心为主体；既能提供反映企业整体情况的资料，又能提供反映企业内部各责任单位经营活动情况的资料。

财务会计以整个企业为会计主体提供反映整个企业财务状况、经营成果和现金流量的会计资料，通常只具有一个工作主体层次，不以企业内部各责任中心为会计主体提供相关资料，强调连续、系统、完整地反映和监督整个经济活动过程。

（三）约束依据不同

管理会计虽然在一定程度上也应考虑公认的会计原则或《企业会计准则》的某些要求，但它并不受这些原则或准则的严格限制和约束。其处理方法可以根据企业管理的实际情况和需要确定，具有很大的灵活性，其受约束的主要是信息资料的真实性与相关性、法则及方法的适用性与有效性。

财务会计为了如实反映一个企业的财务状况和经营成果，必须严格遵守公认的会计原则或《企业会计准则》，并以此为准绳，严格按照有关会计程序处理日常经济业务，不能发生偏差；进行会计核算与监督受会计准则、会计制度及其他法规的制约，其处理方法只能在允许的范围内选用，灵活性较小。

（四）方法体系不同

管理会计具有较为综合的职能和灵活的方法。管理会计是规划未来的会计，其职能侧重于对未来的预测、决策和规划，对现在的控制、考核和评价，属于经营管理型会计。由于未来经济活动的复杂性和不确定性，管理会计在进行预测、决策时，要大量应用现代数学方法（如微积分、线性规划、概率论等）和计算机技术。

而财务会计是反映过去的会计，其职能侧重于核算和监督，属于报账型会计。财务会计方法稳定、规范，一般具有程序化的特点，通常情况下不涉及比较高深的现代数学方法，多采用简单的数学方法进行会计核算。在采用电子计算机技术实现财务会计电算化以后，其方法的程序化、规范化、简单化的特征尤为明显。

（五）信息特征不同

管理会计面向未来进行预测、决策，主要为企业经营管理的特定要求而有选择地、部分地和不定期地提供管理信息。这些信息既包括定量资料，也包括定性资料；既包括货币信息，也包括非货币信息。由于管理会计的工作重点面向未来，而未来期间影响经济活动的不确定因素比较多，加之管理会计对信息及时性的要求，所以管理会计所提供的信息无法绝对精确，一般只能相对精确，能满足及时性、相关性和近似性即可；管理会计信息资料不对外公开发表，只具有参考价值，不具有法律效力。

财务会计主要为满足企业外部利害相关人的需要而全面地、系统地、连续地和综合地提供财务信息。财务会计信息反映一定期间的财务状况、经营成果和现金流量，主要为货币量度的定量资料，反映已经发生或已经完成的经济活动，因此财务会计提供的信息应力求精确，数字必须平衡。因财务会计信息定期对社会公开发表，故具有一定的法律效力；对外公布的财务报告格式必须统一，要求严格、规范。

（六）作用时效不同

管理会计的作用时效不限于考核和分析过去，要使使用者能够利用已有财务信息和其他信息资料控制现在，预测、决策和规划未来。管理会计信息横跨过去、现在和未来三个时态，并且将面向未来放在首位，因为考核、分析过去，是为了更好地控制现在和指导未来。

财务会计的作用时效主要是反映和监督过去，所提供的财务信息基本是历史信息和解释信息，而很少涉及未来相关的信息。

（七）工作程序不同

管理会计信息以面向未来为主，一般并无固定的工作程序，具有较大的选择自由，可随时根据企业生产经营业务的实际情况和管理者的信息需要自行设计，从而导致不同企业的管理会计工作具有差异性。

财务会计的工作程序则具有固定性和强制性，由会计凭证到会计账簿，再到会计报表，整个工作过程都须按既定的工作程序处理，一般不得随意变更工作内容或颠倒工作程序。不同企业的经济业务和实际会计水平尽管有所不同，但仅就财务会计工作程序而言，同类企业的会计处理基本是大同小异的。

二、业财融合是实现管理会计的第一步

业财融合是管理会计中非常重要的一个理念。所谓业财融合理念，就是将财务管理融合至业务部门，通过对生产经营各个环节的价值分析与管理控制来实现企业价值的最大化。将业务活动和财务管理有机融合，有助于促进业务和财务共同发展。这一新理念打破了传统财务思维，意义深远。管理会计需要针对企业管理部门编制计划、做出决策、控制经济活动的需要，记录和分析经济业务，捕捉和呈报管理信息，并直接参与决策控制过程。

业财融合的核心是事前规划、事中控制、事后评估，形成一个管理闭环。业财融合的关键在于把握业务流程的关键控制点，这就要求财务与业务部门一体化，反映企业的价值链管理。企业价值链不仅包括产品，还包括上游的厂商和下游的客户。价值链管理要求企业将以职能为重心的运作模式向以流程为重心的运作模式转变。这就要求财务人员必须走出财务部门，主动融入业务经营中，与各个业务部门加强交流，了解企业发展中的风险与机遇，与相关部门合作，共同制定战略定位，提高企业运作效率，为企业创造价值。

业财融合下，财务部门的职能也应转型，从传统的核算职能转型为管理职能。财务人员的眼界不能局限于眼前的凭证、报表、单据，需要面向业务前端，向采购、客户、厂商等延伸。财务人员不能将眼界局限于会计准则的要求，还应放眼于行业政策、行业趋势、商业模式、竞争者信息等，从业务的角度来解释财务报表，树立宏观战略意识。

财务工作中，传统的财务人员主要承担财务数据核算工作，通过数据反映企业的运营活动，业财融合对财务人员提出了新要求。

（一）财务能够反映运营活动

财务数据应该是生动具体的，需要随着经营活动及时、实时反映业务情况。企业购进设备、发生销售行为时，财务人员都要及时更新数据，反映当前的运营活动。

（二）财务能够促进业务运营

财务人员要利用大数据技术对财务数据进行分析，根据数据对企业的业务运营提出专业性意见，帮助业务部门更好地实行方案。财务人员可以建立数据模型，通过模型分析企业盈利模式，及时发现业务运营中的问题，提出预警。

（三）财务能够参与决策

除了业务对决策的支持，财务对决策的支持也越来越重要。优秀的财务人员能够站在财务的角度对企业宏观战略决策提出意见，参与企业战略和业务的讨论。

将业财融合理念融入管理会计是一项综合的系统工程，把财务系统和各项业务流充分融合，具有长期性和复杂性。对企业财务管理工作而言，应重视业财融合理念的培育，加强业务环节成本的管控，建立业财一体化管理系统，加快企业财务人员的转型，积极探索将业财融合理念融入管理会计的策略，只有提高财务人员对业务的敏锐度，才能使企业业务与财务有机渗透，不断提高企业业财融合水平，进而促进业财融合深入发展。

三、管理会计多维成本概念

在当今信息社会，任何管理都离不开信息。在市场经济环境下，成本信息是企业管理层极为关注的信息。财务会计通常将成本定义为：特定会计主体为了达到一定的目的或目标而发生的可以用货币计量的代价。传统财务会计中的成本核算就是确认、计量这种用货币计量的代价或者耗费。而在管理会计中，成本概念不是一个单一的概念，而是一个广义的、多维的概念体系。管理会计中的成本是面向未来的，用于满足经营管理决策需要，有时包括一些没有真实发生的成本。企业管理决策强调信息的相关性，因而，决策者奉行"不同目的，不同成本"的信条。管理会计对成本的理解与运用同传统财务会计中对成本的理解与运用是不完全一致的。

（一）基于控制目的的成本概念

基于控制目的而进行的成本分类，与基于财务目的而进行的成本分类有所不同。

1. 按成本性态分类

成本性态，又称成本习性，是指成本总额与业务量之间的依存关系，也就是在一个特定的相关范围内，如果某项业务量发生变动，该项成本将如何变动。研究成本与业务量之间这一相互依存的特性，对于降低成本和实现企业最优决策，具有重大的现实意义。

按照成本性态，成本可分为固定成本、变动成本和混合成本。

（1）固定成本是指其总额在一定时期及一定产量范围内，不直接受业务量变动的影响而保持固定不变的成本，如管理人员的工资、固定资产的折旧费等一些相对固定的成本。虽然成本总额在相关范围内一般保持不变，但就单位成本而言，随着产量的增加，每单位产品负担的固定成本却是降低的。

（2）变动成本是指在特定的业务量范围内，其总额会随业务量的变动成正比例变动的成本。虽然成本总额在相关范围内随着产量的增减而成比例增减，但就单位成本而言，无论产量如何变动，单位产品变动成本一般是不变的。这类成本主要有直接材料、计件工资等成本。

（3）混合成本就是混合了固定成本和变动成本两种不同性质成本的成本。

2. 按管理权限分类

根据某一部门对成本发生的控制程度或其职权范围，成本可以分为可控成本和不可控成本两类。可控成本是指某一部门能够计量、控制和调节其发生数额的成本。不可控成本是指某一部门无法计量、控制和调节的成本。

可控成本具有多种发展可能，并且有关的责任单位或个人可以通过采取一定的方法与手段使其按所期望的状态发展。如果某些成本只具有一种可能结果，则不存在进行控制的必要性；如果某些成本虽具有几种可能结果，但有关的责任单位或个人无法根据自己的需要对其施加影响，则也不存在进行控制的可能性。

成本的可控性具有一定的相对性，它与成本发生的空间范围有关。某个责任单位不可控制的成本，往往对另一个单位来讲是可控的；下一级责任单位不可控制的成本，对于上一级责任单位来讲往往是可控的。了解可控成本的这种空间范围上的相对性，有助于分清各责任单位或个人的经济责任，以利于正确评价与考核其业绩，提出切实有效的建议与措施，使可控成本不断降低。

可控成本的相对性还与成本发生的时间范围有关。在产品投产前的产品设计阶段、成本的决策与计划阶段以至工厂的筹建阶段，一切尚未发生的产品成本都是可控的，如设备的折旧费会因资本支出决策的不同而不同。同样，厂址、设计方案、工艺路线和生产组织形式的不同选择，都会对成本的形成产生重大影响。而在产品的生产过程中，产品成本只是部分可控，因为有些成本在设计、筹建阶段都已经决定了，属于先天性因素，因而不可控制。而当产品生产完工后，成本均已发生、形成，就无所谓可控了。

此外，基于控制目的，成本还可以分为标准成本与实际成本。

📖 知识拓展

标准成本是指在正常和高效率的运转情况下制造产品的成本，而不是指实际发生的成本。标准成本是有效经营条件下发生的一种目标成本，也叫"应该成本"。

（一）标准成本的分类

标准成本按其制定所依据的生产技术和经营管理水平，分为理想标准成本和正常标准成本；标准成本按其适用期，分为现行标准成本和基本标准成本。

（二）标准成本的用途

（1）作为成本控制的依据。成本控制的标准有两类：一类是以历史上曾经达到的水平为依据；另一类是以应该发生的成本为依据。

（2）代替实际成本作为存货计价的依据。由于标准成本中已去除了各种不合理因素，以它为依据，进行在产品和产成品的计价，可使存货计价建立在更加健全的基础上。而以实际成本计价，往往同样实物形态的存货有不同的计价标准，不能反映其真实的价值。

（3）作为经营决策的成本信息。由于标准成本代表了成本要素的合理近似值，因而可以作为定价依据，并可作为本量利分析的原始数据资料，以及估算产品未来成本的依据。

（4）作为登记账簿的计价标准。使用标准成本来记录材料、在产品和销售等账户，可以简化日常的账务处理和报表的编制工作。在标准成本系统中，上述账户按标准成本入账，使账务处理及时、简单，减少了许多费用的分配计算。

（二）基于决策目的的成本概念

决策成本同样可以根据不同标志进行分类。

1. 决策成本按其差异性分类

决策成本按其差异性可以分为边际成本与差别成本。

在经济学和金融学中，边际成本指的是每一单位新增生产的产品（或者购买的产品）带来的总成本的增量。这个概念表明每一单位的产品的成本与总产品量有关，针对的是某项生产活动的成本分析，用以判断增减产量在经济上是否合算。当增加一个单位产量所增加的收入（单位产量售价）高于边际成本时，是合算的；反之，就是不合算的。所以，任何增加一个单位产量的收入不能低于边际成本，否则必然会出现亏损；只要增加一个单位产量的收入能高于边际成本，即使低于总的平均单位成本，也会增加利润或减少亏损。因此计算边际成本对制定产品决策具有重要的作用。微观经济学理论认为，边际成本等于边际收入时的产量为企业获得其最大利润的产量。

💡 想一想

某企业生产的产品正常售价是90元/件，产量每月固定在4万件。表1-3-1列示了企业有关产量、固定成本、变动成本和总成本的对应数据。现在客户拟增加订购1万件，购买价格为65元/件，远低于正常售价。如果你是决策者，你认为这笔订单能否接受，请说明理由。（假定增加产量不会增加固定成本。）

表1-3-1　　　　　　　　　　产品成本表

产量/万件	固定成本/万元	变动成本/万元	总成本/万元
0	40	0	40
1	40	40	80
2	40	80	120
3	40	120	160
4	40	160	200

在进行成本决策时，由于各个方案预计发生的成本不同，就产生了成本的差异。差别成本是管理会计中研究短期决策时常用的一种分析方法，可供选择的不同方案之间的成本差额称为差量成本或差别成本。差别成本是一个备选方案的预期成本与另一个备选方案的预期成本的差额。如果差别收入大于差别成本，即差别损益为正数，则前一个方案是较优的；反之，如果差别收入小于差别成本，即差别损益为负数，则后一个方案是较优的。

2. 决策成本按其排他性分类

决策成本按其排他性可以分为机会成本与假计成本。

机会成本是指企业为从事某项经营活动而放弃另一项经营活动的机会，或利用一定资源获得某种收入时所放弃的另一种收入。另一项经营活动应取得的收益或另一种收入即为正在从事的经营活动的机会成本。机会成本不是企业实际的货币支出，是除此项业务之外最高的业务收益。通过对机会成本的分析，企业可以在经营中正确选择经营项目，其依据是实际收益必须大于机会成本，从而使有限的资源得到最佳配置。

假计成本，又称估算成本，是指需要经过假定推断才能确定的成本。假计成本既不是企业实际支出的成本，也不用记账，而是使用某种经济资源的代价。假计成本是并没有实际发生但同某项生产经营活动有着一定关联，因而需要进行假设或估算的有关成本。例如，当企业拟用资金扩充厂房设备或购买材料物资而对若干备选方案的经济性进行综合评价时，该项资金（不论是借入资金还是自有资金）的利息即视为有关方案的假计成本。假计成本实际上是一种不甚直观、不易计量的特殊形态的机会成本，借助这一成本，管理者（决策人）可对某一特定项目（方案）进行正确的评价，并可据以做出在经济上较为有利的决策。

3. 决策成本按其影响的时效性分类

从决策的角度看，不同时期发生的成本对决策会产生不同的影响。根据影响的时效性，决策成本可以分为沉没成本、重置成本与付现成本。

沉没成本是指已发生或承诺、无法收回的成本支出，如失误造成的不可收回的投资。沉没成本是一种历史成本，对现有决策而言是不可控成本，不会影响当前行为或未来决策。

阅读链接

2001年诺贝尔经济学奖获得者之一的美国经济学家斯蒂格利茨用一个生活中的例子来说明什么是沉没成本。他说："假如你花7美元买了一张电影票，你怀疑这个电影是否值7美元。看了半个小时后，你最担心的事被证实了：影片糟透了。你应该离开影院吗？在做这个决定时，你应当忽略那7美元。它是沉没成本。无论你离开影院与否，钱都不会再收回。"斯蒂格利茨不但生动地说明了什么是沉没成本，而且还指明了我们对待沉没成本应持怎样的态度。

重置成本也称为现行成本，指的是按照当前市场条件，重新取得同样一项资产所需支付的现金或现金等价物金额。采用重置成本计量时，资产按照现在购买相同或者相似资产所需支付的现金或者现金等价物的金额计量，负债按照现在偿付该项债务所需支付的现金或者现金等价物的金额进行计量。重置成本是现在时点的成本，它强调站在企业主体角度，以投入某项资产的价值作为重置成本。在实务中，重置成本多应用于盘盈固定资产的计量等。例如，企业在年末财产清查中，发现全新的未入账的设备一台，其同类固定资产的市场价格为40 000元，则企业对这台设备按重置成本计价为40 000元。

付现成本亦称"现金支出成本"，是指未来需以现金支付的成本。当企业资金紧张，又无应收账款可以收回，而向市场上筹措资金又比较困难或借款利率较高时，企业面临如何以较低的成本进行采购的决策。决策者在此类决策分析过程中对"付现成本"的考虑，往往会比对"总成本"的考虑更为重视，并会选择"付现成本"最低的方案来代替"总成本"最低的方案。

4. 决策成本按其可避免性分类

决策成本按其可避免性可以分为可避免成本与不可避免成本。

可避免成本是指通过某项决策行动可以改变其数额的成本。也就是说，如果采用某一特定方案，与其相联系的某项支出就必然发生；反之，如果没有采用某项方案，则某项支出就不会发生。

某企业现在还有一定的剩余生产能力，拟接受某项特定订货。对方对这批订货有一些特定的要求，为满足这些要求，该企业需要购买一项价值 5 000 元的专用设备，这 5 000 元的专用设备款最终是否发生，完全取决于这一批特定订货的接受与否。如果不接受，就不会发生，所以说这 5 000 元是可避免成本。

不可避免成本是同可避免成本相对应的一个概念，它是指某项决策行动不能改变其数额的成本，也就是同某一特定决策方案没有直接联系的成本。不可避免成本发生与否，并不取决于有关方案的取舍。

甲企业在正常的生产能力范围内接受了某项特定订货，假定厂房、设备等固定资产的折旧费为 20 000 元。这部分折旧费与特定订货的接受与否没有关系，不论某项订货接受还是不接受，都会发生，所以是不可避免成本。

一个方案的取舍，主要看可避免成本，因为它是有关方案差别成本的组成部分。不可避免成本是目前已经客观存在的成本，它与新的备选方案的取舍没有直接联系。

5. 决策成本按其可延缓性分类

在企业经营管理过程中，有些选定方案的成本可以递延到以后期间发生。决策成本按其可延缓性可以分为可延缓成本与不可延缓成本。

可延缓成本也称可递延成本，是指管理部门已决定要实施某方案，但若这一方案推迟实施，对目前的经营活动并不会发生较大的不利影响，那么与该方案有关的成本就是可延缓成本。

不可延缓成本是指已选定的某项方案，即使在企业财力负担有限的情况下，也必须在计划期实施而不能推迟执行的某项方案的成本。不可延缓执行的方案，通常是指一些会影响企业大局的方案，需要管理当局想方设法地安排资金并加以实施。这样，与该方案相关的成本就是不可延缓成本，在计划期必然发生。例如，对已造成环境污染的设备必须要安装环保装置，否则可能会遭到环保部门勒令停产的处罚，则安装环保装置的成本就属于不可延缓成本。

分清成本是否可延缓，要求我们在决策过程中，充分注意各项决策相关成本，并且在企业财务负担能力有限的情况下，应当分轻重缓急，量力而行。只有这样才能更有效地运用现有资金，提高资金的利用率，最大限度地提高企业经营效益。

6. 决策成本按其与决策的相关性分类

企业所发生的成本有些与决策有关，有些与决策无关。决策成本根据其与决策的相关性可以分为相关成本与非相关成本。

相关成本是指对企业经营管理有影响或在经营管理决策分析时必须加以考虑的各种形式的成本。

无关成本是指过去已经发生，或虽未发生但对未来经营没有影响的成本，也就是在决策分析时，可予舍弃，无须加以考虑的成本。

💡 **想一想**

机会成本、付现成本、重置成本、差别成本、边际成本、可避免成本、可延缓成本、沉没成本、历史成本、不可避免成本、不可递延成本，哪些属于相关成本，哪些属于无关成本？

四、管理会计的方法

财务会计所用的方法，属于描述性的方法，重点放在如何全面、系统、客观地反映企业的生产经营活动过程。管理会计所用的方法，属于分析性的方法，从动态上来解析企业生产经营活动中形成的资金流动状况。管理会计的基本任务是协助决策者、管理层进行企业经营管理，提高企业的经济效益和社会效益。管理会计所用的分析性方法尽管在不同条件下具有多种表现形式，但其核心方法是"差量分析"。

（一）成本性态分析法

该方法是指将成本表述为业务量的函数，分析它们之间的依存关系——成本变动是否以业务量变动为诱因，然后按照成本对业务量的依存性，最终把全部成本区分为固定成本与变动成本两大类。该方法结合成本与业务量之间的增减变动进行差量分析，是现代管理会计中基础的分析方法。

（二）本量利分析法

该方法是指将成本、业务量、利润三大因素的变动所形成的差量关系综合起来进行分析。其核心内容是确定"盈亏平衡点"，并围绕该点，从动态上掌握有关因素的变动对企业经营业绩的影响，使企业在经营决策中根据主客观条件的变化，有预见地采取相应措施，实现避亏趋盈的经济目标。

（三）边际分析法

边际分析是指在一个既定的函数关系下，分析自变量无穷小的变化，导致因变量变化的程度。在企业生产经营过程中，最小的自变量值只能是 1。当业务量变动一个单位时，成本将怎样变动，这就是边际分析的具体运用。这种分析能使企业管理部门具体掌握生产经营有关变量联系和变化的基本规律，从而有预见地采取有效措施，最经济地运用企业的要素资源，实现各有关要素的最优组合。

（四）成本效益分析法

该方法是指在经营决策中对各种可供选择方案的净效益（总效益与总成本之差）进行对比分析，以判别各有关方案的经济性。这是企业用来进行短期经营决策分析的基本方法。

（五）折现的现金流量法

该方法是指将长期投资方案的现金流出量（投资额）及其建成投产后各年能实现的现金流入量，按复利法统一换算为同一时点的数值（现值或终值），然后进行对比分析，以判别有关方案的经济性，使各方案投资效益的分析和评价建立在客观且可比的基础上。这是企业用来评价长期投资决策的基本方法。

任务四　构建管理会计职业道德体系

微课 1-3

管理会计职业道德

一、管理会计职业道德的概念和特征

管理会计职业道德是指在管理会计职业活动中应当遵循的、体现管理会计职业特征的、调整管理会计职业关系的职业行为准则和规范。

管理会计作为社会经济活动中的一种特殊职业，涉及会计、战略、市场、管理、金融和信息系统等多方面的知识，管理会计人员做出的各种分析报告和数据会直接影响企业的各种决策，因而管理会计人员的职业道德尤为重要，并且有其自身特点。

（一）具有职业性和实践性特征

管理会计职业道德具有明显的职业性和实践性，与所从事的职业密切相关。管理会计的目标是通过运用管理会计工具方法，参与单位规划、决策、控制、评价活动并为之提供有用信息，推动单位实现战略规划。管理会计职业道德是在管理会计的职业过程中，在管理会计的工作实践中表现出来的。

（二）具有公众利益的符合性特征

管理会计职业道德具有明显的公众利益的符合性，它能够帮助所服务的机构达成目标，也使得所服务的机构的管理活动符合国家利益和社会公众利益。

二、管理会计职业道德的作用

（一）对管理会计人员个体的作用

1. 指导作用

管理会计职业道德是财务会计法律体系的组成部分，可以评价和促进管理会计人员对职业道德的遵守，所以对管理会计人员个体的行为具有指导作用。

2. 对管理会计人员职业道德遵守的促进和评价作用

对管理会计职业道德规范的制定、推广、教育、监督、检查、评价等活动，能够对管理会计人员的言行进行客观评价，进而促进管理会计职业道德被从业者遵从。

（二）对单位的作用

1. 是单位实现管理会计目标的重要保障

管理会计体系的贯彻实施是单位实现战略的重要保障之一。认真学习和遵从管理会计职业道德，将促进管理会计体系的落实，进而促进实现管理会计的目标。

2. 是单位总体道德价值观的重要组成部分

职业道德具有提高行业形象、提高全社会职业道德水准的作用。职业道德能促进单位执业活动的进行，增强单位职业活动的效果；提升管理会计人员的职业形象，乃至其所服务机构及行业的形象，是单位总体道德价值观的重要组成部分。

（三）对职业规范体系的作用

管理会计职业道德是相关财会法律法规的重要补充。管理会计职业道德不属于法律法规，但是职业道德体系与法律法规体系共同作用，能够在不同层面形成对职业规范体系的完整要求。

三、管理会计职业道德与会计相关法律制度的区别

（一）两者性质不同

会计法律制度具有强制性，代表国家的意志。管理会计职业道德，没有国家行政司法体系作为保障，是管理会计人员的自律性要求，代表的是管理会计职业群体以及社会公众的要求或期待，其执行要求和监督来自社会监督或自律性组织的监督。

（二）两者作用范围不同

会计法律制度侧重于调整会计人员的外在行为和结果的合法化，具有较强的客观性。管理会计职业道德不仅要求调整会计人员的外在行为，还要求调整会计人员内在的精神世界。

（三）两者表现形式不同

会计法律制度由国家立法部门或行政管理部门制定和颁布，有明确的法律条款、实施细则。管理会计职业道德可以形成文字，也可以不形成文字，是一种思想深处的自律。

四、管理会计职业道德规范的主要内容

美国管理会计师协会于1982年颁布的《管理会计师职业道德行为准则》，是目前世界上较为完整的关于管理会计师职业道德的规定，主要从职业认知和价值观、能力准备与自我提高、达成业

绩的努力程度这三个维度进行了相关的规定。

（一）职业认知和价值观

1. 热爱管理会计职业

正确认识管理会计职业和管理会计的特点，热爱管理会计职业，通过做好管理会计工作创造价值。

2. 诚信从业

不弄虚作假，不为利益或其他目的而造假，实事求是，不为谋取私利或其他目的人为选择信息或有选择性地工作。

3. 客观公正

从主观上，客观公正地推进工作；从客观上，顶住各种不正当压力，遵守国家法律法规，包括财税方面的法律法规等，推动单位向法律法规所鼓励和引导的方向发展。工作中，内外部利益方或利益团体很可能以各种不同的方式对管理会计人员施加压力，或通过给予利益，获得偏向自己的支持。此时，管理会计人员需要顶住压力，客观公正地从事自己的工作。

4. 保密

保守工作中的秘密，不利用工作中所获得的相关信息为自己或者相关人员谋利，具体包括：

（1）除法律规定外，未经批准，不得披露工作过程中所获取的机密信息；

（2）告知下属应重视工作中所获取信息的机密性，并且监督下属的行为以保证保守机密；

（3）禁止利用或变相利用在工作中所获取的机密信息为个人或通过第三方谋取不道德或非法利益。

5. 廉洁自律

不行贿、不利用职务之便谋取私利或受贿、不支持他人行贿受贿或谋取私利，并推动通过单位的监控体系进行防范，推动积极正面的价值观。

（二）能力准备与自我提高

1. 充足的专业技能准备

专业技能准备包括：①熟悉法律法规及有关规则；②具备管理能力，能利用财务工具和财务思维参与企业管理；③具备战略决策支持、投融资支持和管理能力。

管理会计人员需要不断加强自身知识和技能，保持适当水平的职业领导能力和专业能力，根据相关的法律法规和技术规范履行自己的职责，提供准确、清晰、简明和及时的决策支持信息和建议。

2. 充足的职业技能准备

管理会计人员应具备领导力、计划总结能力、沟通能力、监督检查执行能力等。

3. 熟悉业务、行业、宏观政策

管理会计人员应拥有对业务的深度认知、对行业的深度认知、对宏观政策的深度认知。

4. 开拓创新意识和行动

管理会计人员应具备不断学习提高技能的意识和愿望，掌握科学的学习提升方法，拥有能够将提升付诸行动的执行力。

（三）达成业绩的努力程度

1. 克服困难，努力工作，恪尽职守，为企业利益尽最大努力

管理会计人员应克服职业与专业上的困难，克服管理冲突带来的困难，克服显性或隐性利益冲突带来的工作困难，协调各方利益冲突，为企业的最大利益而努力。

2. 用专业方法和工具为企业工作，提供深入有效的管理支持

管理会计人员应最大限度地利用管理会计的工具和方法，结合管理会计的工作特点，在不同岗位上做好相应工作，使管理支持深入有效。

3. 敢于承担责任，敢于坚持正确的观点

管理会计人员应参与管理和决策，敢于承担责任，要有观点，并且敢于坚持正确的观点，至少是自己认为正确的观点。

4. 综合企业各种情况，推进管理会计工作，不能过于超前或拖后

管理会计人员应通过分析企业内部和外部环境，并结合管理会计原则，设计和推进管理会计工作。首先，在推进管理会计工作的过程中，需要使用科学的方法、现代化的工具，需要有所投入。其次，使用的管理会计的工具和方法要与单位的性质、规模、发展阶段、管理模式、智力水平等相匹配。再次，推进管理会计工作，必须以单位的战略为导向，将管理会计融入单位的相关领域、相关层次、相关环节以及业务流程中。

五、管理会计职业道德教育与执行落实

（一）管理会计职业道德教育概述

管理会计职业道德教育是指根据管理会计工作的特点，有目的、有组织、有计划地对管理会计人员施加系统的职业道德影响，促使管理会计人员形成职业道德品质，履行职业道德义务的活动。

1. 管理会计职业道德教育的手段

管理会计职业道德教育手段包括外在教育和提高自我修养两种。

外在教育是指通过来自外部的教育力量和方式，有组织、有程序、系统规范地向管理会计人员进行职业道德教育，通过系统专业的讲解，结合考试等形式，让管理会计职业道德内容深深植入从业者的心中，以便他们在工作中不断回顾、印证并身体力行。

提高自我修养是不可或缺的手段。在管理会计职业活动中，从业者会遭遇各种诱惑、成功、困难、挑战、失败，很多时候都会面临方向性的选择问题。这时候需要有来自内心深处的、基于道德层面的指引。此时，他们会反复思考，将学习的职业道德内容与职业理想相互印证，并在一次次的选择中加深职业道德的自我修养。

外在教育是外因，自我修养是内因，两者都是管理会计人员真正把职业道德纳入灵魂深处并自觉使用的关键。

2. 管理会计职业道德教育的内容

管理会计职业道德教育的内容包括职业道德知识与规范教育、职业道德案例警示教育等。

在职业道德知识与规范教育方面，中国总会计师协会管理会计师分会作为管理会计从业人员的主管机构，总结出了适合管理会计人员的职业道德知识与规范，并形成了教材，用于推动从业人员广泛学习，并且通过组织考试等方式，让管理会计人员接触、了解、把握本领域的职业道德内容。这种知识与规范教育，贯穿于管理会计职业行为的始终。

在职业道德案例警示教育方面，通过选择正面和反面的典型案例或个体，对案例或个体进行讨论和剖析总结，以达到教育作用。对优秀的个人和案例，大力宣传推广，以起到正面的引导作用；对反面的案例，通过分析总结，以起到警示作用。

3. 管理会计职业道德教育的途径

管理会计职业道德教育的途径主要有接受教育和自我修养两种。

接受教育可以通过岗前职业道德教育、岗位职业道德继续教育等形式来完成。岗前职业道德教育是指在管理会计人员上岗前期，通过学习、考试等方式进行教育。岗位职业道德继续教育是指在管理会计人员整个职业生涯过程中，通过各种形式，如学习考试、后续教育、案例讲解与分享等进行职业道德的教育。

自我修养则是指通过自我学习、自警自励等形式来完成职业道德教育。自我学习主要是指自己主动学习。自警自励是指结合自己和他人的案例情况，深入地自我警戒、自我勉励。

（二）管理会计职业道德建设的组织与实施

管理会计职业道德的建设工作需要财政部门、管理会计行业、单位内部和社会各界共同来组织与实施，只有这样才能达到建设的最佳效果。

1. 财政部门的组织推动

各级财政部门应当负起组织和推动本地区管理会计职业道德建设的责任，推动职业道德宣讲和教育，同时把管理会计职业道德建设与相关法治建设和管理者考核激励紧密结合起来。

2. 管理会计行业的自律

中国总会计师协会管理会计师分会应充分发挥协会专业组织的作用，进一步完善管理会计人员自律机制，有效发挥自律机制在管理会计职业道德建设中的促进作用。

3. 单位内部监督

单位自身应当形成内部约束机制，防范舞弊和经营风险，支持并督促管理会计人员遵循管理会计职业道德，依法开展管理会计工作。

管理会计职业道德，在广义上属于道德范畴，即使不是从事管理会计工作的人员，也容易感知并判断管理会计人员工作中所表现出的道德倾向，进而可以对管理会计人员进行监督。管理会计人员在单位要接受同行、其他人员的监督。通过单位内部监督，可以进一步约束管理会计人员遵守职业道德，形成内部约束机制。

4. 社会各界的监督与配合

加强管理会计职业道德建设，既是提高广大管理会计人员素质的一项基础工作，又是一项复杂的社会系统工程；不仅是某一个单位、某一个部门的任务，也是各地区、各部门、各单位的共同责任。应广泛开展管理会计职业道德的宣传教育，加强舆论监督，在全社会管理会计人员中倡导诚信为荣、失信为耻的职业道德意识，引导管理会计人员加强职业修养。

（三）管理会计职业道德的检查与促进机制

1. 管理会计职业道德检查与促进的意义

积极开展管理会计职业道德检查与促进工作，具有以下积极意义。

（1）具有促使管理会计人员遵守职业道德规范的作用。职业道德的落实，除了教育、自我修炼之外，还可以通过推进职业道德在横向的职业范畴内，由政府或行业自律组织，甚至结合各企事业单位进行检查与促进，以督促管理会计人员遵守职业道德要求。

（2）评判与教育作用。在检查与促进的基础上，政府或行业自律组织对各种管理会计行为进行评判和宣传，可以对广大管理会计人员起到警示教育作用。

（3）有利于形成抑恶扬善的社会环境。在检查促进、评判警示的基础上，通过加强对管理会计人员职业道德的推广与提升，进而提高整个企业以至全社会的道德水准，有利于形成抑恶扬善、积极正面的社会环境。

2. 管理会计职业道德检查与奖惩机制

需要在管理会计职业范畴建立一套基于管理会计职业道德的人才选拔、使用、检查和奖惩机制。通常，管理会计职业道德检查与奖惩机制可以通过以下层次进行：政府各级财政部门的指导；管理会计行业自律组织的检查与奖惩；企事业单位内部的检查与奖惩。

（1）政府各级财政部门的指导。政府各级财政部门，可以依法对管理会计职业道德规范的制定、行业自律组织的工作进行指导，也可以指导相关部门将管理会计专业能力评定考核与职业道德检查和奖惩相结合，将管理会计人员相关专业能力等级证书的登记与管理会计职业道德的检查和奖惩相结合。

（2）管理会计行业自律组织的检查与奖惩。管理会计行业自律组织，可以制定职业管理、教育和检查规则，在履行其服务、监督、管理、协调的职责的同时，发挥自身优势，通过职业检查、职业控制与奖惩，督促管理会计人员树立良好的职业道德。

（3）企事业单位内部的检查与奖惩。各企事业单位，可以自行将管理会计职业道德要求纳入对管理会计人员的业绩检查和考评之中，通过把管理会计职业道德建设与企事业单位内部绩效管理体系及职位晋升体系相联系，切实把管理会计人员的职业道德建设落到实处，进而助推单位战略的实现。

由以上层次构成的管理会计职业道德检查与奖惩机制，主要包括检查主体、检查对象、检查范围、检查频率、检查标准等。

具体而言，管理会计行业自律组织可以使用表扬、批评、案例总结与推广以及向被检查者所在企事业单位提建议等措施，企事业单位可以使用表扬、批评、警告、岗位调整、薪酬调整等措施，通过建立检查与奖惩机制，将管理会计职业道德的检查与促进工作真正落到实处。

以文化人

管理会计为企业高质量发展发挥重要作用

党的二十大报告指出，高质量发展是全面建设社会主义现代化国家的首要任务。发展是党执政兴国的第一要务。没有坚实的物质技术基础，就不可能全面建成社会主义现代化强国。经济高质量发展目标的实现需要企业高质量发展提供支撑，《会计改革与发展"十四五"规划纲要》和《关于中央企业加快建设世界一流财务管理体系的指导意见》为如何提升企业财务管理赋能企业高质量发展提出了系统的指导意见，其中管理会计将为企业高质量发展发挥重要的保驾护航作用。管理会计可以通过支持企业经营决策和管理控制，帮助企业兼顾发展与风险平衡、质量与效益平衡、创新与韧性平衡，保持可持续增长、高效益发展和风险可控，从而实现企业的高质量发展。

管理会计作为企业一项重要的管理工具，必将发挥极其重要的作用。作为未来的财务人员，我们要端正学习态度，具有透视宏观、中观、微观经济的知识体系和技能，为我国经济社会高质量发展做出贡献，为实现中华民族伟大复兴贡献力量！

同步训练

拓展训练

一、单项选择题

1. 20世纪20年代到20世纪70年代，人们普遍认为管理会计只是为企业内部经营管理者提供计划与控制所需信息的（　　　）。
   A. 内部会计
   B. 外部会计
   C. 财务会计
   D. 预算会计

2. 管理会计应用的基础是（　　　）。
   A. 管理会计工具方法
   B. 管理会计应用环境
   C. 管理会计信息与报告
   D. 管理会计活动

3. （　　　）共同构成了现代企业会计系统。
   A. 预算会计与责任会计
   B. 财务会计与决策会计
   C. 管理会计与财务会计
   D. 管理会计与决策会计

4. （　　　）是指企业为从事某项经营活动而放弃另一项经营活动的机会，或利用一定资源获得某种收入时所放弃的另一种收入。
   A. 机会成本
   B. 假计成本
   C. 付现成本
   D. 非付现成本

5. 管理会计职业道德，不具有（　　　）特征。
   A. 职业性
   B. 实践性
   C. 公共利益的符合性
   D. 强制性

二、多项选择题

1. 按成本性态分类，成本可分为（　　　）。
   A. 变动成本　　　　　B. 固定成本　　　　　C. 付现成本　　　　　D. 非付现成本

2. 管理会计与财务会计的差异包括（　　　）等。
   A. 服务对象不同　　　B. 会计主体不同　　　C. 约束依据不同　　　D. 方法体系不同

3. 管理会计指引体系指出，单位应用管理会计，应当遵循的原则有（　　　）。
   A. 战略导向原则　　　B. 融合性原则　　　　C. 适应性原则　　　　D. 成本效益原则

4. 我国对管理会计的定义，基本上达成的共识有（　　　）。
   A. 管理会计同财务会计一样是现代会计的组成部分
   B. 时间上管理会计反映现在和未来的情况
   C. 空间上管理会计为组织内部管理当局服务
   D. 管理会计不仅提供财务信息，也提供非财务信息，包括生产经营、运营管理和过程控制中产生的信息

5. 我国管理会计体系建设的发展历程包括（　　　）。
   A. 引入西方管理会计理念的借鉴阶段　　　　B. 管理会计初步实践探索阶段
   C. 管理会计全面快速发展阶段　　　　　　　D. 政府引导管理会计推进的新阶段

三、判断题

1. 管理会计职业道德由国家立法部门或行政管理部门制定和颁布，有明确的法律条款、实施细则。会计法律可以形成文字，也可以不形成文字，是一种思想深处的自律。　　（　　　）

2. 管理会计的作用时效不限于考核和分析过去，要使使用者能够利用已有财务信息和其他信息资料控制现在，预测、决策和规划未来。　　（　　　）

3. 管理会计为了如实反映一个企业的财务状况和经营成果，必须严格遵守公认的会计原则或《企业会计准则》，并以此为准绳，严格按照有关会计程序处理日常经济业务。　　（　　　）

4. 管理会计的应用应权衡实施成本和预期收益，合理、有效地推进管理会计应用，体现了适应性原则。　　（　　　）

5. 管理会计为内部管理服务，解决的是"管理"问题和"会计"问题，在服务管理过程中起到的是支持作用。　　（　　　）

四、简答题

1. 管理会计的发展分为几个阶段？
2. 简述管理会计与财务会计的区别。
3. 会计法律制度与管理会计职业道德的联系与区别有哪些？

项目二 战略管理

🔍 知识目标

- 理解企业战略和战略管理的内涵；
- 熟悉战略管理的原则和应用环境；
- 掌握战略管理的应用程序。

📋 能力目标

- 能够充分认识到战略管理的重要性；
- 能够理顺战略管理的逻辑思维；
- 能够读懂战略地图，把握企业战略意图。

✍ 素养目标

- 树立战略意识，能够高瞻远瞩地谋划未来，为企业未来发展绘制发展路线图。

政策指引

《管理会计
应用指引第
100号——
战略管理》

📖 以案导学

格力：迎合需求，占领市场

珠海格力电器股份有限公司是目前全球最大的集研发、生产、销售、服务于一体的专业化空调企业。作为一家专注于空调产品的大型电器制造商，格力电器致力于为全球消费者提供技术领先、品质卓越的空调产品，在国内和国际舞台上都具有广泛的知名度和影响力。

在经营理念方面，因为空调行业是一个规模经济效益非常明显的行业，所以随着消费者个性化需求的增加，格力采用不同技术水平阶段的有限低成本领先优势战略与产品技术不断进步的差异化战略相结合的混合竞争战略。比如：

（1）当今社会健康、节能的变频空调已经成为主流，格力进行了详尽的市场调查，了解并满足消费者的需求。

（2）重视发展核心技术，避免产品的同质化。

（3）采用特殊的管理手段和组织结构。

（4）尊崇创造性文化，鼓励技术人员大胆创新。

（5）积极对业务领域做全新定位，更新经营理念，调整企业战略，应对外部环境。

在技术研发创新方面，格力一直把技术、质量和规模作为企业的三大核心竞争力加以培育和强化。以空调产品为例，其技术研发体系、生产体系和质量保证体系均具有国际先进水平。在空调的变频、智能、降噪和节能等技术研究领域，格力始终站在世界同行业的前列。现在格力每年都要推出200多个新产品，部分产品在许多技术领域都赶上或超过了国外品牌。此外，格力集团的其他主要产品也在技术创新、质量保证的前提下实现了规模生产。

在市场营销方面，格力作为全球单产规模最大的空调生产企业，视销售为自己的"另一个车间"，既严格遵照市场规律，又不失灵活性，因此，逐步掌握了市场的主动权。格力有这样一个观点：空调是半成品。完全意义上的空调产品还包括安装、养护和维修。出于"半成品要交给有心人"的考虑，格力把销售、安装和维修任务交给有业务能力的专业经销商完成。厂家和商家共同履行一条龙服务，生产、销售都由专业人员完成，商家实际上成为企业的一个服务部门，这样，消费者享用的才是优质产品和优质服务。实践证明，这种销售方式相当有效，格力空调在消费者中口碑很好。因此，在市场竞争的实践中，格力人摸索出一套独具风格的销售经验，最终使得格力电器由一个无名小厂成为后来居上的空调行业巨头。

【点评】《孙子兵法》中有云："用兵之法，十则围之，五则攻之，倍则分之，敌则能战之，少则能逃之，不若则能避之。"企业的经营发展也适用同样的用兵原则，需要根据自身的实际情况及时调整战略。格力就是如此，根据市场需求的不断变化，制定"客户优先、技术领先"的企业战略，赢得客户的认可，迅速占领市场。对于企业来讲，制定正确的战略很重要，但更重要的是战略的执行，能否将既定的战略执行到位是企业成败的关键。无论是企业文化、组织结构，还是技术研发、市场营销等方面的管理，格力都非常重视，并严格执行相关的管理制度，这也是格力取得成功的重要因素之一。

任务一　战略管理认知

一、战略管理的定义

"战略"一词最早起源于军事，意为作战的谋略，后逐渐被引申至政治和经济领域，指企业做出的全局性和长远性的谋划。一般而言，战略具有全局性、长远性、纲领性、应变性、竞争性、风险性等特征。

战略管理，是指对企业全局的、长远的发展方向、目标、任务和政策，以及资源配置做出决策和管理的过程。企业战略管理是在分析企业内、外部环境的基础上，选择和制定达到企业目标的有效战略，并付诸实施、控制和评价的一个动态管理过程。

> 📝 **随堂小测**
> 1. 战略管理是企业（　　）管理理论。
>   A. 市场营销　　　B. 职能　　　　　C. 最高层次　　　　D. 经营
> 2. 战略管理的目的是（　　）。
>   A. 加强内部管理　　　　　　　B. 拓展市场空间
>   C. 提升企业的环境适应能力　　D. 保证计划的落实

二、企业战略的层次

企业战略一般分为三个层次，包括选择可竞争的经营领域的总体战略、某经营领域具体竞争策略的业务单位战略（也称竞争战略）和涉及各职能部门的职能战略。

（一）总体战略

企业总体战略，又称公司层战略，通常是由企业最高层根据企业发展阶段、发展方向、企业愿景和使命，制定的企业长远的、总体的经营发展规划。

制定企业总体战略，首先需要进行企业外部经营环境分析，包括宏观经济环境分析、特定产业环境分析、技术环境分析、政策环境分析和社会文化环境分析等，了解企业外部环境所面临的机遇和威胁。

其次是进行企业内部资源和能力分析，包括但不限于人力资源分析、管理水平分析、经营者的领导才能分析、财务资源分析、物资资源分析，以及团队管理能力分析、研发能力分析、营销能力分析等。内部资源和能力分析，有助于分析出企业目前所具备的优势和劣势。在确定企业整体发展态势后，企业管理层需要根据企业目前的态势进行分析，从而完成战略选择。

（二）竞争战略

竞争战略，是具体的策略、计划和行动举措，涉及各业务单位的主管及辅助人员。这些人员的主要任务是将总体战略所包括的企业目标、发展方向和措施具体化，形成本业务单位具体的竞争与经营战略。

竞争战略要针对不断变化的外部环境，在各自的领域中有效竞争。为了保证企业的竞争优势，各经营单位要有效地控制资源的分配和使用。

> ✏️ **提示**
>
> 对于单一业务的公司来说，总体战略和竞争战略只有一个，即合二为一；对业务多元化的公司区分总体战略和竞争战略才有意义。

（三）职能战略

职能战略，又称职能层战略，其制定原则是：支撑总体战略，服务竞争战略。企业有何种总体战略、竞争战略需要职能部门完成何种工作，职能部门就依照总体战略和竞争战略制定职能战略。职能战略主要涉及企业内各职能部门（如营销、财务、生产、研发、人力资源、信息技术等），其目标是更好地配置企业内部资源，为各级战略服务，提高组织效率。

总之，三个层次的战略都是企业战略管理的重要组成部分，但侧重点和影响的范围有所不同。

> 📝 **随堂小测**
>
> 1. （　　）是企业总体的、最高层次的战略。
>   A. 总体战略　　　B. 职能战略　　　C. 竞争战略　　　D. 经营战略
> 2. （　　）主要涉及具体作业性取向和可操作性的问题，涉及决策问题的时间跨度比较短。
>   A. 总体战略　　　B. 职能战略　　　C. 竞争战略　　　D. 经营战略

> 📖 **知识拓展**
>
> 通常认为，"企业战略管理"一词最早由安索夫提出，他在1976年出版的《从战略规划到战略管理》一书中指出：企业的战略管理是指将企业的日常业务决策同长期计划决策相结合而形成的一系列经营管理业务。
>
> 在20世纪60年代，诸多学者对战略管理的研究基本上达成一致，认为战略应该适应环境的变化，战略计划应是面向未来和全局的，它的重点不在于规定企业发展的各种指标，而是要指明企业生存与发展的最有利途径。战略管理的重点在于对环境进行预测、制订长期计划和资源的静态配置。
>
> 从20世纪60年代中期到70年代初，由于企业经营环境剧烈动荡，日趋复杂，战略规划取代了长期规划，战略管理的重点在于企业必须适应环境的变化，强调资源的动态配置。这一阶段的战略管理理论主要适应简单的组织和相对稳定的环境。
>
> 20世纪70年代安索夫在《战略管理》一书中系统地提出了战略行为模式，他认为战略行为是一个组织对环境的交感过程以及由此而引起的组织内部结构变化的过程。他对战略管理理论提出了三个创新的观点，即战略追随结构、环境服务组织和运用系统的方法研究战略管理。他认为企业经营战略的核心是资源配置方式，他强调组织、战略、环境三者之间的相互适应和协调一致。
>
> 进入20世纪80年代以后，信息技术和生产技术的飞速发展更加促使人们热衷于战略管理的研究，行为科学、竞争对手分析、购并战略、全球化战略等的发展拓宽了战略管理的范畴，使其内容不断充实和完善。战略管理要求企业高层管理者在不断审视企业内部环境变化的前提下，制定能够利用优势、抓住机会、弱化劣势并避免或缓和威胁的企业战略。企业战略从其制

定到实施客观上需要大量的内部和外部、财务和非财务、定性和定量、历史和现实等多样化的管理会计信息，战略管理会计随之产生。

三、战略管理的原则

企业进行战略管理时，一般应遵循以下原则。

（一）目标可行原则

战略目标的设定，一方面应具有前瞻性，且通过一定的努力可以实现；另一方面应具有适当的挑战性，并能够使长期目标与短期目标有效衔接。

（二）资源匹配原则

企业应根据各业务部门与战略目标的匹配程度，相应进行资源配置。

（三）责任落实原则

企业应将战略目标落实到具体的责任中心和责任人，构成不同层级彼此相连的战略目标责任圈。

（四）协同管理原则

企业应以实现战略目标为核心，考虑不同责任中心业务目标之间的有效协同，加强各部门之间的协同管理，有效提高资源使用的效率和效果。

四、战略管理的工具方法

战略管理领域应用的管理会计工具方法，一般包括战略地图、价值链管理等。战略地图是指为描述企业各维度战略目标之间因果关系而绘制的战略因果关系图。价值链管理一般指的是改变作业管理策略和将组织调整到具有有效性和高效率的战略位置，以利用产生的每一个竞争机会。在价值链管理中，最终客户掌握着权力，他们定义什么是价值以及怎样制造和提供价值。

> ✎ 提示
>
> 战略管理的工具方法，可单独应用，也可综合应用，以加强战略管理的协同性。

五、战略管理的应用环境

企业进行战略管理时，需要具备一定的应用环境，主要如下。

（一）企业应关注宏观环境和自身情况

企业进行战略管理，应关注宏观环境（包括政治、经济、社会、文化、法律及技术等因素）、产业环境、竞争环境等对其影响长远的外部环境因素，尤其是可能发生重大变化的外部环境因素，确认企业所面临的机遇和挑战；同时应关注自身的历史及现行战略、资源、能力、核心竞争力等内部环境因素，确认企业具有的优势和劣势。

（二）企业应设置专门机构或部门

企业进行战略管理，一般应设置专门机构或部门，牵头负责战略管理工作，并与其他业务部门、职能部门协同制定战略目标，做好战略实施的部门协调，保障战略目标得以实现。

（三）企业应建立健全战略管理相关制度

企业进行战略管理，应建立健全战略管理相关制度及配套的绩效激励制度等，形成科学有效的制度体系，切实调动员工的积极性，提升员工的执行力，推动企业战略的实施。

六、战略管理的应用程序

企业应用战略管理，一般按照战略分析、战略制定、战略实施、战略评价和控制、战略调整等程序进行。

微课 2-1

战略管理的
应用程序（1）

（一）战略分析

战略分析包括企业外部环境分析和企业内部环境分析。

1. 企业外部环境分析

企业外部环境主要包括宏观环境和特定产业环境两个方面。

（1）宏观环境。宏观环境主要是指对所有企业都产生较大影响的宏观因素，如政治、法律、经济、科技、自然环境等因素。企业必须深入了解这些客观存在的因素，并适应宏观环境对企业的要求。

由于政治和法律因素从宏观上对企业的生产经营起着规范和导向的作用，这就要求企业管理人员要知法、懂法、依法经营，关注企业经营的社会效益。经济因素对企业生产经营的影响直接且具体，如居民收入水平、原材料及能源的供应状况、国内生产总值、产业结构、总体经济发展趋势等，这些为企业的战略选择提供了依据。科技因素主要指产品开发、专利保护、新技术推广等，这些也会对企业的生产经营产生影响，为企业的新产品开发指明方向。自然环境因素主要指地理位置和资源状况，这些为企业的生产经营提供先决条件。

> ✎ 随堂小测
>
> 1. 经济环境是指（　　）。
>   A. 一个公司参与其中竞争的经济体的经济特征和发展方向
>   B. 由世界银行提供的世界经济展望
>   C. 对环境变动与世界经济之间如何相互影响的分析
>   D. 对新的环境规则将如何影响经济的分析
> 2. 宏观环境中的法律因素表现为（　　）。
>   A. 社会中不同种族群体的政治立场
>   B. 社会中不同政治团体的技术价值观
>   C. 企业和其他组织与政府之间相互影响的结果
>   D. 对企业和其他组织对政府的态度的研究

（2）特定产业环境。特定产业环境主要是指企业所属产业的目标市场。一个企业不可能拥有整个产业市场，这就要求其对所属产业的市场进行细分，将整个产业市场划分为若干个具有一定特点的细分市场。企业应根据自己生产经营的特点，选择目标市场，并了解目标市场的容量、饱和程度以及相关竞争者的数量、手段、影响力等。

相比较而言，特定产业环境直接关系到企业的市场占有率和盈利水平，因此特定产业环境分析应当是企业外部环境分析的核心。

2. 企业内部环境分析

企业内部环境是指企业的内部条件，包括人力和物力资源、管理水平、经营者的领导才能等。分析企业内部环境的目的在于知己，正确地选择并确定企业的竞争战略。

3. 企业战略分析方法

企业进行环境分析时，可应用态势分析、波特五力分析、波士顿矩阵分析、营运矩阵分析等方法，分析企业的发展机会和竞争力，以及各业务流程在价值创造中的优势和劣势，并对每一业务流程按照其优势强弱划分等级，为制定战略目标奠定基础。

（1）态势分析法。态势分析法（Strength，Weakness，Opportunity，Threat，简称 SWOT 分析法，S 表示优势、W 表示劣势、O 表示机会、T 表示威胁），是基于内外部竞争环境和竞争条件的综合分析，就是将与研究对象密切相关的各种主要内部优势、劣势和外部的机会、威胁等，通过调查列举出来，并依照矩阵形式排列，然后用系统分析的思想，把各种因素相互匹配起来加以分析，从中得出相应结论。态势分析法的结论通常带有一定的决策性，对制定相应的发展战略、计划以及做出决策起到支撑作用。按照态势分析法，战略目标应是一个企业"能够做的"（即企业的强项和弱项）和"可能做的"（即环境的机会和威胁）之间的有机组合。表 2-1-1 所示为某半导体企业的 SWOT 分析矩阵。

表 2-1-1　　　　　　　　　　　　　　某半导体企业 SWOT 分析矩阵

关键因素	机会因素（O） ◎ 广阔的国内市场 ◎ 国家政策	威胁因素（T） ◎ 激烈的竞争 ◎ 行业的价格战
优势因素（S） ◎ 本土优势 ◎ 较强的资金实力 ◎ 领先的营销策略 ◎ 产品线丰富	优势机会策略（SO） ◎ 保持资金优势与市场地位 ◎ 借助本土优势，扩大市场空间 ◎ 打造品牌，实施品牌延伸战略	优势威胁策略（ST） ◎ 提高产品质量，争夺本地市场 ◎ 提高品牌知名度，实施品牌延伸战略
弱势因素（W） ◎ 价格 ◎ 品牌与实力	劣势机会策略（WO） ◎ 打造品牌，实施品牌延伸 ◎ 改善管理，完善企业制度，降低成本 ◎ 开发高科技含量的新产品	劣势威胁策略（WT） ◎ 寻求资金，改造技术 ◎ 引进高素质人才

📝 随堂小测

企业的竞争优势源于（　　　）。

A. 企业的核心竞争力　　　B. 企业能力　　C. 企业资源　　　D. 企业素质

（2）波特五力分析法。波特五力分析法（Michael Porter's Five Forces Model），是指将供应商定价能力、购买者的讨价还价能力、潜在进入者的威胁、替代品的威胁、同行业竞争者的力量作为竞争主要来源的一种竞争力分析方法。

（3）波士顿矩阵分析法。波士顿矩阵（BCG Matrix）分析法，是指在坐标图上，以纵轴表示企业销售增长率，横轴表示市场占有率，将坐标图划分为四个象限，依次为"明星类产品""问题类产品""金牛类产品""瘦狗类产品"，瘦狗类产品属于不再投资扩展或即将淘汰的产品。波士顿矩阵分析的目的在于通过产品所处不同象限的划分，使企业采取不同决策，以保证其不断地淘汰无发展前景的产品，保持"问题""明星""金牛"产品的合理组合，实现产品及资源分配结构的良性循环。

（4）营运矩阵分析。营运矩阵分析，是指通过横向联系和纵向联系的营运方式，分析企业营运中分权化与集权化的问题，考虑各个管理部门（或岗位）之间的相互协调和相互监督，以更加高效地实现企业营运目标。

（二）战略制定

战略制定，是指企业根据确定的愿景、使命和环境分析情况，选择和设定战略目标的过程。

1. 战略目标的选择

战略目标根据企业战略的三个层次（总体战略、竞争战略、职能战略）来进行选择。

微课2-2

战略管理的
应用程序（2）

2. 战略目标的制定方法

企业根据对整体目标的保障、对员工积极性的发挥以及企业各部门战略方案的协调等实际需要，选择自上而下、自下而上或上下结合的方法，制定战略目标。

（1）自上而下的方法。企业总部的高层管理人员制定企业的总体战略，然后由下属各部门根据自身的实际情况将企业的总体战略具体化，形成系统的战略方案。

（2）自下而上的方法。在制定战略时，企业最高管理层对下属部门不做具体规定，而要求各部门积极提交战略方案。企业最高管理层在各部门提交的战略方案基础上，加以协调和平衡，对各部门的战略方案进行必要的修改后加以确认。

（3）上下结合的方法。企业最高管理层和下属各部门的管理人员共同参与，通过上下级管理人员的沟通和磋商，制定出适宜的战略。

三种方法的主要区别在于战略制定中对集权与分权程度的把握。企业可以从对整体目标的保障、对中下层管理人员积极性的发挥，以及各部门战略方案的协调等多个角度考虑，选择适宜的战略制定方法。

企业设定战略目标后，各部门需要结合企业战略目标设定本部门战略目标，并将其具体化为一套关键财务及非财务指标的预测值。为各关键指标设定的目标（预测）值，应与本企业的可利用资源相匹配，并有利于执行人积极有效地实现既定目标。

随堂小测

设计一个正规的战略管理系统可以采用（　　）。

A. 自上而下的方法　　B. 自下而上的方法　　C. 上下结合的方法　　D. 小组计划方法

（三）战略实施

战略实施，是指将企业的战略目标变成现实的管理过程。企业应加强战略管控，结合使用战略地图、价值链管理等多种管理会计工具方法，将战略实施的关键业务流程化，并落实到企业现有的业务流程中，确保企业高效率和高效益地实现战略目标。在实施过程中，需要持续关注下列5个问题。

1. 需要一个有效的组织结构

企业设计组织结构需要考虑以下问题：如何分配企业内的工作职责和决策权力；企业的管理层次是高长型还是扁平型；决策权力是集中的还是分散的；企业的组织结构类型能否适应总体战略的定位等。

2. 人员和制度的管理颇为重要

人力资源关系到战略实施的成败，而采用什么样的制度对其进行管理是企业不可忽视的问题。

3. 内部利益冲突扮演着重要角色

企业内部各种团体有其各自的目标和要求，而许多要求是互相冲突的，因而内部利益冲突是企业的一部分。这些利益冲突会导致各种争斗和结盟，在企业战略管理过程中发挥作用。

4. 选择适当的组织协调和控制系统

战略实施离不开企业内各单位的集体行动和协调，企业必须确定采用什么标准来评价各下属单位的效益，控制其行动。

5. 必须要协调好企业战略、结构、文化和控制诸方面

不同的战略和环境对企业的要求不尽相同，所以要协调好不同的结构设置、文化价值和控制体系。

（四）战略评价和控制

战略评价和控制，是指企业在战略实施过程中，通过检测战略实施进展情况，评价战略执行效果，审视战略的科学性和有效性，不断调整战略举措，以达到预期目标。

1. 战略评价

企业主要应从以下几个方面进行战略评价：战略是否适应企业的内外部环境；战略是否达到有效的资源配置；战略涉及的风险程度是否可以接受；战略实施的时间和进度是否恰当。

在实际操作中，战略评价一般分为事前评价、事中评价和事后评价三个层次。

（1）事前评价，即战略分析评价，它是一种对企业所处环境现状的评价，其目的是发现最佳机遇。

（2）事中评价，即战略选择评价，它是在战略的执行过程中进行的，是对战略执行情况与战略目标差异的及时获取和及时处理。事中评价是一种动态评价，属于事中控制。

（3）事后评价，即战略绩效评价，它是在期末对战略目标完成情况的分析、评估和预测。事后评价是一种综合评价，属于事后控制。

2. 战略控制

战略控制主要是指在企业经营战略的实施过程中，检查企业为达到目标所进行的各项活动的进展情况，评价实施企业战略后的绩效，把实际情况与既定的战略目标、绩效标准相比较，发现战略差距，分析产生偏差的原因，纠正偏差，使企业战略的实施更好地与企业当前所处的内外环境、企业目标协调一致，使企业战略得以实现。

> 💡 **想一想**
> 企业战略对企业的生产经营有什么作用？

（五）战略调整

战略调整，是指根据企业情况的发展变化和战略评价结果，对所制定的战略及时进行调整，以保证战略有效指导企业经营管理活动。战略调整一般包括调整企业的愿景、长期发展方向、战略目标及战略举措等。

战略调整是一种特殊的决策，是对企业过去战略决策的追踪，受到企业核心能力、企业家的行为以及企业文化等因素的影响。企业经营过程是某种核心能力的形成和利用过程，企业核心能力的拥有及其利用不仅决定着企业活动的效率，而且决定着企业战略调整方向与线路的选择。决策的本质特征决定了战略调整也是在一系列的备选方案中进行选择，这种选择在一定意义上是经营者行为选择的直接映照。企业文化则对上述选择过程以及选择确定后的实施过程中人的行为产生着重要的影响。

阅读链接

方太企业战略
管理

任务二　战略地图

一、战略地图概述

前面我们讲过，战略地图是指为描述企业各维度战略目标之间因果关系而绘制的战略因果关系图。

企业通常以财务、客户、内部流程、学习与成长四个维度为主要内容，通过分析各维度的相互关系，绘制战略地图。企业可根据自身情况对各维度的名称、内容等进行修改和调整。

战略地图的核心内容包括：企业通过运用人力资本、信息资本和组织资本等无形资产（学习与成长），创新和建立战略优势和效率（内部流程），进而使企业把特定价值带给市场（客户），从而实现股东价值（财务）。

企业的战略地图绘制、战略规划及实施既是一个自上而下的分解过程，又是一个自下而上的支持和反馈，这就要求高层管理者具备相关的能力及素养，具体如图 2-2-1 和图 2-2-2 所示。

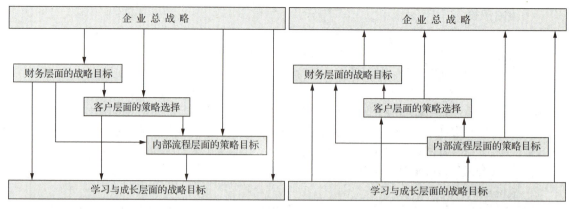

图 2-2-1 自上而下的分解过程   图 2-2-2 自下而上的支持和反馈

战略地图的模板如图 2-2-3 所示。

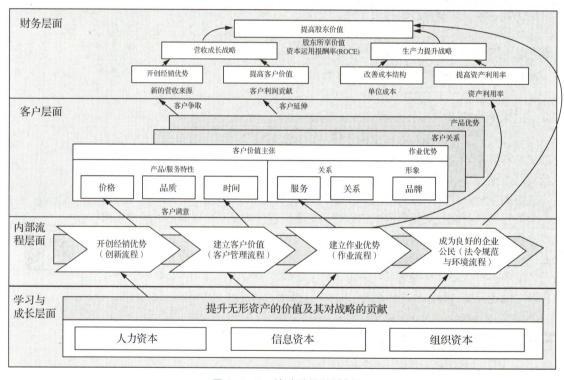

图 2-2-3 战略地图的模板

📖 **知识拓展**

关于平衡计分卡的四个维度，将在本书项目七进一步介绍。这里先简单介绍一下。

1. 财务维度指标体系的构建

财务维度以财务术语描述了战略规划的有形成果。企业常用指标有投资资本回报率、净资产收益率、经济增加值、息税前利润、自由现金流、资本负债率、总资产周转率等。

2. 客户维度指标体系的构建

客户维度界定了目标客户的价值主张。企业常用指标有市场份额、客户满意度、客户获得率、客户保持率、客户获利率、战略客户数量等。

3. 内部业务流程维度指标体系的构建

内部业务流程维度确定了对战略规划产生影响的关键流程。企业常用指标有交货及时率、生产负荷率、产品合格率、存货周转率、单位生产成本等。

4. 学习与成长维度指标体系的构建

学习与成长维度确定了对战略很重要的无形资产。企业常用指标有员工保持率、员工生产率、培训计划完成率、员工满意度。

战略地图是在平衡计分卡的基础上发展来的，与平衡计分卡相比，它增加了两个层次的内容：一是颗粒层，每一个层面下都可以分解为很多要素；二是增加了动态的层面，也就是说，战略地图是动态的，可以结合战略规划过程来绘制。

二、战略地图设计

企业设计战略地图，一般按照设定战略目标、确定业务改善路径、定位客户价值、确定内部业务流程优化主题、确定学习与成长主题、进行资源配置、绘制战略地图等程序进行，如图 2-2-4 所示。

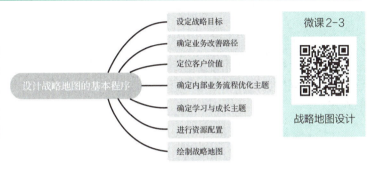

图 2-2-4 战略地图设计程序

（一）设定战略目标

企业设定战略目标，应遵循《管理会计应用指引第 100 号——战略管理》的有关要求。

企业战略管理部门根据确定的愿景、使命和环境分析情况，采取自上而下、自下而上或上下结合的方法，制定企业层的战略目标。各部门需要根据这一目标设定本部门战略任务，并将其具体化，形成一套包括利润、资源、生产、市场、员工薪酬与激励等的财务关键性指标，以及遵守法规和社会责任等的非财务关键性指标，并为各关键指标设定目标（预测）值。目标值不仅应与本企业的可利用资源相匹配，还应利于执行人积极有效地实现既定目标。

企业确立的战略目标应该高度概括、通俗易懂、简单明了。表 2-2-1 中列示了一些知名企业的战略目标，可供其他企业参考和借鉴。

表 2-2-1　　　　　　　　　　　　知名企业的战略目标

企业名称	战略目标
阿里巴巴	成为一家持续发展 102 年的公司；成为全球最大电子商务服务提供商；使世界上没有难做的生意
华为	愿景是丰富人们的沟通和生活；使命是聚焦客户关注的挑战和压力，提供有竞争力的通信解决方案和服务，持续为客户创造最大价值
福特	让每一个家庭拥有一辆汽车；公司要成为低成本、高质量的产品和服务的提供者，为客户提供最佳价值
联邦快递	通过兼并不同的网络，继续扩张主要市场；为更多的国家和地区提供服务；增加航空站的数量；增加飞机数量，建立新的航空中心；增强运输货物的能力，增加美国机场通道的数量

（二）确定业务改善路径

企业应根据已设定的战略目标，对现有客户（服务对象）、可能的新客户以及新产品（新服务）进行深入分析，寻求业务改善和增长的最佳路径，提出业务和财务融合发展的战略主题。

在财务维度，战略主题一般可划分为两个层次：第一层次，一般包括生产率提高和营业收入增长等；第二层次，一般包括创造成本优势、提高资产利用率、增加客户机会和提高客户价值等。

（三）定位客户价值

企业应对现有客户进行分析，从产品（服务）质量、技术领先、售后服务和稳定标准等方面确定、调整客户价值定位。

在客户价值定位维度，企业一般可设置客户体验、双赢营销关系、品牌形象提升等战略主题。

（四）确定内部业务流程优化主题

企业应根据业务提升路径和服务定位，梳理业务流程及其关键增值（提升服务形象）活动，分析行业关键成功要素和内部营运矩阵，从内部业务的管理流程、创新流程、客户管理流程、遵循法规流程等角度确定战略主题，并将业务战略主题进行分类，制定战略方案。

（五）确定学习与成长主题

企业应根据业务提升路径和服务定位，分析创新和人力资本等无形资源在价值创造中的作用，识别学习与成长维度的关键要素，并相应进行激励制度创新、信息系统创新和智力资本利用创新等。

（六）进行资源配置

企业应根据各维度战略主题，分析其有形资源和无形资源的战略匹配度，对各主题进行战略资源配置；同时应关注企业人力资本、信息资本、组织资本等在资源配置中的定位和价值创造中的作用。

（七）绘制战略地图

知识拓展

关键绩效指标的四个维度

企业可应用平衡计分卡的四维度划分绘制战略地图，以图形方式展示企业的战略目标及实现战略目标的关键路径。具体绘制程序如下。

（1）确立战略地图的总体主题。总体主题是对企业整体战略目标的描述，应清晰表达企业愿景和战略目标，并与财务维度的战略主题和关键绩效指标（Key Performance Indicator，KPI）对接。

（2）根据企业的需要，确定四维度的名称。把确定的四维度战略主题对应画入各自战略地图内，每一主题可以通过若干KPI进行描述。

（3）将各个战略主题和KPI用路径线连接，形成战略主题和KPI相连的战略地图。

企业应将战略总目标（财务维度）、客户价值定位（客户维度）、内部业务流程（内部流程维度）和学习与成长维度同战略KPI连接，形成战略地图。

企业所属的各责任中心的战略主题、KPI相应的战略举措、资源配置等信息一般无法都绘制到一张图上，通常采用绘制对应关系表或另外绘制下一层级责任中心的战略地图等方式来展现战略因果关系。

💡 想一想

设计图2-2-5所示的战略地图时，公司考虑的四个层面是各自独立运行的还是相辅相成的？

图2-2-5　战略地图

三、战略地图实施

战略地图实施，是指企业利用管理会计工具方法，确保企业实现既定战略目标的过程。战略地图实施一般按照战略 KPI 设计、战略 KPI 责任落实、战略执行、执行报告、持续改善、评价激励等程序进行。战略地图的实施程序如图 2-2-6 所示。

图 2-2-6　战略地图的实施程序

（一）战略 KPI 设计

战略 KPI 设计的核心观念是：设定与企业流程相关的标准值，定出一系列对企业发展、经营有提示、警告和监控作用的指标，然后把实际经营过程中的相关指标实际值与设定的标准值进行比较和评估，并分析其中的原因，找出解决的方法和途径，从而对企业的流程做相应的调整和优化，以使未来实际绩效指标值达到令企业满意的程度。

企业 KPI 的设置必须与企业的战略挂钩，"Key"指在一定阶段企业战略上要实现的最主要目标或要解决的最主要问题。每一个企业在一定时期都会遇到制约其成长的主要问题，解决这些问题在该阶段具有战略意义，战略管理必须针对这些问题来设计关键指标。

（二）战略 KPI 责任落实

企业应对战略 KPI 进行分解，落实责任并签订责任书。具体流程如下。

1. 将战略 KPI 分解为责任部门的 KPI

企业应从最高层开始，将战略 KPI 分解到各责任部门，再分解到责任团队。每一责任部门、责任团队或责任人都有对应的 KPI，且每一 KPI 都能找到对应的具体战略举措。企业可编制责任表，描述 KPI 中的权、责、利和战略举措的对应关系，以便实施战略管控和形成相应的报告。每一责任部门的负责人可根据上述责任表，将 KPI 在本部门进行进一步分解和责任落实，层层建立战略实施责任制度。

2. 签订责任书

企业应在分解、明确各责任部门 KPI 的基础上签订责任书，以督促各执行部门落实责任。责任书一般由企业领导班子（或董事会）与执行层的各部门签订。责任书应明确规定一定时期内（一般为一个年度）要实现的 KPI 任务、相应的战略举措及相应的奖惩机制。

（三）战略执行

企业应以责任书中所签任务为基础，按责任部门的具体人员和团队情况，对任务和 KPI 进一步分解，并制定相应的执行责任书，进行自我管控和自我评价。同时，以各部门责任书和职责分工为基础，确定不同执行过程的负责人及协调人，并按照设定的战略目标实现日期，确定不同的执行指引表，采取有效战略举措，保障 KPI 实现。

（四）执行报告

企业应编制战略执行报告，反映各责任部门的战略执行情况，分析偏差原因，提出具体管控措施。

1. 按层级提交执行报告

每一层级责任部门应向上一层级责任部门提交战略执行报告，以反映战略执行情况，制定下一步战略实施举措。

2. 执行报告的层级划分

战略执行报告一般可分为三个层级：①战略层（如董事会）报告，包括战略总体目标的完成情况和原因分析；②经营层报告，包括责任人的战略执行方案中相关指标的执行情况和原因分析；③业务层报告，包括战略执行方案下具体任务的完成情况和原因分析。

3. 执行报告的偏差分析

企业应根据战略执行报告，分析责任人战略执行情况与既定目标是否存在偏差；若存在偏差，应对偏差进行原因分析，形成纠偏建议，将其作为责任人绩效评价的重要依据。

（五）持续改善

企业应在对战略执行情况进行分析的基础上，进行持续改善，不断提高战略管控水平。具体做法如下。

1. 与既定目标相比，发现问题并进行改善

企业应根据战略执行报告，将战略执行情况与管控目标进行比对，分析偏差，及时发现问题，提出解决问题的具体措施和改善方案，并采取必要措施。

企业在进行偏差分析时，一般应关注：①所产生的偏差是否为临时性波动；②战略KPI分解与执行是否有误；③外部环境是否发生重大变化，从而导致原定战略目标脱离实际情况。

企业应在分析这些问题的基础上，找出发生偏差的根源，及时进行纠正。

2. 达成既定目标时，考虑如何提高

达成战略地图上所列的战略目标时，企业一般可考虑适当增加执行难度，提高目标水平，按持续改善的策略与方法进入新的循环。

（六）评价激励

企业应按照《管理会计应用指引第100号——战略管理》中战略评价的有关要求，对战略实施情况进行评价，并按照《管理会计应用指引第600号——绩效管理》的有关要求进行激励，引导责任人自觉地、持续地积极工作，有效利用企业资源，提高企业绩效，实现企业战略目标。

四、战略地图应用评价

战略地图的主要优点是能够将企业的战略目标清晰化、可视化，并与战略KPI和战略举措建立明确联系，为企业战略实施提供有力的可视化工具；其主要缺点是需要多维度、多部门的协调，实施成本高，并且需要与战略管控相融合，才能真正实现战略实施。

> **阅读链接**
> **美孚公司战略地图设计思路与案例分析**
> **一、总体设计思路**
> 美孚公司的战略地图总体设计分为4个部分：财务层面、客户层面、内部流程层面、学习与成长层面，具体如图2-2-7所示。

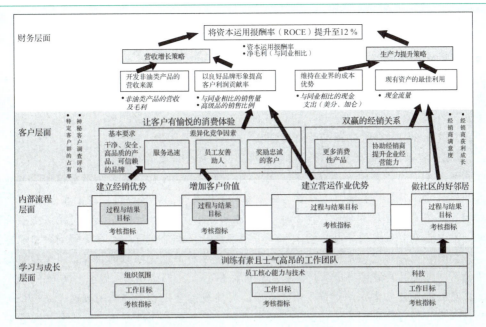

图 2-2-7　美孚公司的战略地图

二、具体分析

（一）财务层面

美孚公司财务层面最高一级的战略目标是在三年内将资本运用报酬率（ROCE）由7%提高到12%，这样的增长在一个市场已趋近饱和且增长趋缓的资本密集型行业是较为困难的。当竞争对手都采用低成本战略，靠降低成本、提升生产能力来获得收益时，美孚公司有两项重要的策略：节流——提升生产力；开源——增加经营收益。

1. 节流——提升生产力的战略性目标

（1）降低成本，其战略目标是成为产业中的成本领导者，测量指标是营运成本与行业平均值进行比较。

（2）提高现有资产利用率，其战略目标是营业额增长时，不增加对固定资产的投资。测量指标是现金流量，即用现有资产创造出更强的生产力，从而带来现金流增加，还要做到因库存量降低而提高收益。

2. 开源——增加经营收益的战略性目标

（1）增加销售量，其战略目标是凭借优良的品牌形象，提高经营收入。为此，要做到：一般石油类产品销售量的增长率必须高于行业平均增长率，同时高价位产品的销售量占所有产品总销售量的比例必须逐年提高。测量指标是销售总量增长率（与竞争者比较）和高级品的销售占比。

（2）以客户导向思维来捕捉商机，扩大经营收入，其战略目标是增加非油类产品的经营收益，同时创造新的品牌价值。为此，要做到：在加油站附设便利店来增加一般消费品的零售额，同时提供与汽车相关的服务和产品，增加洗车、换油、局部维修服务，以及机油、润滑油和一般零件的销售。测量指标是销售非油类产品及服务的经营收入与毛利。

所以，财务层面解决的重要问题是并行两种不同的战略计划时，很容易造成企业内部对战略认知的混淆和执行失败。对美孚公司来说，采用低成本和差异化战略，兼顾提升生产力和增加经营收益显然是一个挑战，但是平衡计分卡帮助其清楚地界定了两者的内涵和意义，明确了各自的重要性和可能的权衡取舍，并可以有效管理。

（二）客户层面

首先，美孚公司将其目标客户群定位为"道路勇士"。在客户层面，第一个策略性主题是"让客户有愉悦的消费体验"。

其次，美孚公司跳出旧模式，把经销商看作"客户"，协助他们在为最终客户提供优质产品和服务的同时，成为获利率较高的加油站经营者。在客户层面，第二个策略性主题是"双赢的经销商关系"。

因此，美孚公司在客户层面的战略目标如下。

1. 为客户提供优良的购买体验以凸显品牌的价值和集中差异化战略

客户层面要考虑是否需要细分市场，因为 20 世纪 90 年代初，美孚公司曾试图尽可能提供完整且多样化的产品给所有客户，也曾与对手激烈削价竞争。美孚公司经过了相当挣扎的过程，起初对能否有客户甘愿每加仑（1 加仑约为 0.004 立方米）多付 0.06～0.10 美元买美孚公司的产品这一看法存在非常大的分歧。后来从一份市场调研报告中，美孚公司了解到价格敏感型客户群只占 20%，无品牌忠诚度的客户群只占 21%。美孚公司经过艰难的抉择，决定按市场细分的方法为另外三类客户提供高价位产品和高品位服务。

客户层面也要采用差异化竞争方法，美孚公司实现差异化竞争战略的方法，是选择对价格不敏感的三个目标客户群，为他们提供产品和服务，要做到：①服务迅速；②员工友善助人；③奖励忠诚的客户。

客户层面需提供快速且友善的服务。由于客户的购买体验对美孚公司的新战略成功与否有关键性影响，因而美孚公司决定委托特定外部调查机构进行秘密访查。访查者每个月到各加油站加油和购买零食，之后根据 23 项标准来评价每一次购买体验。美孚公司的每个加油站每月都会得到一个评价等级。

2. 创造性地建立与经销商的双赢关系

客户层面还需注重与经销商的关系。由于美孚公司是分销商，所以要通过独立的加盟加油站销售产品和服务给最终客户。过去美孚公司的经销商不是其战略的执行部分，双方因财务利益抵触而剑拔弩张。只有美孚公司降低批发价，经销商才能降低进货成本。这将美孚公司和经销商置于零和博弈的对立面。在新战略中，美孚公司觉察到必须改变过去的模式。

美孚公司与经销商共创且共享新客户关系带来的利益，主要途径如下：①针对目标客户销售高价位商品；②依靠品牌提高目标市场占有率；③提供非油类的优质产品与服务。

美孚公司与经销商实现"双赢的经销关系"时，要做到：提供更多消费性产品以提高总销售额，同时协助经销商提升企业经营能力。

（三）内部流程层面

美孚公司的内部流程层面有四个策略性主题，分别是建立经销优势、增加客户价值、建立营运作业优势和做社区的好邻居。

1. 建立经销优势和增加客户价值

建立经销优势和增加客户价值这两项战略目标直接与客户层面的目标相衔接。

（1）理解目标客户的需要，开发新的产品和服务——为客户提供优良的购买体验。

（2）增加非油类产品经营，以提高经销商的经营收益和利润——降低经销商对油类产品获利的依赖程度，以形成双赢的关系。

（3）协助经销商提升管理能力——经营好加油站、汽车服务棚和便利商店，建立行业内最佳的经销商团队。

这三个目标的达成情况有三个衡量指标：非油类新产品的投资回报率、非油类新产品被接受的比例、经销商的品质评估。

2. 建立营运作业优势，做社区的好邻居

建立营运作业优势、做社区的好邻居这两项战略性目标具体包括：①降低作业成本，保持领先优势；②保证设备质量，提升设备性能；③确保产品质量稳定，及时供货；④改善库存管理；⑤环境保护、员工安全和健康保护。

内部流程的量度方法，要能够既充分支持目标客户关系差异化战略，又支持降低成本和提升生产力的财务目标，衡量指标如下。

（1）与竞争者相比方面的指标：优良产品率、无预警的停工次数、零缺失交货、营运作业成本。

（2）安全与健康方面的指标：存货水平、无料发生率、环境事故次数、出勤率。

图 2-2-8 是美孚公司内部流程层面更详细的战略地图。

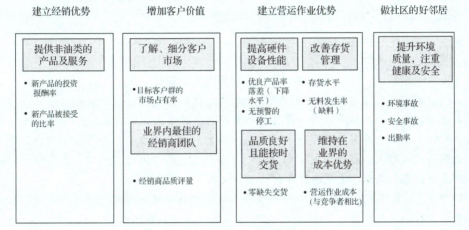

图 2-2-8　内部流程层面战略地图

（四）学习与成长层面

学习与成长层面的策略性主题是组建训练有素并且士气高昂的工作团队。这是美孚公司的战略得以实现的根基，美孚公司界定了三项学习与成长层面的战略目标。

1. 提升员工的核心能力

（1）鼓励员工能够对石油行业和美孚公司战略有更广泛、深入的了解。（有全局眼光以利于业务整合。）

（2）员工掌握达成组织目标的核心能力与技能。（要界定每一项能力和技能的评价标准。）

（3）提升管理人员的领导能力。

2. 使用战略信息

突破过去缺乏战略信息的困境，改进信息的传播流程，建立信息系统平台，从而更有效地利用战略信息。

3. 全员参与、全员贡献的组织氛围

全体成员能对公司战略有清楚的认知，公司能够创造一个让全体成员被激励、愿为共同目标而努力、积极贡献个人力量的组织氛围，帮助员工快速成长。

对以上目标找出合适的测量方法并不容易，美孚公司采用了以下测量指标：①员工的满意度调查（含对新战略的认知程度、支持新战略的积极性、对战略的反馈学习等）；②全员中完成个人计分卡员工的比例；③员工的能力与技能水平（对业务全局的了解、掌握战略核心技能的程度和比例等）；④战略信息的完备与信息系统的可用程度。

图2-2-9是美孚公司学习与成长层面的详细战略地图。

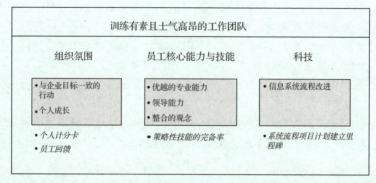

图 2-2-9　学习与成长层面战略地图

以文化人

战略报国——华为供应链重塑

华为供应链变革可以追溯至1998年，与IBM合作的集成供应链的实施，使其在降低供应链成本和提高客户满意度两个供应链管理核心目标的达成方面效果显著。2008年开始，华为为满足客户要求，实现自身可持续发展，推动供应商的可持续发展，长期深耕于供应链管理，实现了企业的跨越式增长和在价值链上的攀升。华为成绩斐然的同时，也令一些全球供应链领先的国家及其企业感到危机，尝试通过各种途径抑制华为的迅速增长。

2019年5月16日，华为及其70家附属公司被某国商务部正式列入"实体名单"，该国企业未经允许不得向华为出售元器件和相关技术，这意味着华为在供应链源头受到了更多的限制。然而，华为基于其供应链上下游的三角结构的支撑，积极尝试对原有供应链进行调整重塑。同时，华为也交出了一份令人振奋的答卷。据华为2019年年报显示，2019年华为销售收入8 588亿元，同比增长19.1%；净利润627亿元，同比增长5.6%。

外部环境的不确定性给华为供应链带来危机的同时，也将供应链结构重塑问题提前摆到华为的面前。以"平常心"积极应对危机的华为，在供应商选择、供应商评价和供应商认证"铁三角"的支撑下调整供应商结构，对整个供应链系统进行了重塑。

同步训练

拓展训练

一、单项选择题

1. 以下不属于战略地图维度主要内容的是（　　　）。

  A. 财务   B. 客户

  C. 内部业务流程   D. 内部员工

2. 战略执行报告一般可分为三个层级，以下不属于三个层级之一的是（　　　）。

  A. 计划层报告   B. 战略层报告   C. 经营层报告   D. 业务层报告

3. 以下表述中，不正确的是（　　　）。

  A. 战略地图实施，是指企业利用管理会计工具方法，确保企业实现既定战略目标的过程

  B. 企业应对战略KPI进行分解，落实责任并签订责任书

  C. 企业应从最高层开始，将战略KPI分解到各责任部门，再分解到责任团队

  D. 销售增长率属于财务类KPI

4. 以下表述中，不正确的是（　　　　）。

A. 企业应从最底层开始，将战略 KPI 分解到各责任部门，再分解到责任团队

B. 每一层级责任部门应向上一层级责任部门提交战略执行报告，以反映战略执行情况，制定下一步战略实施举措

C. 企业应根据战略执行报告，将战略执行情况与管控目标进行比对，分析偏差，及时发现问题，提出解决问题的具体措施和改善方案，并采取必要措施

D. 达成战略地图上所列的战略目标时，企业一般可考虑适当增加执行难度，提高目标水平，按持续改善的策略与方法进入新的循环

5. 以下不属于战略地图缺点的是（　　　　）。

A. 需要多维度、多部门的协调　　　　　　　B. 可行性低

C. 实施成本高　　　　　　　　　　　　　　D. 需要与战略管控相融合

6. 以下不属于利润性绩效指标的是（　　　　）。

A. 销售毛利　　　　B. 销售毛利率　　　　C. 营业利润　　　　D. 财务费用

7. 以下属于学习发展类 KPI 的是（　　　　）。

A. 培训计划完成率　　　　　　　　　　　　B. 市场推广计划完成率

C. 销售费用　　　　　　　　　　　　　　　D. 货款回收率

8. 以下表述中，不正确的是（　　　　）。

A. 战略地图，是指为描述企业各维度战略目标之间因果关系而绘制的战略因果关系图

B. 战略地图通常以财务、客户、内部业务流程三个维度为主要内容

C. 企业设计战略地图，一般按照设定战略目标、确定业务改善路径、定位客户价值、确定内部业务流程优化主题、确定学习与成长主题、进行资源配置、绘制战略地图等程序进行

D. 在客户价值定位维度，企业一般可设置客户体验、双赢营销关系、品牌形象提升等战略主题

9. 在客户价值定位维度，企业一般可设置（　　　　）等战略主题。

A. 客户体验　　　　B. 双赢营销关系　　　　C. 品牌形象提升　　　　D. 以上均正确

10. 关于战略管理，表述错误的是（　　　　）。

A. 是一个循环往复的过程　　　　　　　　　B. 需要修正原来的分析、选择与实施工作

C. 是一次性的工作　　　　　　　　　　　　D. 要不断监控和评价战略的实施过程

二、多项选择题

1. 战略地图通常以（　　　　）四个维度为主要内容，通过分析各维度的相互关系，绘制战略因果关系图。

A. 财务　　　　　　B. 客户　　　　　　C. 内部业务流程　　　　D. 学习与成长

2. 在财务维度，战略主题包括（　　　　）。

A. 生产率提高　　　B. 营业收入增长　　　C. 提高资产利用率　　D. 增加客户机会

3. 企业应对现有客户进行分析，从（　　　　）等方面确定、调整客户价值定位。

A. 产品（服务）质量　　　　　　　　　　　B. 技术领先

C. 售后服务　　　　　　　　　　　　　　　D. 稳定标准

4. 在客户价值定位维度，企业一般可设置（　　　　）等战略主题。

A. 客户体验　　　　B. 双赢营销关系　　　　C. 品牌形象提升　　　　D. 业务改善路径

5. 企业可应用平衡计分卡的四维度划分绘制战略地图，以图形方式展示企业的战略目标及实现战略目标的关键路径。具体绘制程序为（　　　　）。

A. 确立战略地图的总体主题。总体主题是对企业整体战略目标的描述，应清晰表达企业愿景和战略目标，并与财务维度的战略主题和 KPI 对接

B. 根据企业的需要，确定四维度的名称

C. 把确定的四维度战略主题对应画入各自战略地图内，每一主题可以通过若干 KPI 进行描述

D. 将各个战略主题和 KPI 用路径线连接，形成战略主题和 KPI 相连的战略地图

三、判断题

1. 企业应用战略地图时，应注重通过战略地图的有关路径设计，有效使用有形资源和无形资源，高效实现价值创造。　　　　　　　　　　　　　　　　　　　　　（　　）

2. 应通过战略地图实施将战略目标与执行有效绑定，引导各责任中心按照战略目标持续提升业绩，服务企业战略实施。　　　　　　　　　　　　　　　　　　　（　　）

3. 企业应根据已设定的战略目标，对现有客户（服务对象）、可能的新客户以及新产品（新服务）进行深入分析，寻求业务改善和增长的最佳路径，提出业务和财务融合发展的战略主题。　　　　　　　　　　　　　　　　　　　　　　　　　（　　）

4. 企业应根据业务提升路径和服务定位，分析创新和人力资本等无形资源在价值创造中的作用，识别学习与成长维度的关键要素，并相应确立激励制度创新、信息系统创新和智力资本利用创新等战略主题，为财务、客户、内部业务流程维度的战略主题和关键绩效指标提供有力支撑。　　　　　　　　　　　　　　　　　　　　　　　　　　　（　　）

5. 根据各维度战略主题，企业可以不必分析其有形资源和无形资源的战略匹配度。（　　）

6. 企业所属的各责任中心的战略主题、KPI 相应的战略举措、资源配置等信息一般无法都绘制到一张图上，通常采用绘制对应关系表或另外绘制下一层级责任中心的战略地图等方式来展现其战略因果关系。　　　　　　　　　　　　　　　　　　　　　　　（　　）

7. 销售增长率属于财务类 KPI。　　　　　　　　　　　　　　　　　　　（　　）

四、简答题

1. 战略管理的特点有哪些？

2. 你认为应该如何绘制战略地图？

五、实训题

请自行选取某家企业，通过分析它的战略地图，对其战略管理过程进行点评。

42

项目三　全面预算管理

政策指引

《管理会计应用
指引|第200号——
预算管理》等

知识目标

- 熟悉预算管理的概念，对预算管理有一个全面的认识；
- 掌握企业进行全面预算管理应遵循的原则和应用环境；
- 熟悉滚动预算、零基预算、弹性预算、作业预算的编制方法；
- 掌握经营预算、专门决策预算、财务预算的编制方法。

能力目标

- 能够充分认识预算管理的作用；
- 能够正确编制经营预算；
- 能够正确编制专门决策预算；
- 能够正确编制财务预算。

素养目标

- 将预算管理基本知识应用到个人学习生活中，从而提升学习能力与管理能力；
- 对比滚动预算、零基预算、弹性预算、作业预算的内容，为企业找到适合的预算管理方法；
- 掌握对不同信息的收集与处理方法，提升分析问题和解决问题的能力。

以案导学

2019年年初，刘欣在老家开办了一家儿童服装生产公司，注册资金300万元。由于当地给予各种优惠政策，因此公司童装的生产成本不高，而且衣服款式新颖，订单一直没有间断。2020年12月，财务主管赵军把本年度的财务报表拿给刘欣看，利润表显示本年亏损50万元。刘欣很不理解：明明订单不断，销路很好，怎么会亏损？于是，刘欣请来学习财务专业的侄子想想办法。

侄子对公司过去2年的财务资料深入分析后，提出下列建议：

（1）完善成本核算体制，强化目标成本管理；

（2）加强资金预算管理，要求各部门编制月度、季度资金使用计划；

（3）实行现金流量周报制度，反映公司投资、筹资、营运情况；

（4）在建立预算管理制度的同时，建立各项费用的授权管理制度。

2021年，该公司实施预算管理后，成本大大降低，利润也有明显的增长。

【点评】古人云："凡事预则立，不预则废。"预算管理为何如此行之有效，其奥秘就在这里。对于追求主体价值最大化的经济组织而言，资源的稀缺性特质要求其以尽可能少的资源投入获得尽可能多的产出。企业想以有限的资源取得尽可能多的经济效益，就必须事先编制预算。

任务一　预算管理概述

微课 3-1

预算管理概述

💡 想一想

农夫的一天

有一个农夫一早起来，告诉妻子自己要去耕田，当他走到田地时，却发现耕地的机器没油了；原本打算立刻去加油的，突然想到家里的三四只猪还没有喂，于是转回家去喂猪；经过仓库时，望见旁边有几个马铃薯，他想起马铃薯可能正在发芽，于是又走到马铃薯田去；途中经过木材堆，又想起家中需要一些柴火；正当要去取柴的时候，看见了一只生病的鸡躺在地上……这样来来回回跑了几趟，农夫从早上起床一直忙到太阳落山，油也没加，猪也没喂，田也没耕……显然，最后他什么事也没有做好。你从这个小故事中得到了什么启发？

一、预算管理的定义

预算管理是指企业以战略目标为导向，通过对未来一定期间内的经营活动和相应的财务结果进行全面预测和筹划，科学、合理配置企业各项财务和非财务资源，并对执行过程进行监督和分析，对执行结果进行评价和反馈，指导经营活动的改善和调整，进而推动实现企业战略目标的管理活动。

📖 知识拓展

早在我国西周时期，预算管理就开始出现。"量入为出"是周王理财的中心思想，也是西周王朝财政制度的总则。

《礼记·王制》中载："冢宰制国用，必于岁之杪，五谷皆入，然后制国用；用地小大，视年之丰耗，以三十年之通制国用，量入以为出。"

这段话的意思是：在年底贡赋征收完毕之后，冢宰（官名，是周朝官职最高的官员）要根据年成的好坏、收入的多少，以及"三十年之通制国用，量入以为出"的原则，预算下一年各种费用开支项目的用度。丰年适当增加，歉年则相应减少，但无论丰歉都要考虑进行一定的储备。支出与储备的比例大约是三比一，即将每年的财政收入分成四等份，每年开支三份，储备一份。这样，每三年的储备就够一年的用度，累积三十年就足够十年的用度了。这就是所说的"三十年之通制国用"。

根据以上分析，我们可以看出，"量入为出"不仅是西周时期的财政制度总则，也是西周时期的预算制度。

二、预算管理的内容

预算管理的内容主要包括经营预算、专门决策预算和财务预算。

（一）经营预算

经营预算又称业务预算，是指与企业日常业务直接相关的一系列预算，包括销售预算、生产预算、采购预算、费用预算、人力资源预算等。

（二）专门决策预算

专门决策预算是指企业重大的或不经常发生的、需要根据特定决策编制的预算，包括投融资决策预算等。

（三）财务预算

财务预算是指与企业资金收支、财务状况或经营成果等有关的预算，包括资金预算、预计资产负债表、预计利润表等。

三、预算管理的原则

企业进行预算管理，一般应遵循以下原则。

（一）战略导向原则

预算管理应围绕企业的战略目标和业务计划有序开展，引导各预算责任主体聚焦战略、专注执行、达成绩效。

（二）过程控制原则

预算管理应通过及时监控、分析等把握预算目标的实现进度并实施有效评价，为企业经营决策提供有效支撑。

（三）融合性原则

预算管理应以业务为先导，以财务为协同，将预算管理嵌入企业经营管理活动的各个领域、层次、环节。

（四）平衡管理原则

预算管理应平衡长期目标与短期目标、整体利益与局部利益、收入与支出、结果与动因等关系，促进企业可持续发展。

（五）权变性原则

预算管理应刚性与柔性相结合，强调预算对经营管理的刚性约束，可根据内外环境的重大变化调整预算，并针对例外事项进行特殊处理。

四、预算管理的工具方法

预算管理领域应用的管理会计工具方法，一般包括定期预算和滚动预算、增量预算和零基预算、固定预算和弹性预算、作业预算等。

企业可以根据其战略目标、业务特点和管理需要，结合不同方法的特征及适用范围，选择恰当的工具方法综合运用。

（1）企业可整合预算与战略管理领域的管理会计工具方法，强化预算对战略目标的承接分解。

（2）企业可整合预算与成本管理、风险管理领域的管理会计工具方法，强化预算对战略执行的过程控制。

（3）企业可整合预算与营运管理领域的管理会计工具方法，强化预算对生产经营的过程监控。

（4）企业可整合预算与绩效管理领域的管理会计工具方法，强化预算对战略目标的标杆引导。

> ✍ **随堂小测**
>
> 1. （　　）是指与企业资金收支、财务状况或经营成果等有关的预算，包括资金预算、预计资产负债表、预计利润表等。
>
> 　　A. 财务预算　　　B. 经营预算　　　　C. 业务预算　　　　D. 专门决策预算
>
> 2. 预算管理应围绕企业的战略目标和业务计划有序开展，引导各预算责任主体聚焦战略、专注执行、达成绩效，这是（　　）。
>
> 　　A. 战略导向原则　B. 过程控制原则　　C. 融合性原则　　　D. 权变性原则

五、预算管理的应用环境

企业实施预算管理的基础环境包括战略目标、业务计划、组织架构、内部管理制度、信息系统等。其中，业务计划是指按照战略目标对业务活动的具体描述和详细计划。企业应将战略目标和业务计划具体化、数量化作为预算目标，促进战略目标落地。

企业可设置预算管理委员会等专门机构组织、监督预算管理工作。该机构的主要职责如下。

（1）审批企业预算管理制度、政策。

（2）审议年度预算草案或预算调整草案，并报董事会等机构审批。

（3）监控、考核本单位的预算执行情况，并向董事会报告。

（4）协调预算编制、预算调整及预算执行中的有关问题等。

预算管理的机构设置、职责权限和工作程序应与企业的组织架构和管理体制互相协调，保障预算管理各环节职能衔接、流程顺畅。

企业应建立健全预算管理制度、会计核算制度、定额标准制度、内部控制制度、内部审计制度、绩效考核和激励制度等内部管理制度，夯实预算管理的制度基础，还应充分利用现代信息技术，规范预算管理流程，提高预算管理效率。

六、预算的编制、执行和考核

（一）预算编制

预算编制一般按照下列流程执行。

1. 建立和完善工作制度

企业应建立和完善预算编制的工作制度，明确预算编制依据、编制内容、编制程序和编制方法，确保预算编制依据合理、内容全面、程序规范、方法科学，确保形成各层级广泛接受的、符合业务假设的、可实现的预算控制目标。

微课3-2

预算的编制、
执行和考核

2. 选择合适的编制方式

企业一般按照分级编制、逐级汇总的方式，采用自上而下、自下而上、上下结合或多维度相协调的流程编制预算。预算编制流程与编制方法的选择应与企业现有的管理模式相适应。

3. 审议批准、下达执行

预算编制完成后，应按照相关法律法规及企业章程的规定报经企业预算管理决策机构审议批准，以正式文件形式下达执行。

预算审批包括预算内审批、超预算审批、预算外审批等。预算内审批事项，应简化流程，提高效率；超预算审批事项，应执行额外的审批流程；预算外审批事项，应严格控制，防范风险。

（二）预算执行

预算一般按照预算控制、预算调整等程序执行。

1. 预算控制

预算控制，是指企业以预算为标准，通过预算分解、过程监督、差异分析等促使日常经营不偏离预算标准的管理活动。

（1）企业应建立预算授权控制制度，强化预算责任，严格预算控制。

（2）企业应建立预算执行的监督、分析制度，提升预算管理对业务的控制能力。

（3）企业应将预算目标层层分解至各预算责任中心。预算分解应按各责任中心权、责、利相匹配的原则进行，既公平合理，又有利于企业实现预算目标。

（4）企业应通过信息系统展示、会议、报告、调研等多种途径及形式，监督预算执行情况，分析预算执行差异的原因，并提出对策建议。

2. 预算调整

年度预算经批准后，原则上不做调整。企业应在制度中严格明确预算调整的条件、主体、权限和程序等事宜，当内外战略环境发生重大变化或突发重大事件等，导致预算编制的基本假设发生重大变化时，可进行预算调整。

（三）预算考核

预算考核是企业绩效考核的重要组成部分，主要针对定量指标进行。

企业应按照公开、公平、公正的原则实施预算考核，建立健全预算考核制度，并将预算考核结果纳入绩效考核体系，切实做到有奖有惩、奖惩分明。

预算考核主体和考核对象的界定应坚持上级考核下级、逐级考核、预算执行与预算考核职务相分离的原则。

预算考核以预算完成情况为核心，通过预算执行情况与预算目标的比较，确定差异并查明产生差异的原因，进而据以评价各责任中心的工作业绩，并通过与相应的激励制度挂钩，促进预算执行情况与预算目标相一致。

随堂小测

1. 企业一般按照分级编制、逐级汇总的方式，采用（　　）的流程编制预算。
   A. 自上而下　　　　B. 自下而上　　　　C. 上下结合　　　　D. 多维度相协调
2. 预算考核以（　　）为核心。
   A. 预算节约情况　　B. 预算计划情况　　C. 预算超支情况　　D. 预算完成情况

任务二　预算编制方法

企业预算管理的构成内容比较复杂，进行预算管理需要采用适当的方法。从预算编制的不同角度，我们可以将预算编制的方法分为若干种类型，如定期预算与滚动预算、增量预算与零基预算、固定预算与弹性预算法，以及作业预算等。

微课 3-3

预算编制方法（1）

微课 3-4

预算编制方法（2）

阅读链接

《国务院关于深化预算管理制度改革的决定》（国发〔2014〕45号）

一、定期预算与滚动预算

按照编制预算方法的预算期，预算编制方法可分为定期预算和滚动预算两种。两者之间的区别：定期预算一般以会计年度为单位定期编制；滚动预算不将预算期与会计年度挂钩，而是连续不断向后滚动，始终保持固定期间。

（一）定期预算

1. 定期预算的定义

定期预算也称为阶段性预算，是指编制预算时以固定不变的会计期间（如日历年度）作为预算期的一种编制预算的方法。

2. 定期预算的应用评价

定期预算的优点是能够使预算期间与会计年度相配合，便于考核和评价预算的执行结果，但定期预算也存在以下局限性。

① 盲目性。由于定期预算往往是在年初甚至提前两三个月编制的，对于整个预算年度的生产经营活动很难做出准确的预算，尤其是预算后期的数据笼统含糊，缺乏远期指导性，给预算的执行

带来很多困难，不利于对生产经营活动的考核与评价。

② 滞后性。由于定期预算不能随预算执行情况的变化及时调整，当预算中规划的各种经营活动在预算期内发生重大变化时（如预算期临时中途转产），就会造成预算滞后过时，成为虚假预算。

③ 间断性。由于受预算期间的限制，经营管理者的决策视野局限于本期规划的经营活动，通常不考虑下期。例如，一些企业提前完成本期预算后，以为可以松一口气，其他事等来年再说，形成人为的预算间断。因此，按固定预算方法编制的预算不能适应连续不断的经营过程，从而不利于企业的长远发展。

为了克服定期预算的缺点，在实践中可采用滚动预算方法编制预算。

（二）滚动预算

1. 滚动预算的定义

滚动预算，是指企业根据上一期预算执行情况和新的预测结果，按既定的预算编制周期和滚动频率，对原有的预算方案进行调整和补充，逐期滚动，持续推进的预算编制方法。这里的预算编制周期是指每次预算编制所涵盖的时间跨度。滚动频率是指调整和补充预算的时间间隔，一般以月度、季度、年度等为滚动频率。

2. 滚动预算的类型

滚动预算一般由短期滚动预算和中期滚动预算组成。短期滚动预算通常以 1 年为预算编制周期，以月度、季度作为预算滚动频率。中期滚动预算的预算编制周期通常为 3 年或 5 年，以年度作为预算滚动频率。

【例 3-2-1】阳炎公司在执行 2×23 年 1 月至 12 月的预算过程中，需要在 1 月末根据当月预算的执行情况，修订 2 月至 12 月的预算，同时补充 2×24 年 1 月的预算；到 2 月末根据当月预算的执行情况，修订 3 月至 2×24 年 1 月的预算，同时补充 2×24 年 2 月的预算；以此类推，如图 3-2-1 所示。按照逐月滚动方式编制的预算比较精确，但工作量较大。

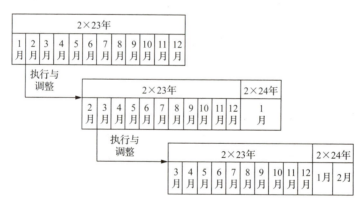

图 3-2-1 逐月滚动预算

【例 3-2-2】某公司甲车间采用滚动预算方法编制制造费用预算。已知 2×23 年分季度的制造费用预算如表 3-2-1 所示（其中间接材料费用忽略不计）。

表 3-2-1 20×3 年全年制造费用预算

项目	第一季度	第二季度	第三季度	第四季度	合计
直接人工预算总工时 / 小时	11 400	12 060	12 360	12 600	48 420
变动制造费用：					
间接人工费用 / 元	50 160	53 064	54 384	55 440	213 048

续表

项目	第一季度	第二季度	第三季度	第四季度	合计
水电与维修费用 / 元	41 040	43 416	44 496	45 360	174 312
小计 / 元	91 200	96 480	98 880	100 800	387 360
固定制造费用：					
设备租金 / 元	38 600	38 600	38 600	38 600	154 400
管理人员工资 / 元	17 400	17 400	17 400	17 400	69 600
小计 / 元	56 000	56 000	56 000	56 000	224 000
制造费用合计 / 元	147 200	152 480	154 880	156 800	611 360

2×23 年 3 月 31 日公司在编制 2×23 年第二季度—2×24 年第一季度的滚动预算时，发现未来的四个季度中将出现以下情况：

（1）间接人工费用预算工时分配率将上涨 50%；

（2）原设备租赁合同到期，公司新签订的租赁合同中设备年租金将降低 20%；

要求：（1）以直接人工工时为分配标准，计算下一滚动期间的间接人工费用预算工时分配率、水电与维修费用预算工时分配率。

（2）根据有关资料计算下一滚动期间的间接人工费用总预算额、每季度设备租金预算额。

（3）编制 2×23 年第二季度—2×24 年第一季度制造费用预算。

解：（1）间接人工费用预算工时分配率 =50 160÷11 400×（1+50%）=6.6（元 / 小时）

水电与维修费用预算工时分配率 =41 040÷11 400=3.6（元 / 小时）

（2）间接人工费用总预算额 =6.6×50 000=330 000（元）

每季度设备租金预算额 =38 600×（1-20%）=30 880（元）

（3）2×23 年第二季度—2×24 年第一季度制造费用预算如表 3-2-2 所示。

表 3-2-2　　　　　　　　　2×23 年第二季度—2×24 年第一季度制造费用预算

项目	2×23 年			2×24 年	合计
	第二季度	第三季度	第四季度	第一季度	
直接人工预算总工时 / 小时	12 100	12 500	13 500	11 900	50 000
变动制造费用：					
间接人工费用 / 元	79 860	82 500	89 100	78 540	330 000
水电与维修费用 / 元	43 560	45 000	48 600	42 840	180 000
小计 / 元	123 420	127 500	137 700	121 380	510 000
固定制造费用：					
设备租金 / 元	30 880	30 880	30 880	30 880	123 520
管理人员工资 / 元	17 400	17 400	17 400	17 400	69 600
小计 / 元	48 280	48 280	48 280	48 280	193 120
制造费用合计 / 元	171 700	175 780	185 980	169 660	703 120

3. 滚动预算的应用环境

企业应用滚动预算方法时，除应遵循《管理会计应用指引第 200 号——预算管理》中对应用环境的一般要求外，还应遵循以下要求。

（1）企业应用滚动预算方法，应具备丰富的预算管理经验和较强的能力。

（2）企业应建立先进、科学的信息系统，获取充足、可靠的外部市场数据和企业内部数据，以满足编制滚动预算的需要。

（3）企业应重视预算编制基础数据，统一财务和非财务信息标准，确保预算编制以可靠、翔实、完整的基础数据为依据。

4. 滚动预算的应用程序

企业应遵循《管理会计应用指引第 200 号——预算管理》中的应用程序实施滚动预算管理，除此之外，还应该遵循下列程序。

（1）企业应研究外部环境变化，分析行业特点、战略目标和业务性质，结合企业管理基础和信息化水平，确定预算编制的周期和预算滚动的频率。

（2）企业应遵循重要性原则和成本效益原则，结合业务性质和管理要求，确定滚动预算的编制内容。企业通常可以选择编制业务滚动预算，对于管理基础好、信息化程度高的企业，还可编制资本滚动预算和财务滚动预算。

（3）企业应以战略目标和业务计划为依据，并根据上一期预算执行情况和新的预测信息，经综合平衡和结构优化，确定下一期滚动预算。

（4）企业应以战略目标和业务计划为基础，研究滚动预算所涉及的外部环境变化和内部重要事项，测算并提出预算方案。

（5）企业实行中期滚动预算的，应在中期预算方案的框架内滚动编制年度预算。第一年的预算约束对应年度的预算，后续期间的预算指引后续对应年度的预算。

（6）短期滚动预算服务于年度预算目标的实施。企业实行短期滚动预算的，应以年度预算为基础，分解编制短期滚动预算。

（7）企业应分析影响预算目标的各种动因之间的关系，建立预算模型，生成预算编制方案。

（8）企业应对比分析上一期的预算信息和预算执行情况，结合新的内外部环境预测信息，对下一期预算进行调整和修正，持续进行预算的滚动编制。

（9）企业可借助数据仓库等信息技术的支撑，实现预算编制方案的快速生成，减少编制滚动预算的工作量。

（10）企业应根据滚动预算编制结果，调整资源配置和管理要求。

5. 滚动预算的应用评价

滚动预算的主要优点是：通过持续编制滚动预算、逐期滚动管理，能够动态反映市场变化情况，建立跨期综合平衡，从而有效指导企业营运，强化预算的决策与控制职能。

滚动预算的主要缺点是：①预算滚动的频率越高，对预算沟通的要求越高，预算编制的工作量越大；②过高的滚动频率容易增加管理层的不稳定感，导致预算执行者无所适从。

📝 **随堂小测**

1. 按照编制预算方法的预算期不同，预算编制方法可分为（　　　）。
   A. 定期预算　　　B. 滚动预算　　　C. 零基预算　　　D. 增量预算
2. 定期预算的缺点有（　　　）。
   A. 盲目性　　　B. 滞后性　　　C. 固定性　　　D. 间断性

二、增量预算与零基预算

按照编制预算方法的出发点，预算编制方法可分为增量预算和零基预算两种。增量预算与零基预算的区别：增量预算以基期成本费用水平为基础，零基预算一切从零开始。

（一）增量预算

1. 增量预算的定义

增量预算又称调整预算，是指以基期成本费用水平为基础，结合预算期业务量水平及有关影响因素的未来变动情况，通过调整原有基期项目及金额而编制预算的方法。增量预算以过去的经验为基础，实际上是承认过去所发生的一切都是合理的，主张不在预算内容上做较大改进，沿袭以前的预算项目。

2. 增量预算的假设

增量预算的假设是：现有的业务活动是企业必需的，只有保留企业现有的每项业务活动，才能使企业的经营过程得到正常发展；原有的各项开支都是合理的，所要求增加的费用预算也是值得的。

3. 增量预算的特征

（1）资金被分配给各部门或单位，然后这些部门或单位再将资金分配给适当的活动或任务。

（2）增量预算基本上都是从前一期的预算推演出来的，每一个预算期间开始时，都采用上一期的预算作为参考点，而且只有那些要求增加预算的申请才会得到审查。

4. 增量预算的应用评价

增量预算的优点是简单易行，因为该方法编制预算的基础是过去的经验，相当于承认过去所发生情形的合理性，主张不在预算内容上做较大改进，沿袭之前的预算项目。

增量预算也存在一些缺点：首先，增量预算往往缺乏针对性；其次，当管理层希望用预算来控制成本或提高效率时，增量预算的缺陷显得更加严重；最后，增量预算往往缺乏结构性和系统性，不利于控制成本或提高效率。

（二）零基预算

1. 零基预算的定义

零基预算，是指企业不以历史期经济活动及其预算为基础，以零为起点，从实际需要出发分析预算期经济活动的合理性，经综合平衡，形成预算的预算编制方法。

2. 零基预算的适用范围

零基预算适用于企业各项预算的编制，特别是不经常发生的预算项目或预算编制基础变化较大的预算项目。

3. 零基预算的应用环境

企业应用零基预算工具方法，应遵循《管理会计应用指引第 200 号——预算管理》中对应用环境的一般要求，除此之外，还应遵循以下要求。

（1）企业应结合预算项目实际情况、预算管理要求和应用成本选择使用零基预算工具方法。

（2）企业应用零基预算工具方法，应明确预算管理责任部门和预算编制责任部门。预算管理责任部门负责组织各部门确定和维护各预算项目的编制标准，组织各具体预算项目的编制。

（3）预算编制责任部门具体负责本部门业务计划和预算的编制。

4. 零基预算的应用程序

企业应用零基预算工具方法，应遵循《管理会计应用指引第 200 号——预算管理》中对应用程序的一般规定，除此之外，还应遵循以下要求。

（1）企业应用零基预算工具方法编制预算，一般按照明确预算编制标准、制订业务计划、编制预算草案、审定预算方案等程序进行。

（2）企业应搜集和分析对标单位、行业等外部信息，结合内部管理需要形成企业各预算项目的编制标准，并在预算管理过程中根据实际情况不断分析评价、修订完善预算编制标准。

（3）预算编制责任部门应依据企业战略、年度经营目标和内外环境变化等安排预算期经济活动，在分析预算期各项经济活动合理性的基础上制订详细、具体的业务计划，作为预算编制的基础。

（4）预算编制责任部门应以相关业务计划为基础，根据预算编制标准编制本部门相关预算项目，并报预算管理责任部门审核。

（5）预算管理责任部门应在审核相关业务计划合理性的基础上，逐项评价各预算项目的目标、作用、标准和金额等，按战略相关性、资源限额和效益性等进行综合分析和平衡，汇总形成企业预算草案，上报企业预算管理委员会等专门机构审议后报董事会等机构审批。

5. 零基预算的编制

零基预算打破了传统的预算编制观念，不再以历史资料为基础进行调整，而是一切以零为基础。编制预算时，首先要确定各个项目是否应该存在，然后按项目的轻重缓急，安排企业的费用预算。零基预算编制的具体步骤如下。

（1）动员与讨论。企业内部各部门根据企业的总目标，在充分讨论的基础上，提出本部门在预算期内应当发生的费用项目，并以零为基础，详细提出其费用预算数额，而不考虑这些费用项目以往是否发生过及发生额是多少。

（2）划分不可避免项目和可避免项目。全部费用按其在预算期发生的可能性可划分为不可避免项目和可避免项目。不可避免项目是指在预算期内必须发生的费用项目，可避免项目是指在预算期内通过采取措施可以不发生的费用项目。在预算编制过程中，对不可避免项目必须保证资金供应；对可避免项目则需要逐项进行成本效益分析，按照各项目开支必要性的大小确定各项费用的优先顺序。

（3）划分不可延缓项目和可延缓项目。全部费用按其在预算期支付的时间是否可以延缓可划分为不可延缓项目和可延缓项目。不可延缓项目是指必须在预算期内足额支付的费用项目，可延缓项目是指可以在预算期内部分支付或延缓支付的费用项目。在预算编制过程中，必须将预算期内可供支配的资金数额在各费用项目之间进行分配。企业应优先保证不可延缓项目的开支，然后再根据需要，按照项目的轻重缓急确定可延缓项目的开支标准。

【例3-2-3】某公司采用零基预算编制方法对2×23年的销售费用和管理费用编制预算。预算编制人员提出的预算年度开支水平如表3-2-3所示。

表3-2-3　　　　　　　　　　　各项费用开支金额　　　　　　　　　　　单位：万元

费用项目	开支金额
业务招待费	200
广告费	180
办公费	80
保险费	50
职工福利费	40
劳动保护费	30
合计	580

假定公司预算年度对上述费用可动用的财力资源只有500万元，经过充分论证，认为上述费用中广告费、保险费和劳动保护费必须得到全额保证，业务招待费、办公费和职工福利费可以适当压缩。按照上年历史资料得出的业务招待费、办公费和职工福利费的成本效益分析如表3-2-4所示。

表3-2-4　　　　　　　　　　　成本效益分析　　　　　　　　　　　单位：万元

费用项目	成本金额	收益金额
业务招待费	1	6
办公费	1	3
职工福利费	1	1

要求：

（1）确定不可避免项目的预算金额；

（2）确定可避免项目的可供分配资金；

（3）按成本效益比重分配确定可避免项目的预算金额。

解：（1）不可避免项目的预算金额 =180+50+30=260（万元）

（2）可避免项目的可供分配资金 =500-260=240（万元）

（3）业务招待费预算额 =240×[6÷（6+3+1）]=144（万元）

办公费预算额 =240×[3÷（6+3+1）]=72（万元）

职工福利费预算额 =240×[1÷（6+3+1）]=24（万元）

6. 零基预算的应用评价

零基预算的主要优点：一是以零为起点编制预算，不受历史期经济活动中的不合理因素影响，能够灵活应对内外环境的变化，预算编制更贴近预算期企业经济活动需要；二是有助于增加预算编制透明度，有利于进行预算控制。

零基预算的主要缺点：一是预算编制工作量较大、成本较高；二是预算编制的准确性受企业管理水平和相关数据准确性影响较大。

📝 **随堂小测**

1. 相对于增量预算，下列关于零基预算的表述中错误的是（　　）。

　　A. 预算编制成本相对较高　　　　　　B. 预算编制工作量相对较少

　　C. 以零为起点编制预算　　　　　　　D. 不受历史期不合理因素的影响

2. 因为（　　）编制预算的基础是过去的经验，相当于承认过去所发生情形的合理性，主张不在预算内容上做较大改进，沿袭之前的预算项目。

　　A. 作业预算　　　　B. 定期预算　　　　C. 固定预算　　　　D. 增量预算

三、固定预算与弹性预算

按照编制预算方法的业务量基础，预算编制方法可分为固定预算和弹性预算两种。固定预算与弹性预算的主要区别：固定预算是针对某一特定业务量编制的，弹性预算是针对一系列可能达到的预计业务量水平编制的。

（一）固定预算

1. 固定预算的定义

固定预算又称静态预算，是指以预算期内正常的、可能实现的某一业务量（如生产量、销售量等）固定在某一预计水平上，作为唯一基础，不考虑可能发生的变动因素来确定其他项目预计数来编制预算的方法。固定预算是按照预算期内可能实现的经营活动水平确定相应的固定预算数来编制预算的。

2. 固定预算的适用范围

固定预算一般只适用于业务量水平较为稳定的企业或非营利组织。

3. 固定预算的应用评价

固定预算的优点是简便易行，直接使用过去参数进行调整，其他的预算方法均在固定预算上进行变化。

固定预算的缺点主要如下。

① 适应性差。因为编制预算的业务量基础是事先假定的某个业务量，不论预算期内业务量水

平可能发生哪些变动，都只以事先确定的某一个业务量水平作为编制预算的基础。

② 可比性差。当实际的业务量与编制预算所根据的业务量发生较大差异时，有关预算指标的实际数与预算数就会因业务量基础不同而失去可比性。因此，按照固定预算方法编制的预算不利于正确地控制、考核和评价企业预算的执行情况。这是固定预算方法的致命弱点。

【例 3-2-4】阳炎公司生产的甲产品按完全成本法核算，预算期内预计产量是 2 000 件，按固定预算方法编制甲产品成本预算，如表 3-2-5 所示。

表 3-2-5　　　　　　　　　　　甲产品成本预算（按固定预算方法编制）

预计产量：2 000 件

成本项目	总成本 / 元	单位成本 /（元 / 件）
直接材料	6 000	3
直接人工	4 000	2
制造费用	2 000	1
合计	12 000	6

该产品预算期内的实际产量为 2 400 件，实际发生总成本 14 000 元，其中：直接材料 8 000 元，直接人工 3 500 元，制造费用 2 500 元，单位成本 5.83 元 / 件。

该公司根据实际成本资料和预算成本资料编制的成本业绩报告见表 3-2-6。

表 3-2-6　　　　　　　　　　　阳炎公司成本业绩报告　　　　　　　　　　　单位：元

成本项目	实际成本	预算成本		差异	
		未按产量调整	按产量调整	未按产量调整	按产量调整
直接材料	8 000	6 000	7 200	+2 000	+800
直接人工	3 500	4 000	4 800	−500	−1 300
制造费用	2 500	2 000	2 400	+500	+100
合计	14 000	12 000	14 400	+2 000	−400

从表 3-2-6 中可以看出：实际成本与未按产量调整的预算成本相比，超支较多；实际成本与按产量调整后的预算成本相比，节约了 400 元。

（二）弹性预算

1. 弹性预算的定义

弹性预算，是指企业在分析业务量与预算项目之间数量依存关系的基础上，分别确定不同业务量及其相应预算项目所消耗资源的预算编制方法。

2. 弹性预算的适用范围

弹性预算适用于企业各项预算的编制，特别是市场、产能等存在较大不确定性，且其预算项目与业务量之间存在明显的数量依存关系的预算项目。

3. 弹性预算的应用环境

企业应用弹性预算工具方法，应遵循《管理会计应用指引第 200 号——预算管理》中对应用环境的一般要求，除此之外，还应遵循以下要求。

（1）企业应用弹性预算工具方法，应合理识别与预算项目相关的业务量，长期跟踪、完整记录预算项目与业务量的变化情况，并对二者的数量依存关系进行深入分析。

（2）企业应用弹性预算工具方法，应成立由财务、战略和有关业务部门组成的跨部门团队。

（3）企业应合理预测预算期的可能业务量，借助信息系统或其他管理会计工具方法，匹配和及时修订弹性定额。

4. 弹性预算的应用程序

企业应用弹性预算工具方法，一般按照以下程序进行。

（1）确定弹性预算适用项目，识别相关的业务量并预测业务量在预算期内可能存在的不同水平和弹性幅度；分析预算项目与业务量之间的数量依存关系，确定弹性定额；构建弹性预算模型，形成预算方案；审定预算方案。

（2）企业选择的弹性预算适用项目一般应与业务量有明显的数量依存关系，且企业能有效分析该数量依存关系，并积累了一定的分析数据。在选择成本费用类弹性预算适用项目时，还要考虑该预算项目是否具备较好的成本性态分析基础。

（3）企业应分析、确定与预算项目变动直接相关的业务量指标，确定其计量标准和方法，作为预算编制的起点。

（4）企业应深入分析市场需求、价格走势、企业产能等内外因素的变化，预测预算期可能的不同业务量水平，编制销售计划、生产计划等各项业务计划。

（5）企业应逐项分析、认定预算项目和业务量之间的数量依存关系、依存关系的合理范围及变化趋势，确定弹性定额。确定弹性定额后，企业应不断强化弹性差异分析，修正和完善预算项目和业务量之间的数量依存关系，并根据企业管理需要增补新的弹性预算定额，形成企业弹性定额库。

（6）企业通常采用公式法或列表法构建具体的弹性预算模型，形成基于不同业务量的多套预算方案。

（7）企业预算管理责任部门应审核、评价和修正各预算方案，根据预算期最可能实现的业务量水平确定预算控制标准，并上报企业预算管理委员会等专门机构审议后报董事会等机构审批。

5. 弹性预算的编制

编制弹性预算，关键是进行成本性态分析，将全部成本最终区分为变动成本和固定成本两大类。变动成本主要根据业务量来控制，固定成本则按总额控制。

编制弹性预算首先要选择适当的业务量。选择业务量包括选择业务量计量单位和选择业务量变动范围两部分。业务量计量单位应根据企业的具体情况进行选择。例如，生产单一产品的部门，可以选用产品实物量；生产多种产品的部门，可以选用人工工时、机器工时等。

业务量变动范围是指弹性预算所适用的业务量变动区间。业务量变动范围的选择应根据企业的具体情况而定。一般来说，业务量变动范围可定在正常生产能力的 70% ～ 120%，或以历史上最高业务量或最低业务量为其上下限。

企业通常采用公式法或列表法构建弹性预算编制模型，形成基于不同业务量的多套预算方案。

（1）公式法。公式法是运用成本性态模型，测算预算期的成本费用数额，并编制弹性预算的方法。根据成本性态，成本与业务量之间的数量关系可以用公式表示为：

$$y=a+bx$$

其中，y 表示某项预算成本总额，a 表示该项成本中的预算固定成本额，b 表示该项成本中的预算单位变动成本额，x 表示预计业务量。

公式法下弹性预算的基本公式为：

$$预算总额 = 固定基数 + \sum（与业务量相关的弹性定额 \times 预计业务量）$$

应用公式法编制预算时，相关弹性定额可能仅适用于一定业务量范围内，当业务量变动超出该适用范围时，应及时修正、更新弹性定额，或改用列表法编制。

【例 3-2-5】阳炎公司制造费用中的修理费用与修理工时密切相关。经测算，预算期修理费用中的固定修理费用为 6 000 元，单位工时变动修理费用为 2 元 / 小时；预计预算期内的修理工时为 3 000 小时。

要求：采用公式法测算预算期的修理费用总额。

解：预算期内修理费用总额 =6 000+3 000×2=12 000（元）

【例 3-2-6】阳炎公司甲产品在正常情况下，全年销售量预计为 35 000～60 000 件。销售部门按公式法编制的预算期销售费用弹性预算如表 3-2-7 所示。

表 3-2-7　　　　　　　　阳炎公司预算期销售费用弹性预算（公式法）

销售量变动范围：35 000～60 000 件　　　　　　　　　　　　　单位：元

项目	a	b
保险费	2 000	—
广告费	30 000	—
办公费	40 000	—
装卸费	2 100	1.5
管理人员工资	3 000	0.1
销售佣金	—	2
包装费	—	1
合计	77 100	4.6

根据表 3-2-7，可得出销售费用 $y=77 100+4.6x$，可由此计算出销售量在 35000～60 000 件的范围内，任一业务量基础上的销售费用预算总额；也可计算出在销售量的变动范围内，任一业务量的销售费用中某一费用项目的预算额，例如，装卸费 $y'=2 100+1.5x$。

公式法的优点是在一定范围内不受业务量波动的影响，编制预算的工作量较小；缺点是在进行预算控制和考核时，不能直接查出特定业务量下的总成本预算额，而且按细目分解成本比较麻烦，同时又有一定误差。

（2）列表法。列表法是指企业通过列表的方式，在业务量范围内依据已划分出的若干个不同等级，分别计算并列示该预算项目与业务量相关的不同可能预算方案的方法。

【例 3-2-7】阳炎公司甲产品在正常情况下的全年销售量预计为 50 000 件。在全年销售量 70%～120% 内按间隔 10% 的销售量以及各成本项目的标准，完成表 3-2-8 所示的销售费用弹性预算，在（　　　）中填写正确的数字。

表 3-2-8　　　　　　　　阳炎公司预算期销售费用弹性预算（列表法）

项目	费用金额					
销售量/件	35 000	40 000	45 000	50 000	55 000	60 000
业务量百分比	70%	80%	90%	100%	110%	120%
1. 变动成本项目						
销售佣金/元	(70 000)	(80 000)	(90 000)	100 000	(110 000)	(120 000)
包装费/元	(35 000)	(40 000)	(45 000)	50 000	(55 000)	(60 000)
2. 混合成本项目						
装卸费/元	54 600	62 100	69 600	77 100	84 600	92 100
管理人员工资/元	6 500	7 000	7 500	8 000	8 500	9 000
3. 固定成本项目						
保险费/元	(2 000)	(2 000)	(2 000)	2 000	(2 000)	(2 000)
广告费/元	(30 000)	(30 000)	(30 000)	30 000	(30 000)	(30 000)
办公费/元	(40 000)	(40 000)	(40 000)	40 000	(40 000)	(40 000)
合计/元	(238 100)	(261 100)	(284 100)	307 100	(330 100)	(353 100)

表 3-2-8 中的业务量间距为 10%，在实际工作中可选择更小的间距（如 5%）。显然，业务量间距越小，实际业务量出现在预算表中的可能性就越大，但工作量也就越大。

列表法在一定程度上可以弥补公式法的不足，主要优点是可以直接从表中查到各种业务量下的成本预算，便于预算的控制和考核；但这种方法的工作量较大，且不能包括所有业务量条件下的费用预算，因此适用面较窄。

6. 弹性预算的应用评价

弹性预算的主要优点是考虑了预算期可能的不同业务量水平，更贴近企业经营管理实际情况。

弹性预算的主要缺点：一是编制工作量大；二是市场及其变动趋势预测的准确性、预算项目与业务量之间依存关系的判断水平等会对弹性预算的合理性产生较大影响。

> **随堂小测**
>
> 1. 某公司在编制成本费用预算时，利用成本性态模型（$y=a+bx$），测算预算期内各种可能的业务量水平下的成本费用，这种预算编制方法是（　　）。
> 　　A. 零基预算　　　B. 固定预算　　　C. 弹性预算　　　D. 滚动预算
> 2. 企业按弹性预算方法编制费用预算，预算直接人工工时为 10 万小时，变动成本为 60 万元，固定成本为 30 万元，总成本费用为 90 万元。如果预算直接人工工时达到 12 万小时，则总成本费用为（　　）万元。
> 　　A. 96　　　　　B. 108　　　　　C. 102　　　　　D. 90

四、作业预算

（一）作业预算的定义

作业预算，是指基于"作业消耗资源、产出消耗作业"的原理，以作业管理为基础的预算管理方法。

（二）作业预算的适用范围

作业预算主要适用于具有作业类型较多且作业链较长、管理层对预算编制的准确性要求较高、生产过程多样化程度较高，以及间接或辅助资源费用所占比重较大等特点的企业。

（三）作业预算的应用环境

企业应用作业预算工具方法，应遵循《管理会计应用指引第 200 号——预算管理》《管理会计应用指引第 304 号——作业成本法》中对应用环境的一般要求。除此之外，企业还应具有满足作业管理、资源费用管理要求的信息系统，能通过外部市场和企业内部可靠、完整、及时地获取作业消耗标准、资源费用标准等基础数据。

（四）作业预算的应用程序

企业应遵循《管理会计应用指引第 200 号——预算管理》中的应用程序，实施作业预算管理，除此之外，还应遵循以下要求。

（1）企业编制作业预算一般按照确定作业需求量、确定资源费用需求量、平衡资源费用需求量与供给量、审核最终预算等程序进行。

（2）企业应根据预测期销售量和销售收入预测各相关作业中心的产出量（或服务量），进而按照作业与产出量（或服务量）之间的关系，分别按产量级作业、批别级作业、品种级作业、客户级作业、设施级作业等计算各类作业的需求量。

（五）作业预算的应用评价

作业预算的主要优点如下。

（1）基于作业需求量配置资源，避免了资源配置的盲目性。

（2）通过总体作业优化实现最低的资源费用耗费，创造最大的产出成果。

（3）作业预算可以促进员工对业务和预算的支持，有利于预算的执行。

作业预算的主要缺点是：预算建立过程复杂，需要详细估算生产和销售对作业及资源费用的需求量，并测定作业消耗率和资源消耗率，数据收集成本较高。

📝 随堂小测

1. 预算建立过程复杂，需要详细地估算生产和销售对作业和资源费用的需求量，并测定作业消耗率和资源消耗率，数据收集成本高，这是（　　）的缺点。

    A. 弹性预算　　　B. 定期预算　　　　C. 作业预算　　　　D. 滚动预算

2. 作业预算主要适用于（　　）的企业。

    A. 作业类型较多且作业链较长　　　　B. 管理层对预算编制的准确性要求较高

    C. 生产过程多样化程度较高　　　　　D. 间接或辅助资源费用所占比重较小

任务三　全面预算编制

一、全面预算概述

（一）全面预算的定义

全面预算就是企业未来一定期间内全部经营活动各项目标的计划与相应措施的数量说明和具体化。它是计划工作的成果，是决策的具体化，也是控制企业经营活动的依据。

（二）全面预算的基本体系

全面预算的基本体系，是指以本企业的经营目标为出发点，通过对市场需求的研究和预测，以销售预算为起点，进而延伸到生产、成本费用及资金收支等各方面的预算，最后编制预计财务报表的一种预算体系。全面预算的具体内容虽然因各企业规模和生产经营特点不同而具有一定的差异，但基本内容都是相同的，主要由经营预算、专门决策预算和财务预算三部分组成。

二、经营预算

经营预算又称日常业务预算，是对企业中具有实质性的基本活动开展的预算。经营预算是编制全面预算的基础，主要包括销售预算、生产预算、直接材料预算、应交税费预算、直接人工预算、制造费用预算、产品生产成本预算、销售及管理费用预算等。这些预算大多以实物量指标和价值量指标分别反映企业收入与费用的构成情况。

（一）销售预算

经营预算的编制通常要以销售预算为出发点，而销售预算又必须以销售预测为基础。销售预测是指企业在进行大量市场调查的基础上，对企业一定时期产品的销售量或销售额的未来发展趋势所做出的科学预计和推测。销售预测人员必须

阅读链接

《国务院关于进一步深化预算管理制度改革的意见》（国发〔2021〕5号）

知识拓展

全面预算的特点

微课3-5

销售预算与生产预算

对本企业产品销售的历史资料和在未来市场上的供需情况进行认真的分析研究，特别要着重考虑与本企业有关的各种经济发展趋势和各种重要经济指标的变动情况。销售预测的准确性直接影响到全面预算的可靠性。

销售预算包括产品的名称、销售量、单价、销售额等项目。生产经营多种产品的企业，为避免销售预算过于繁杂，一般只列示全年及各季的销售总额，并对主要产品分别编制销售预算附表附在销售预算之后；对于销售数量较少、销售额较低的产品则予以省略。为了便于现金预算的编制，在销售预算中一般还附有预计现金收入表。预计现金收入表中包括本期销售应在本期收到的款项和以前销售中应在本期收到的款项。

销售预算在实际工作中通常需要分品种、月份、销售区域来编制，由销售部门负责。

预算期预计销售收入的计算公式为：

$$预计销售收入 = 预计销售量 \times 预计销售单价$$

预算期收到的现金的计算公式为：

$$某期收到的现金 = 该期销售收入 \times 该期收现率 + 期初应收账款 \times 该期回收率$$

【例 3-3-1】美好公司生产经营甲产品，2×22 年各季度预测的销售单价为 10 元/件，各季度预测的销售量分别为 6 000 件、7 000 件、6 500 件和 8 000 件。假设美好公司 2×22 年各季度的销售收入中有 60% 在当季度收到现金，其余的 40% 在下季度收到现金，2×22 年年初应收账款为30 000 元，不考虑坏账影响。美好公司为增值税一般纳税人，增值税税率为 13%。公司 2×22 年销售预算和预计现金收入预算如表 3-3-1 所示（计算结果保留整数，后同）。

表 3-3-1　　　　　　　　　美好公司 2×22 年销售预算和预计现金收入预算

项目	第一季度	第二季度	第三季度	第四季度	合计
预计销售量/件	6 000	7 000	6 500	8 000	27 500
预计售价/（元/件）	10	10	10	10	10
预计销售收入/元	60 000	70 000	65 000	80 000	275 000
增值税销项税额/元	7 800	9 100	8 450	10 400	35 750
含税销售收入/元	67 800	79 100	73 450	90 400	310 750
期初应收账款/元	30 000				30 000
第一季度经营收入/元	40 680	27 120			67 800
第二季度经营收入/元		47 460	31 640		79 100
第三季度经营收入/元			44 070	29 380	73 450
第四季度经营收入/元				54 240	54 240
经营现金收入合计/元	70 680	74 580	75 710	83 620	304 590

（二）生产预算

销售预算确定后就可以根据预算期的销售量制定生产预算。生产预算是指为规划预算期生产水平而编制的一种日常业务预算。该预算是所有日常业务预算中唯一使用实物计量单位的预算，可以为进一步编制成本和费用预算提供实物量数据。由于企业的生产和销售不可能做到"同步同量"，就需要留有一定的存货，以保证生产均衡进行。

确定本期生产量的计算公式为：

$$某种产品的本期生产量 = 预计销售量 + 预计期末存货量 - 预计期初存货量$$

式中："预计销售量"参见销售预算表；"预计期初存货量"就是上季度期末存货量；"预计期末存货量"应该根据长期销售趋势来确定，在实践中，一般按事先估计的期末存货量占下期销售量的比例进行估算。

生产预算主要由生产部门负责编制，编制期间一般也为一年，年内按产品品种进行分季或分月安排。

【例 3-3-2】假设美好公司希望 2×22 年能在每季末保持相当于下季度销售 10% 的期末存货，

上年年末产品的期末存货为 600 件，单位成本为 4 元 / 件，共计 2 400 元。预计下一年第一季度销售量为 10 000 件，美好公司 2×22 年生产预算如表 3-3-2 所示。

表 3-3-2 美好公司 2×22 年生产预算 单位：件

项目	第一季度	第二季度	第三季度	第四季度	合计
预计销售量	6 000	7 000	6 500	8 000	27 500
加：期末存货	700	650	800	1 000	1 000
合计	6 700	7 650	7 300	9 000	28 500
减：期初存货	600	700	650	800	600
预计生产量	6 100	6 950	6 650	8 200	27 900

（三）直接材料预算

直接材料预算又称直接材料采购预算，是在生产预算的基础上编制的。编制直接材料预算时要考虑期初、期末原材料存货的水平，注意采购量、耗用量与库存量之间保持一定的比例，以避免因材料供应不足造成停工待料，或因超储而造成积压，占用资金。

微课 3-6

直接材料生产上的需要量同预计采购量之间的关系可按下列公式计算。

$$预计采购量 = 生产需要量 + 期末库存量 - 期初库存量$$

期末库存量一般是按照下期生产需要量的一定百分比来计算的。

$$生产需要量 = 预计生产量 × 单位产品材料耗用量$$

直接材料预算与直接人工预算

上式中，"预计生产量"的数据来自生产预算，"单位产品材料耗用量"的数据来自标准成本资料或消耗定额资料。

采购材料还涉及现金支出，所以对于材料采购还需编制现金支出预算，目的是便于汇总编制现金预算。

$$预计采购成本 = 预计采购量 × 预计材料单价$$

$$预算期采购金额 = 该期预计采购总成本 + 该期预计增值税进项税额$$

$$预算期采购现金支出 = 该期现购材料现金支出 + 该期支付前期的应付账款$$

【例 3-3-3】假设美好公司的甲产品只耗用一种材料，单位产品材料消耗量为 1 千克，材料采购单价为 2 元 / 千克，每季度末的材料存量为下季度生产用量的 20%，2×21 年年末库存材料 1 000 千克，估算预算年度期末存货量为 2 000 千克。假设材料采购的货款有 50% 在本季度付清，另外 50% 在下季度付清。2×22 第一季度应付 2×21 年第四季度赊购材料款为 7 000 元，增值税税率为 13%。美好公司 2×22 年直接材料预算（含预计现金支出）如表 3-3-3 所示。

表 3-3-3 美好公司 2×22 年直接材料预算（含预计现金支出）

	项目	第一季度	第二季度	第三季度	第四季度	合计
直接材料预算	预计生产量 / 件	6 100	6 950	6 650	8 200	27 900
	单位产品材料用量 /（千克 / 件）	1	1	1	1	1
	生产需用量 / 千克	6 100	6 950	6 650	8 200	27 900
	加：预计期末存货量 / 千克	1 390	1 330	1 640	2 000	2 000
	减：预计期初存货量 / 千克	1 000	1 390	1 330	1 640	1 000
	预计采购量 / 千克	6 490	6 890	6 960	8 560	28 900
	单价 /（元 / 千克）	2	2	2	2	2
	预计采购金额 / 元	12 980	13 780	13 920	17 120	57 800
	增值税进项税额 / 元	1 687	1 791	1 810	2 226	7 514
	预计采购金额合计 / 元	14 667	15 571	15 730	19 346	65 314

续表

项目		第一季度	第二季度	第三季度	第四季度	合计
预计现金支出	上年度应付账款 / 元	7 000				7 000
	第一季度采购款 / 元	7 334	7 333			14 667
	第二季度采购款 / 元		7 786	7 785		15 571
	第三季度采购款 / 元			7 865	7 865	15 730
	第四季度采购款 / 元				9 673	9 673
	合计 / 元	14 334	15 119	15 650	17 538	62 641

（四）应交税费预算

应交税费预算是指为规划一定预算期内预计发生的应交增值税、消费税、资源税、城市维护建设税和教育费附加金额而编制的一种经营预算。本预算中不包括预交所得税和直接计入税金及附加的印花税。由于税金需要及时清缴，为简化预算方法，可假定预算期发生的各项应交税费均于当期以现金形式支付。应交税费预算应以销售预算、直接材料预算的相关数据和适用税率来编制。应交税费预算一般由财务部门负责编制。

【例 3-3-4】美好公司流通环节只缴纳增值税，并于销售的当期用现金完税。城市维护建设税税率为 7%，教育费附加征收率为 3%。美好公司预算期内应交税费预算如表 3-3-4 所示。

表 3-3-4 　　　　　　　　　　　美好公司 2×22 年度应交税费预算　　　　　　　　　　　单位：元

项目	第一季度	第二季度	第三季度	第四季度	合计
增值税销项税额	7 800	9 100	8 450	10 400	35 750
增值税进项税额	1 687	1 791	1 810	2 226	7 514
应交增值税	6 113	7 309	6 640	8 174	28 236
应交城市维护建设税和教育费附加	611	731	664	817	2 823
现金支出合计	6 724	8 040	7 304	8 991	31 059

（五）直接人工预算

直接人工预算是为直接生产人工耗费编制的预算，也是以生产预算为基础编制的。其主要内容有预计生产量、单位产品工时、人工总工时、每小时人工成本和人工总成本。单位产品工时和每小时人工成本数据来自标准成本资料。

由于直接人工工资都需要使用现金支付，所以不需另外预计现金支出，可直接参加现金预算的汇总。直接人工预算主要由生产部门或劳动人事部门编制，编制时可按不同工种分别计算直接人工成本，然后予以汇总。

【例 3-3-5】美好公司 2×22 年直接人工预算如表 3-3-5 所示。

表 3-3-5 　　　　　　　　　　　　美好公司 2×22 年直接人工预算

项目	第一季度	第二季度	第三季度	第四季度	合计
预计生产量 / 件	6 100	6 950	6 650	8 200	27 900
单位产品工时 /（小时 / 件）	0.1	0.1	0.1	0.1	0.1
人工总工时 / 小时	610	695	665	820	2 790
每小时人工成本 / 元	10	10	10	10	10
人工总成本 / 元	6 100	6 950	6 650	8 200	27 900

（六）制造费用预算

制造费用预算指除了直接材料和直接人工预算以外的其他一切间接生产费用的预算。

微课3-7

制造费用预算按其成本性态可分为变动制造费用预算和固定制造费用预算两部分。

1. 变动制造费用预算

为适应企业内部管理的需要，变动制造费用预算只需以生产预算为基础来编制，即根据预计生产量或预计的直接人工工时和预计的变动制造费用分配率来计算预计变动制造费用。有关公式如下。

制造费用预算与产品生产成本预算

预计变动制造费用 = 预计生产量或预计直接人工工时 × 变动制造费用标准分配率

2. 固定制造费用预算

固定制造费用作为期间成本直接列入损益，作为当期利润的一个扣减项目，与本期的生产量无关。因此，固定制造费用预算一般可以按照零基预算的编制方法编制。

为了便于现金预算的编制，在制造费用预算中，还需预计其中的现金支出。制造费用中除了折旧费以外一般都需支付现金，所以应将折旧费从制造费用中扣除，从而得出"现金支出费用"。制造费用预算的编制主要由生产部门负责。

【例3-3-6】美好公司2×22年的变动制造费用预算数按预计直接人工工时和预计变动制造费用分配率计算。变动制造费用标准分配率为：间接材料1元/小时，间接人工0.4元/小时，修理费0.4元/小时，水电费0.2元/小时。固定制造费用与工时无关。以现金支付的各项制造费用均于当季度付款。因此，美好公司2×22年制造费用预算如表3-3-6所示。

表3-3-6　　　　　　　　　　　美好公司2×22年制造费用预算

项目		小时费用分配率/（元/小时）	第一季度	第二季度	第三季度	第四季度	合计
预计总工时/小时		—	610	695	665	820	2 790
变动制造费用/元	间接材料	1	610	695	665	820	2 790
	间接人工	0.4	244	278	266	328	1 116
	修理费	0.4	244	278	266	328	1 116
	水电费	0.2	122	139	133	164	558
	小计	2	1 220	1 390	1 330	1 640	5 580
固定制造费用/元	修理费	—	1 500	1 500	1 500	1 500	6 000
	水电费	—	500	500	500	500	2 000
	管理人员工资	—	1 000	1 000	1 000	1 000	4 000
	折旧费	—	2 500	2 500	2 500	2 500	10 000
	保险费	—	500	500	500	500	2 000
	小计	—	6 000	6 000	6 000	6 000	24 000
合计/元		—	7 220	7 390	7 330	7 640	29 580
减：折旧费/元		—	2 500	2 500	2 500	2 500	10 000
现金支出费用/元		—	4 720	4 890	4 830	5 140	19 580

（七）产品生产成本预算

为了综合反映计划期内生产单位产品预计的成本水平，同时也为正确计量预计利润表中的产品销售成本，为预计资产负债表中的期末材料存货及期末产成品存货项目提供数据，必须先确定产品的生产总成本和单位成本。产品生产成本预算是生产预算、直接材料预算、直接人工预算、制造费用预算的汇总，即在以上业务预算的基础上编制产品生产成本预算。

【例3-3-7】美好公司采用变动成本法，2×22年年初存货600件，单位成本4元/件，存货计价采用先进先出法。其2×22年度产品生产成本预算如表3-3-7所示。

表3-3-7　　　　　　　　　　美好公司2×22年度产品生产成本预算

成本项目	全年生产量27 900件			
	单耗/（千克/件）	单价/（元/千克）	单位成本/（元/件）	总成本/元
直接材料	1	2	2	55 800
直接人工	0.1	10	1	27 900
变动制造费用	0.1	2	0.2	5 580
合计	—	—	3.2	89 280
产成品存货	数量/件	单位成本/（元/件）	总成本/元	
年初存货	600	4	2 400	
年末存货	1 000	3.2	3 200	
本年销售	27 500	—	88 480	

注：存货流转采用先进先出法，期初存货的单位成本为4元/件。

（八）销售及管理费用预算

微课3-8

销售及管理费用预算、专门决策预算

销售及管理费用预算，是指预算期内除了制造费用以外，为了实现产品销售和维持一般行政管理活动所发生的各项费用的预算。

销售费用预算是为了实现销售预计需支付的费用预算，以销售预算为基础，要分析销售收入、销售利润和销售费用的关系，力求实现销售费用的最有效使用。在编制销售费用预算时，通常可将销售费用分为变动销售费用和固定销售费用两部分。

管理费用是指一般行政管理业务所必要的费用，多属于固定成本。管理费用预算通常以历史资料为基础，按预算期内的可预见变化来调整。管理费用预算一般由企业行政管理部门负责编制。

销售及管理费用预算通常有沉没成本和不需要当期支付现金的费用项目，因而也应编制现金支出预算表。另外，根据管理的需要，销售费用预算及管理费用预算可分别编制。

【例3-3-8】美好公司2×22年度销售及管理费用预算如表3-3-8所示。

表3-3-8　　　　　　　　美好公司2×22年度销售及管理费用预算　　　　　　　　　单位：元

项目		变动费用率	第一季度	第二季度	第三季度	第四季度	合计
预计销售收入			60 000	70 000	65 000	80 000	275 000
变动销售费用	销售佣金	1%	600	700	650	800	2 750
	运输费	2%	1 200	1 400	1 300	1 600	5 500
	广告费	2%	1 200	1 400	1 300	1 600	5 500
	小计	5%	3 000	3 500	3 250	4 000	13 750
固定销管费用	薪金		2 500	2 500	2 500	2 500	10 000
	办公用品		2 000	2 000	2 000	2 000	8 000
	杂项		3 000	3 000	3 000	3 000	12 000
	折旧费		1 000	1 000	1 000	1 000	4 000
	小计		8 500	8 500	8 500	8 500	34 000
合计			11 500	12 000	11 750	12 500	47 750
减：折旧费			1 000	1 000	1 000	1 000	4 000
现金支出合计			10 500	11 000	10 750	11 500	43 750

三、专门决策预算

专门决策预算也称特种决策预算，是指企业为不经常发生的长期投资项目或者一次性专门业务所编制的预算，通常指与企业投资活动、筹资活动或收益分配等相关的各种预算。

专门决策预算可以分为资本支出预算和一次性专门业务预算两类。

资本支出预算主要是针对企业长期投资决策编制的预算，包括固定资产投资预算、权益性资本投资预算和债券投资预算。

一次性专门业务预算主要有资金筹措预算、资金运用预算、缴纳税金预算与发放股利预算等。

（一）资本支出预算的编制方法

资本支出预算是为购置固定资产、无形资产等活动而编制的预算。编制资本支出预算的依据是经过审核批准的各个长期投资决策项目，其格式和内容无统一规定，但一般包括投资项目名称，以及在各预算期间的现金流入量和现金流出量等。

【例3-3-9】美好公司2×22年准备在第一季度投资70 000元购入设备，一年建设期，年末达到预定可使用状态。预计在第一季度支付价款70 000元，为筹措该项资金，美好公司预计年初向银行借入3年期借款70 000元，年利率10%，每季度末支付利息。美好公司2×22年度资本支出预算如表3-3-9所示。

表3-3-9　　　美好公司2×22年度资本支出预算　　　单位：元

项目	第一季度	第二季度	第三季度	第四季度	合计
设备购置	70 000				70 000
投资支出合计	70 000				70 000
投资资金筹措：					
向银行借款	70 000				70 000
合计	70 000				70 000

（二）一次性专门业务预算的编制方法

为了保证经营业务和资本支出对现金的正常需要，企业需保持一定的支付能力。如果支付能力不足，容易导致债务到期不能偿还，甚至发生停工待料等后果；如果支付能力过剩，又会造成资金的浪费，降低资金的使用效率。因此，财务部门在筹措资金、拨发资金、发放股利等问题上，要做专门业务的预算。

【例3-3-10】2×22年度美好公司准备每季度预交所得税10 000元，预计在第一季度发放现金股利35 000元，在第二、三、四季度每季度发放现金股利15 000元。根据资料，美好公司2×22年度一次性专门业务预算如表3-3-10所示。

表3-3-10　　　美好公司2×22年度一次性专门业务预算　　　单位：元

项目	第一季度	第二季度	第三季度	第四季度	合计
缴纳税金	10 000	10 000	10 000	10 000	40 000
发放现金股利	35 000	15 000	15 000	15 000	80 000
合计	45 000	25 000	25 000	25 000	120 000

四、财务预算

财务预算是指根据日常业务预算和专门决策预算所涉及的有关现金收支、经营财务成果和财务状况变动所编制的预算。

财务预算是建立在经营预算基础上的，包括现金预算、财务费用预算、预计利润表和预计资产负债表等，以价值量指标总括反映经营预算与资本支出预算的结果。

（一）现金预算的编制

现金预算又称为现金收支预算，是反映预算期企业全部现金收入和全部现金支出的预算。现金预算实际上是其他预算有关现金收支部分的汇总，以及收支差额平衡措施的具体计划。

现金预算一般包括四个组成部分。

微课3-9

现金预算

1. 现金收入

现金收入主要指经营业务活动的现金收入，主要来自现金余额和产品销售现金收入。

2. 现金支出

现金支出除了涉及有关直接材料、直接人工、制造费用、销售及管理费用、缴纳税金、股利分配等方面的经营性现金支出外，还包括购买设备等资本性支出。

3. 现金收支差额

现金收支差额反映了现金收入合计与现金支出合计之间的差额：差额为正，说明现金有剩余，可用于偿还过去向银行取得的借款，或用于购买短期证券；差额为负，说明现金不足，要向银行取得新的借款，或转让短期投资的有价证券，或按长期筹资计划增发股票或公司债券。

4. 资金的筹集与运用

资金的筹集和运用主要反映预算期内向银行借款还款、支付利息、进行短期投资及投资收回等内容。

现金预算实际上是销售预算、生产预算、直接材料预算、直接人工预算、制造费用预算、产品生产成本预算、销售及管理费用预算及专门决策预算等各项预算中关于现金收支部分的汇总，现金预算的编制要以其他各项预算为基础。

【例3-3-11】根据【例3-3-1】至【例3-3-10】所编制的各种预算资料，假设美好公司每季度末应保持现金余额8 000～12 000元；若资金不足或多余，可以1 000元为单位进行借入或偿还，借款年利率8%，一年期，借款于每季度初借入，还款在季度末，利随本清。预计2×22年年初现金余额8 000元。依上述资料编制美好公司2×22年度现金预算，如表3-3-11所示。

表3-3-11　　　　　　　　　　　　　美好公司2×22年度现金预算　　　　　　　　　　　　单位：元

项目	第一季度	第二季度	第三季度	第四季度	全年合计
期初现金余额	8 000	8 552	8 303	8 899	8 000
加：销货现金收入	70 680	74 580	75 710	83 620	304 590

续表

项目		第一季度	第二季度	第三季度	第四季度	全年合计
可供使用现金		78 680	83 132	84 013	92 519	312 590
减：现金支出	直接材料	14 334	15 119	15 650	17 538	62 641
	应交税费	6 724	8 040	7 304	8 991	31 059
	直接人工	6 100	6 950	6 650	8 200	27 900
	制造费用	4 720	4 890	4 830	5 140	19 580
	销售及管理费用	10 500	11 000	10 750	11 500	43 750
	预交所得税	10 000	10 000	10 000	10 000	40 000
	发放股利	35 000	15 000	15 000	15 000	80 000
	购买设备	70 000	—	—	—	70 000
	支出合计	157 378	70 999	70 184	76 369	374 930
现金收支差额		−78 698	12 133	13 829	16 150	−62 340
资金筹措及运用		87 250	−3 830	−4 930	−7 150	71 340
加：长期借款		70 000	—	—	—	70 000
短期借款		19 000	—	—	—	19 000
减：支付长期借款利息		1 750	1 750	1 750	1 750	7 000
支付短期借款利息		—	80	180	400	660
归还短期借款本金		—	2 000	3 000	5 000	10 000
期末现金余额		8 552	8 303	8 899	9 000	9 000

（二）财务费用预算的编制

财务费用预算是指反映预算期内因筹措使用资金而发生财务费用水平的一种预算。财务费用预算本质上属于经营预算，但由于该预算必须根据现金预算中的资金筹措及运用的相关数据来编制，因此将其纳入财务预算的范畴。财务费用预算一般由财务部门负责编制。

【例3-3-12】美好公司2×22年度财务费用预算见表3-3-12。

微课3-10

财务费用预算与预计利润表

表3-3-12 2×22年度美好公司财务费用预算 单位：元

项目	第一季度	第二季度	第三季度	第四季度	合计
短期借款利息	0	80	180	400	660
长期借款利息	1 750	1 750	1 750	1 750	7 000
利息合计	1 750	1 830	1 930	2 150	7 660
减：资本化利息	1 750	1 750	1 750	1 750	7 000
预计财务费用	0	80	180	400	660

（三）预计利润表的编制

预计利润表，是指以货币形式综合反映预算期内企业经营活动成果（包括利润总额、净利润）计划水平的一种财务预算。该预算需要在销售预算、产品成本预算、应交税金及附加预算、制造费用预算、销售费用预算、管理费用预算和财务费用预算等日常业务预算的基础上编制。

【例3-3-13】根据前述的各种预算，美好公司2×22年度的预计利润表如表3-3-13所示。

表 3-3-13 美好公司 2×22 年度的预计利润表 单位：元

项目	第一季度	第二季度	第三季度	第四季度	全年合计
销售收入	60 000	70 000	65 000	80 000	275 000
减：变动生产成本	19 680①	22 400	20 800	25 600	88 480
税金及附加	611	731	664	817	2 823
变动销售及管理费用	3 000	3 500	3 250	4 000	13 750
小计	23 291	26 631	24 714	30 417	105 053
边际贡献	36 709	43 369	40 286	49 583	169 947
减：固定制造费用	6 000	6 000	6 000	6 000	24 000
固定销售及管理费用	8 500	8 500	8 500	8 500	34 000
财务费用	0	80	180	400	660
小计	14 500	14 580	14 680	14 900	58 660
税前利润	22 209	28 789	25 606	34 683	111 287
减：所得税（税率 25%）	5 552	7 197	6 401	8 671	27 821
税后利润	16 657	21 592	19 205	26 012	83 466

注：①变动生产成本（第一季度）=600×4+5 400×3.2=19 680。

为了进一步编制预计资产负债表，还需要在预计利润表的基础上编制预计利润分配表。

【例 3-3-14】美好公司 2×21 年末未分配利润为 39 400 元，法定盈余公积的提取比例为 10%，任意盈余公积的提取比例为 5%。该公司 2×22 年度预计利润分配表如表 3-3-14 所示。

表 3-3-14 美好公司 2×22 年度预计利润分配表 单位：元

项目	金额
年初未分配利润	39 400
加：本年实现净利润	83 466
提取法定盈余公积	8 347
提取任意盈余公积	4 173
提取盈余公积合计	12 520
可供投资者分配的利润	110 346
减：向投资者分配股利	80 000
年末未分配利润	30 346

（四）预计资产负债表的编制

预计资产负债表是以货币单位反映预算期末财务状况的总括性预算报表，编制时以期初资产负债表为基础，根据销售、生产、资本等预算的有关数据加以调整。

【例 3-3-15】美好公司 2×22 年度的预计资产负债表如表 3-3-15 所示。

微课 3-11

预计资产负债表

表 3-3-15 美好公司 2×22 年度预计资产负债表 单位：元

资产	期初数	期末数	负债和所有者权益	期初数	期末数
流动资产			流动负债		
货币资金	8 000	9 000	短期借款	0	9 000
应收账款	30 000	36 160	应付账款	7 000	9 673

续表

资产	期初数	期末数	负债和所有者权益	期初数	期末数
原材料	2 000	4 000	应交所得税	20 000	7 821
产成品	2 400	3 200	流动负债合计	27 000	26 494
流动资产合计	42 400	52 360	长期负债		
固定资产原值	200 000	277 000	长期借款	0	70 000
减：累计折旧	25 000	39 000	所有者权益		
固定资产净值	175 000	238 000	普通股	150 000	150 000
			盈余公积	1 000	13 520
			留存收益	39 400	30 346
资产总计	217 400	290 360	负债和权益总计	217 400	29 0360

随堂小测

1. 财务预算是建立在（　　）基础上的，包括现金预算、财务费用预算、预计利润表、预计资产负债表和预计现金流量表等，以价值量指标总括反映经营预算与资本支出预算的结果。

A. 经营预算　　　　　　B. 经营结果

C. 经营指标　　　　　　D. 经营收入

2. 现金预算一般包括（　　）等组成部分。

A. 现金收入　　　　　　B. 现金支出

C. 现金收支差额　　　　D. 资金的筹集与运用

阅读链接

《成绩令人鼓舞 改革还在路上——中外专家学者支招全面预算绩效管理》

以文化人

精细化预算管理　护航高质量发展
——中国二十二冶集团一公司着力提升预结算能力

项目建设过程中，如何在确保工程建设安全、质量、进度的前提下，提高管理水平、降低施工成本是每个施工企业的不断追求。中国二十二冶集团一公司为达到这一目标，在施工过程中不断提升预结算工作，确保项目顺利推进。公司深谙预结算工作关系一线项目乃至公司整体的盈利情况，因而必须高度重视，不断推动经营预算系统管理水平的提高，不断增强公司盈利能力，推进公司的健康发展。就如何才能提升公司预结算能力，公司从三个方面狠抓落实，逐步提升。

一、落实工作职责，提高预算编制效能

1. 项目建设施工前

施工图预算编制是经营预算系统的关键工作，对保证预算编制的及时性和准确性、提高效能、更好地指导施工生产至关重要。

2. 预算编制过程中

公司预算中心与项目部依据在建项目施工图到图情况，共同制订预算编制计划，并将计划分解到预算编制小组，落实编制责任，明确编制时间、质量要求，由经营预算部按计划每周落实编制进度，每月公示各编制小组编制情况，确保预算编制的及时性。

3. 预算编制完成后

经营预算部组织预算审核工作，抽调预算编制组长、项目管理人员从工程量计算准确性、套用定额合理性、材料价格及取费准确性等方面进行全面审核，一旦发现问题，立即对其进行修改完善。该公司通过过程公示考核和结果审核，大幅提高预算编制效能的同时，也进一步增强了预算人员的业务能力。

二、以制度为依托，提升二次经营能力

近年来，建筑行业对提升二次经营能力越来越重视。二次经营能力的提升一方面有利于企业进一步获取市场，另一方面在项目建设过程中有利于进一步提高项目盈利水平，实现建筑单位与业主之间的双赢。

公司以"二次经营指导手册"示范引领，以实现管理效益最大化为目标，在全公司范围内大力推广实施"二次经营指导手册"，组织各项目积极梳理优化方案，分析二次经营开源节流管控风险点；同时结合公司各项目实际，建立公司适用的奖罚激励机制，奖优罚劣，确保提升二次经营能力的政策能够得到有效落实。

1. 贯彻实行专家会审制

在公司层面，组织系统内的专家，进行项目策划审核，完善项目策划方案；在项目部，营造以项目经理为核心，项目总经理为总策划，项目总工程师全力配合，全员参与的商务经营理念，推动会审整改的方案落地生根。

2. 强化落实二次经营月汇报制度

以普通项目月汇报、重点项目周汇报为抓手，随时掌握项目签证、变更及索赔工作的进展，督促经营谋划严格落地，加大对项目签证等资料编制的指导，从而提高二次经营质量。

三、强化教育培训，打造预算精英团队

近年来，随着建筑行业的不断发展，信息化、数字化为经营预算系统的各项工作带来了新的要求，因而加强员工教育、不断适应新形势十分必要。

公司从预算编制管理、分包管理、成本管理、体系架构、二次经营管理五个方向入手加强员工培训。一方面，针对系统内员工，通过每半年集中培训及每季度片区宣贯方式，综合提升各项目预算人员的业务能力及管理能力。另一方面，建立健全梯队培养举措，通过"师带徒"、专业业务培训等针对性教育，使新分配预算人员两年内满足项目预结算管理基本业务需求，四年内达到懂经营、会管理的合格预算负责人岗位需求。同时，根据属地化经营相关要求，在区域内招聘公司急需的专业预算人员，不断充实公司经营预算系统力量。

岗课赛证素质拓展

一、预算管理岗位核心能力

（1）预算编制能力：编制销售预算、生产预算、成本预算、期间费用预算、应交税费预算、现金预算，编制预计资产负债表及预计利润表。

（2）预算执行情况分析能力：收入预算执行情况分析、成本预算执行情况分析、期间费用预算执行情况分析、利润预算执行情况分析。

二、预算管理岗位任务

（1）销售预算编制：销售预算。

（2）费用预算编制：销售费用预算、管理费用预算、财务费用预算、应交税费预算。

（3）成本预算编制：生产预算、直接材料预算、直接人工预算、制造费用预算、成本预算。

（4）财务预算编制：现金预算，编制预计资产负债表、预计利润表。

（5）预算执行情况分析：收入预算执行情况分析、成本预算执行情况分析、期间费用预算执行情况分析、利润预算执行情况分析。

实例训练

三、实例分析

某公司产品包括成品油和其他石化产品（成品油指汽油和柴油，其他石化产品指天然气、润滑油等）。该公司销售量预算以 2021—2023 年销售总量为基础，分析近三年成品油和其他石化产品销售总量的年均复合增长率。年均复合增长率计算结果百分比向上保留至个位，如 3%，并以该结果作为 2024 年销售预算增长率。

解释：（1）年均复合增长即按指数增长，基期数 ×（1+ 复合增长率）^{N}= 末期数。其中，基期数表示计算复合增长率的第一期数据，末期数为最后一期数据，N 为间隔年数。例如，2020 年年均收入 100 万元，2023 年年均收入 200 万元，则间隔年数（N）为 3，2020—2023 年的年均复合增长率为（200÷100）$^{\frac{1}{3}}$-1=25.99%。

（2）2024 年的销售预算基数计算结果四舍五入保留至千位，然后在预算基数基础上经过调整得到 2024 年预算销售量，调整因素如下。

① 国家大力提倡绿色能源，提高天然气应用范围，预计 2024 年采暖用天然气增加 1.5 万吨，公交车用天然气增加 2 万吨，相应减少柴油销售量 1.8 万吨。

② 2023 年修建的两条高速公路预计在 2024 年 2 月通车，新增 4 座加油站可以开业，预计新增汽油销售量 1.2 万吨，新增柴油销售量 0.8 万吨。

③ 企业新签订大客户 3 家，预计新增柴油销售量 5 万吨。

（3）2024 年各品种、各渠道销售量明细预算按以下规则分解。

① 2024 年汽、柴油销售量按照 2023 年汽、柴油分别占成品油销售量的比重进行分配。该比重四舍五入百分比保留至个位进行后续计算。

② 2024 年汽、柴油对应销售渠道按照 2023 年不同销售渠道占此品种的销售占比分配。该比重四舍五入百分比保留至个位进行后续计算。

要求： 请根据以上资料，编写 2024 年销售总量、分品种销售量预算表。

解析： 该公司 2024 年销售总量预算表如表 3-1 所示，2024 年分品种销售量预算表如表 3-2 所示。

表 3-1　2024 年销售总量预算表　　　　　　单位：吨

项目	2023 年实际销售总量	2021 年实际销售总量	三年复合增长率	2024 年销售总量基数	2024 年预算调整量（考虑调整因素）	2024 年销售总量预算
成品油销售量	1 734 300	1 559 600	6%	1 838 000	52 000	1 890 000
其他石化产品	11 800	8 200	20%	14 000	35 000	49 000
合计	1 746 100	1 567 800	—	1 852 000	87 000	1 939 000

表 3-2　2024 年分品种销售量预算表

项目		单位	2023 年实际 / 元	2023 年比重	2024 年预算 / 元
销售总量		吨	1 746 100	—	1 939 000
一、成品油销售量	小计	吨	1 734 300	—	1 890 000
	批发	吨	467 200	—	515 592
	零售	吨	1 267 100	—	1 374 408
1. 汽油		吨	456 800	26%	491 400
其中：批发		吨	50 100	11%	54 054
零售		吨	406 700	89%	437 346
2. 柴油		吨	1 277 500	74%	1 398 600
其中：批发		吨	417 100	33%	461 538
零售		吨	860 400	67%	937 062
二、其他石化产品		吨	11 800	—	49 000

同步训练

拓展训练

一、单项选择题

1. 预算考核主要针对（　　）进行考核，是企业绩效考核的重要组成部分。

    A. 定性指标　　　　　　　　　　　　B. 定量指标

    C. 定额指标　　　　　　　　　　　　D. 加权平均指标

2. 下列预算编制方法中，可能导致无效费用开支项目无法得到有效控制的是（　　）。

    A. 增量预算　　　　B. 弹性预算　　　　C. 滚动预算　　　　D. 零基预算

3. 随着预算执行不断补充预算，但始终保持一个固定预算期长度的预算编制方法是（　　）。

    A. 滚动预算　　　　B. 弱性预算　　　　C. 零基预算　　　　D. 定期预算

4. 编制工作量较大，但不必经过计算即可找到与实际业务量相同或相近的预算成本的弹性预算编制方法是（　　）。

    A. 公式法　　　　　B. 列表法　　　　　C. 图示法　　　　　D. 因素法

5. 编制全面预算的基础是（　　）。

    A. 经营预算　　　　B. 财务预算　　　　C. 专门决策预算　　D. 成本预算

二、多项选择题

1. 企业可设置预算管理委员会等专门机构组织、监督预算管理工作。该机构的主要职责包括（　　）等。

    A. 审批公司预算管理制度、政策

    B. 审议年度预算草案或预算调整草案，并报董事会等机构审批

    C. 监控、考核本单位的预算执行情况，并向董事会报告

    D. 协调预算编制、预算调整及预算执行中的有关问题

2. 零基预算的主要优点有（　　）。

    A. 动态反映市场变化情况，建立跨期综合平衡，强化预算的决策与控制职能

    B. 简便易行，直接使用过去参数进行调整

    C. 以零为起点编制预算，不受历史期经济活动中的不合理因素影响

    D. 有助于增加预算编制透明度，有利于进行预算控制

3. 企业应用零基预算方法编制预算，一般按照（　　）等程序进行。

    A. 明确预算编制标准　　　　　　　　B. 制订业务计划

    C. 编制预算草案　　　　　　　　　　D. 审定预算方案

4. 预算管理的内容主要包括（　　）。

    A. 经营预算　　　　B. 专门决策预算　　C. 财务预算　　　　D. 业务预算

5. 预算管理领域应用的管理会计工具方法，一般包括（　　）。

    A. 滚动预算　　　　B. 零基预算　　　　C. 弹性预算　　　　D. 作业预算

三、判断题

1. 预算编制完成后，应按照相关法律法规及企业章程的规定报经企业预算管理决策机构审议批准，以正式文件形式下达执行。（　　）

2. 零基预算适用于企业各项预算的编制，特别是不经常发生的预算项目或预算编制基础变化较小的预算项目。（　　）

3. 弹性预算的主要优点是考虑了预算期可能的不同业务量水平，更贴近企业经营管理实际情况。（　　）

4. 财务预算是指根据日常业务预算和专门决策预算所涉及的有关现金收支、经营财务成果和财务状况变动所编制的预算。（　　）

5. 全面预算是企业计划工作的成果，是决策的具体化，也是控制企业经营活动的依据。（　　）

四、实训题

（一）实训目的：练习全面预算的编制方法。

（二）实训资料如下。

（1）光明公司采用变动成本法，预计 2×22 年销售 A 产品 10 200 件，第一至第四季度分别为 2 000 件、2 250 件、3 000 件、2 950 件，销售单价为 500 元/件。收款条件为当季度收到款项占销售额的 60%，余款在后两个季度分别收到 30% 和 10%，不考虑坏账影响，2×22 年第三、四季度的销售额分别为 1 400 000 元和 1 350 000 元。

（2）经测算，预计在每季度末保有产品库存量为下一季度销售量的 20%（延续 2×22 年的政策）。2×22 年产品单位成本为 260 元/件，预计 2×24 年第一季度销售量为 1 900 件。

（3）假定生产 A 产品只耗用一种材料，预计 2×23 年年末材料存量为 1 600 千克。2×22 年年末材料库存量为 1 400 千克。产品的材料消耗定额为 3 千克/件，材料单价为 50 元/千克。每一季度的期末材料库存量为下一季度生产耗用量的 10%。材料采购货款当季度付现 60%，余款在下一季度付清。2×22 年年末应付账款为 80 000 元。

（4）直接人工小时工资率为 15 元/小时，单位产品工时定额为 4 小时/件。

（5）变动制造费用与人工工时密切相关。变动制造费用分配率为 10 元/小时，其中：间接材料为 2 元/小时，间接人工为 1 元/小时，水电费为 3 元/小时，变动维修费为 1.5 元/小时，其他变动制造费用为 2.5 元/小时。假定固定制造费用各季度均衡，全年预计为 600 000 元，其中：人员工资 200 000 元，折旧费 140 000 元，维修费 60 000 元，保险费 80 000 元，其他费用 120 000 元。预计所有费用均需当季度支付。

（6）预计单位变动销售费用为 15 元/件，固定销售及管理费用为每季度 106 000 元（其中含每季度折旧费 12 500 元）。

（7）2×22 年年末现金余额为 125 000 元，每季度末最低现金余额为 300 000～600 000 元。若资金不足或多余，可以 10 000 元为单位进行借入或偿还。企业现有未到期长期借款 500 000 元，年利率为 8%，每年年末付息。预计 2×23 年 4 月全款购置一套价值 500 000 元的设备，公司现有未到期长期借款 500 000 元，年利率 8%，每年年末付息。另获得银行 3 月期贷款授信额度 600 000 元，年利率 10%，每季度初借入，每季度末还本付息。预计第四季度以现金 900 000 元对外投资入股。预计每季度缴纳所得税 80 000 元（假定不考虑其他税费）。

（三）实训要求：根据上述资料编制光明公司的各项预算，填表 3-3 至表 3-13。

表 3-3　　　　　　　　　　　　　　光明公司 2×23 年度销售预算

项目		第一季度	第二季度	第三季度	第四季度	全年合计
预计销售量/件						
预计销售单价/（元/件）						
预计销售额/元						
预计现金收入	期初应收账款/元					
	第一季度销售收入/元					
	第二季度销售收入/元					

续表

项目		第一季度	第二季度	第三季度	第四季度	全年合计
预计现金收入	第三季度销售收入/元					
	第四季度销售收入/元					
	现金收入合计/元					

表 3-4　　　　　　　　　　　　　光明公司 2×23 年度生产预算　　　　　　　　　　　　单位：件

项目	第一季度	第二季度	第三季度	第四季度	全年合计
预计销售量					
加：预计期末存货					
减：预计期初存货					
预计生产量					

表 3-5　　　　　　　　　　　　　光明公司 2×23 年度直接材料预算

项目		第一季度	第二季度	第三季度	第四季度	全年合计
预计生产量/件						
单耗定额/（千克/件）						
材料用量/千克						
加：预计期末材料库存量/千克						
减：预计期初材料库存量/千克						
预计材料采购量/千克						
采购单价/（元/千克）						
预计采购金额/元						
预计现金支出	期初应付账款/元					
	第一季度应付购料款/元					
	第二季度应付购料款/元					
	第三季度应付购料款/元					
	第四季度应付购料款/元					
	现金支出合计/元					

表 3-6　　　　　　　　　　　　　光明公司 2×23 年度直接人工预算

项目	第一季度	第二季度	第三季度	第四季度	全年合计
预计生产量/件					
工时定额/（小时/件）					
人工总工时/小时					
小时工资/（元/小时）					
人工总成本/元					

表 3-7   光明公司 2×23 年度制造费用预算

项目		小时费用率/（元/小时）	第一季度	第二季度	第三季度	第四季度	全年合计
人工总工时/小时		—					
变动制造费用/元	间接材料						
	间接人工						
	水电费						
	维修费						
	其他费用						
	小计						
固定制造费用/元	人员工资						
	折旧费						
	维修费						
	保险费						
	其他费用						
	小计						
制造费用合计/元							
减：折旧费用/元							
预计现金支出/元							

表 3-8   光明公司 2×23 年度单位产品生产成本预算

项目	定额（标准）	单价/元	单位变动成本/（元/件）
直接材料			
直接人工			
变动制造费用			
合计			

表 3-9   光明公司 2×23 年度期末库存产品成本预算

季度	期末库存量/件	单位成本/（元/件）	库存产品成本/元
第一季度			
第二季度			
第三季度			
第四季度			

表 3-10   光明公司 2×23 年度生产成本及销售成本预算   单位：元

项目	第一季度	第二季度	第三季度	第四季度	全年合计
直接材料					
直接人工					
变动制造费用					
生产成本合计					
加：期初库存产品成本					
减：期末库存产品成本					
销售成本合计					

表 3-11 光明公司 2×23 年度销售及管理费用预算

项目	第一季度	第二季度	第三季度	第四季度	全年合计
预计销售量/件					
单位变动销售费用/元					
变动销售费用小计/元					
固定销售及管理费用/元					
销售及管理费用合计/元					
减：折旧费/元					
预计现金支出/元					

表 3-12 光明公司 2×23 年度现金预算 单位：元

项目	第一季度	第二季度	第三季度	第四季度	全年合计
期初现金余额					
加：销售现金收入					
可供使用的现金					
减：现金支出					
直接材料					
直接人工					
制造费用					
销售及管理费用					
购置设备					
对外投资					
缴纳税费					
现金支出合计					
现金余缺					
向银行借款					
归还借款本金					
支付利息					
期末现金余额					

表 3-13 光明公司 2×23 年度预计利润表 单位：元

项目	第一季度	第二季度	第三季度	第四季度	全年合计
销售收入					
变动成本：					
销售成本					
销售费用					
小计					
边际贡献					
固定成本：					

续表

项目	第一季度	第二季度	第三季度	第四季度	全年合计
制造费用					
销售及管理费用					
小计					
营业利润					
减：利息					
税前利润					
减：所得税					
净利润					

项目四　投融资管理

政策指引

《管理会计
应用指引
第500号——
投融资管理》等

学习目标

- 熟悉投融资概念、投融资分类、投融资管理原则；
- 掌握投资、融资管理程序；
- 认识投融资管理的重要性，以及在不同情况下投资、融资管理的流程；
- 掌握投融资管理的主要方法。

能力目标

- 能够充分认识到投融资管理的重要意义；
- 能够根据实际情况，应用贴现现金流法对企业投融资进行分析决策；
- 能够灵活运用挣值法、成本效益法、价值工程法对项目投资进行决策。

素养目标

- 能够分析国际和国内两个市场，运用投融资管理工具方法，在危机中育新机，于变局中开新局，维护和践行多边主义道路，向着构建人类命运共同体的美好愿景不断迈进。

以案导学

以旧换新的最佳时机

某公司为降低生产成本，考虑购置一台新机器以替换旧机器。旧机器原值为97 000元，每年折旧额为10 000元，估计还可使用5年，残值为7 000元，若现在将其变卖，可获得40 000元。使用该台旧机器每年的营业收入为10 000元，经营成本为70 000元。新机器价值130 000元，预计可使用6年，报废时残值为1 000元，年折旧为20 000元。新机器不会增加收入，但可使每年的经营成本降低28 000元。已知企业所得税税率为25%，基准折现率为10%，该公司该不该购置新机器替换旧机器呢？

【点评】人生是一场负重的狂奔，需要不停地在每一个岔路口做出选择。我们在面临选择时，只有做出了正确的选择，人生的画卷才会更加美丽，人生的舞剧才会更加精彩。企业在生存发展的道路上亦是如此。对于企业而言，是否应该购置新机器去替换旧机器是一个非常重要的投资决策。随着科技的发展，越来越多的新技术设备问世，这在一定程度上不仅提高了工作效率，还大大降低了人工成本，但企业的初始投入往往也会很高。因此，我们需要运用专业的方法手段去衡量投资决策的利与弊，从而做出最优决策，这就是企业投融资管理的主要内容。

任务一　投融资管理概述

一、投融资管理的概念和原则

投融资管理包括投资管理和融资管理。投资管理是指企业根据自身战略发展规划，以企业价值最大化为目标，对将资金投入营运进行的管理活动。融资管理是指企业为实现既定的战略目标，在风险匹配的原则下，对通过一定的融资方式和渠道筹集资金进行的管理活动。企业融资的规模、期限、結構等應与经营活动、投资活动等的需要相匹配。

企业进行投融资管理，一般应遵循以下原则。

1. 价值创造原则

投融资管理应以持续创造企业价值为核心。

2. 战略导向原则

投融资管理应符合企业发展战略与规划，与企业战略布局和结构调整方向相一致。

3. 风险匹配原则

投融资管理应确保投融资对象的风险状况与企业风险综合承受能力相匹配。

二、投融资的基本分类

（一）投资的分类

按照投资回收期限、投资行为的介入程度及投资方向，投资有以下分类。

1. 按投资回收期限

按投资回收期限的长短，投资可分为短期投资和长期投资。短期投资是指回收期在一年以内（含一年）的投资，主要包括现金、应收款项、存货、短期有价证券等投资；长期投资是指回收期在一年以上的投资，主要包括固定资产投资、无形资产投资、对外长期投资等。

> **随堂小测**
>
> 以下不属于长期投资的是（　　　）。
> A. 存货投资　　　B. 无形资产投资　　C. 对外长期投资　　D. 固定资产投资

2. 按投资行为的介入程度

按投资行为的介入程度，投资可分为直接投资和间接投资。直接投资包括企业内部直接投资和对外直接投资，前者形成企业内部直接用于生产经营的各项资产，后者形成企业持有的各种股权性资产，如持有子公司或联营公司股份等。间接投资是指通过购买投资对象发行的金融工具而将资金间接转移交付给投资对象使用的投资，如企业购买特定投资对象发行的股票、债券、基金等。

3. 按投资的方向

按投资的方向，投资可分为对内投资和对外投资。从企业的角度看，对内投资就是项目投资，是指企业将资金投放于为取得供本企业生产经营使用的固定资产、无形资产、其他资产和垫支流动资金而形成的一种投资。对外投资是指企业为购买国家及其他企业发行的有价证券或其他金融产品（包括期货与期权、信托、保险），或以货币资金、实物资产、无形资产向其他企业（如联营企业、子公司等）注入资金而发生的投资。

（二）融资的分类

按照融资来源、偿还期限、未来是否需要归还及是否有金融中介机构介入，融资有以下分类。

1. 按融资的来源

按融资的来源，融资可分为内源融资和外源融资。这种分类按照资金是否来自企业内部来划分。

所谓内源融资，是指企业依靠其内部积累进行的融资，具体包括资金、折旧基金转化为重置投资、留存收益转化为新增投资等形式。

外源融资是指企业通过一定方式从外部融入资金用于投资。一般来说，外源融资通过金融媒介机制形成，以直接融资和间接融资形式实现。

2. 按融资的偿还期限

按融资的偿还期限，融资可分为短期融资与长期融资。这种分类按照资金使用及归还年限进行划分。

78

短期融资，一般是指融入资金的使用和归还在一年以内的融资，主要用于满足企业流动资金的需求，包括商业信用、银行短期贷款、票据贴现、应收账款融资、经营租赁等形式。

长期融资，一般是指融入资金的使用和归还年限在一年以上的融资，主要满足企业购建固定资产、开展长期投资等活动对资金的需求。长期融资方式主要有发行股票、发行债券、银行长期贷款、融资租赁等。

3. 按融资未来是否需要归还

按融资未来是否需要归还，融资可分为股权融资和债权融资。这种分类主要按企业融入资金后是否需要归还来划分。

股权融资是指企业融入资金后无须归还，可长期拥有，自主调配使用的融资，如发行股票筹集资金。

债权融资是指企业融入资金按约定代价和用途取得，必须按期偿还的融资，如企业通过银行贷款取得资金。

4. 按融资过程中是否有金融中介机构的介入

按融资过程中是否有金融中介机构的介入，融资可分为直接融资和间接融资。这种分类主要按照企业融资时是否借助金融中介机构的交易活动来划分。

直接融资是指企业不经过金融中介机构的交易活动，直接与资金供给者协商借款或发行股票、债券等的融资。另外，政府拨款、占用其他企业资金、民间借贷和内部集资等都属于直接融资范畴。

间接融资是指企业通过金融中介机构间接向资金供给者融通资金的方式，包括银行借贷、非银行金融机构租赁、典当等。

📝 随堂小测

以下不属于直接融资的是（　　　　）。

A. 直接与资金供给者协商借款　　　　B. 政府拨款

C. 内部集资　　　　D. 银行借款

📖 以文化人

筹资管理之诚信为本

企业常用的负债筹资方式是银行借款和发行企业债券，无论哪种方式，均对企业信用要求较高。债券发行前的一个重要程序是企业信用评级，只有BBB级以上的债券才被视为可投资债券。企业信用状况不同，银行贷款利率和发行债券利率也有差别，这就从金融角度体现了信用的财务价值。

无论是个人还是企业，诚信都是立足之本，随着市场经济的深入发展和法律法规体系的完善，失信成本和由此带来的损失将越来越高。企业和个人要想发展，走得长远，信誉是保证，这也是社会主义核心价值观的重要内容。

三、投融资管理程序

（一）投资管理程序

企业应建立健全投资管理的制度体系，根据组织架构特点，设置能够满足投资管理活动所需的，由业务、财务、法律及审计等相关人员组成的投资委员会或类似决策机构，对重大投资事项和投资制度建设等进行审核。有条件的企业可以设置投资管理机构，组织开展投资管理工作。

企业应用投资管理方法时，一般按照制订投资计划、进行可行性分析、实施过程控制和进行投资评价等程序进行。

1. 制订投资计划

企业投资管理机构应根据战略需要，定期编制中长期投资规划，并据此编制年度投资计划。

中长期投资规划一般应明确指导思想、战略目标、投资规模、投资结构等。年度投资计划一般包括编制依据、年度投资任务、年度投资任务执行计划、投资项目的类别及名称、各项目投资额的估算及资金来源构成等，并纳入企业预算管理。

2. 进行可行性分析

投资可行性分析的内容一般包括该投资在技术和经济上的可行性、可能产生的经济效益和社会效益、可以预测的投资风险、投资落实的各项保障条件等。

3. 实施过程控制

企业进行投资管理，应当将投资控制贯穿投资的实施全过程。投资控制的主要内容一般包括进度控制、财务控制、变更控制等。进度控制是指对投资实际执行进度方面的规范与控制，主要由投资执行部门负责。财务控制是指对投资过程中资金使用、成本控制等方面的规范与控制，主要由财务部门负责。变更控制是指对投资变更方面的规范与控制，主要由投资管理部门负责。

4. 进行投资评价

投资项目实施完成后，企业应对照项目可行性分析和投资计划组织开展投资后评价。投资后评价的主要内容一般包括投资过程回顾、投资绩效和影响评价、投资目标实现程度和持续能力评价、经验教训和对策建议等。

投资报告应根据投资管理的情况和执行结果编制，反映企业投资管理的实施情况。投资报告主要包括以下两部分内容。

（1）投资管理的情况说明，一般包括投资对象、投资额度、投资结构、投资风险、投资进度、投资效益及需要说明的其他重大事项等。

（2）投资管理建议，可以根据需要以附件形式提供支持性文档。

投资报告是重要的管理会计报告，应确保内容真实、数据可靠、分析客观、结论清楚，为报告使用者提供满足决策需要的信息。企业可定期编制投资报告，反映一定期间内投资管理的总体情况，一般至少应于每个会计年度编制一份；也可根据需要编制不定期投资报告，主要用于反映重要项目节点、特殊事项和特定项目的投资管理情况。

企业应及时进行回顾和分析，检查和评估投资管理的实施效果，不断优化投资管理流程，改进投资管理工作。

贵州中财福鑫投资控股有限公司投资业务流程管理

（二）融资管理程序

企业应建立健全融资管理的制度体系，融资管理一般采取审批制。企业应设置满足融资管理所需的，由业务、财务、法律及审计等相关人员组成的融资委员会或类似决策机构，对重大融资事项和融资管理制度等进行审批，并设置专门归口管理部门牵头负责融资管理工作。

企业应用融资管理工具方法，一般按照制订融资计划、分析融资决策、实施与调整融资方案、进行融资管理分析等程序进行。

1. 制订融资计划

企业融资应实行年度统筹、季度平衡、月度执行的管理方式，根据战略需要、业务计划和经营状况，预测现金流量，统筹各项收支，编制年度融资计划，并据此分解至季度和月度融资计划，必要时应根据特定项目的需要编制专项融资计划。年度融资计划的内容一般包括编制依据、融资规模、融资方式、资本成本等，季度和月度融资计划的内容一般包括年度经营计划、企业经营情况和项目进展水平、资金周转水平、融资方式、资本成本等。

企业融资计划可作为预算管理的一部分，纳入企业预算管理。

2. 分析融资决策

企业应根据融资决策分析的结果编制融资方案。融资决策分析的内容一般包括资本结构、资本成本、融资用途、融资规模、融资方式、融资机构的选择依据、偿付能力、融资潜在风险和应对措施、还款计划等。

3. 实施和调整融资方案

融资方案经审批通过后，进入实施阶段，一般由归口管理部门具体负责落实。如果融资活动受阻或者融资量无法达到融资需求目标，归口管理部门应及时对融资方案进行调整，数额较大时应按照融资管理程序重新报请融资委员会或类似决策机构审批。

4. 进行融资管理分析

企业融资完成后，应对融资进行统一管理，必要时应建立融资管理台账。企业应定期进行融资管理分析，内容一般包括还款计划、还款期限、资本成本、偿付能力、融资潜在风险和应对措施等。还款计划应纳入预算管理，以确保按期偿还融资。

融资报告应根据融资管理的执行结果编制，反映企业融资管理的情况和执行结果。融资报告主要包括以下两部分内容。

（1）融资管理的情况说明，一般包括融资需求测算、融资渠道、融资方式、融资成本、融资程序、融资风险及应对措施、需要说明的重大事项等。

（2）融资管理建议，可以根据需要以附件形式提供支持性文档。

融资报告是重要的管理会计报告，应确保内容真实、数据可靠、分析客观、结论清楚，为报告使用者提供满足决策需要的信息。企业可定期编制融资报告，反映一定期间内融资管理的总体情况，一般至少应于每个会计年度出具一份；也可根据需要编制不定期报告，主要用于反映特殊事项和特定项目的融资管理情况。

企业应及时进行融资管理回顾和分析，检查和评估融资管理的实施效果，不断优化融资管理流程，改进融资管理工作。

任务二　贴现现金流法的原理及应用

一、贴现现金流法的概念

贴现现金流法，是以明确的假设为基础，选择恰当的贴现率对预期的各期现金流入、流出进行贴现，通过贴现值的计算和比较，为财务合理性提供判断依据的价值评估方法。

贴现现金流法一般适用于在企业日常经营过程中与投融资管理相关的资产价值评估、企业价值评估和项目投资决策等。贴现现金流法也适用于其他价值评估方法不适用的企业，包括正在经历重大变化的企业，如债务重组、重大转型、战略性重新定位、亏损或者处于开办期的企业等。

二、贴现现金流法的应用环境

企业应用贴现现金流法时，应对企业战略、行业特征、外部信息等进行充分了解。企业应用贴现现金流法，应从战略层面明确贴现现金流法应用的可行性，并根据实际情况，建立适宜贴现现金流法开展的沟通协调程序和操作制度，明确信息提供的责任主体、基本程序和方式，确保信息提供的充分性和可靠性。同时，企业应考虑评估标的未来将采用的会计政策与评估基准日所采用的会计政策在重要方面是否基本一致。

企业应用贴现现金流法时，应确认内外部环境对贴现现金流法的应用可提供充分支持，如现金流入和现金流出的可预测性、贴现率的可获取性，以及所有数据的可计量特征等。应用贴现现金流法通常需要考虑以下内容。

（1）国家现行的有关法律法规及政策、国家宏观经济形势有无重大变化，各方所处地区的政治、经济和社会环境有无重大变化。

（2）有关利率、汇率、税基及税率等是否发生重大变化。

（3）评估标的的所有者和使用者是否完全遵守有关法律法规，评估标的在现有的管理方式和管理水平的基础上，经营范围、方式与目前方向是否保持一致。

（4）有无其他不可抗因素及不可预见因素对企业造成重大不利影响。

此外，企业应用贴现现金流法时，应当说明和反映影响现金流入和现金流出的事项和因素，既要反映现金流的变化总趋势，也要反映某些重要项目的具体趋势。

三、贴现现金流法的应用程序

企业应用贴现现金流法，一般按以下程序进行。

（一）估计贴现现金流法的三个要素，即贴现期、现金流、贴现率

企业应充分考虑标的特点、所处市场因素波动的影响以及有关法律法规的规定等，合理确定贴现期，确保贴现期与现金流发生期间相匹配。

贴现期可采用项目已有限期，亦可采用分段式，如以 5 年作为一个期间段。企业在进行资产价值评估时，尤其要注意标的资产的技术寿命期限对合同约定期限或者法定使用期限的影响。

现金流指企业在一定会计期间按照收付实现制，通过一定经济活动（经营活动、投资活动、筹资活动等）产生的现金流入、现金流出及其总量情况的总称。

贴现率是反映当前市场资金时间价值和标的风险的回报率。贴现率的设定要充分体现标的特点，通常应当反映评估基准日类似地区同类标的平均回报水平和评估对象的特定风险。

（二）在贴现期内，采用合理的贴现率对现金流进行贴现

贴现率应当与贴现期、现金流相匹配，当使用非年度的时间间隔（比如按月或按日）进行分析时，年度名义贴现率应调整为相应期间的实际贴现率。

（1）资产价值评估采用的贴现率，通常根据与资产使用寿命相匹配的无风险报酬率进行风险调整后确定。无风险报酬率通常选择对应期限的国债利率，风险调整因素有政治风险、市场风险、技术风险、经营风险和财务风险等。

（2）进行企业价值评估采用的贴现率，需要区分是以企业整体还是以所有者权益作为价值评估的基础。通常，企业整体价值评估采用股权资本成本和债务资本成本的加权平均资本成本作为贴现率的确定依据，企业所有者权益价值评估采用股权资本成本作为贴现率的确定依据。资本成本，是指筹集和使用资金的成本率，或进行投资时所要求的必要报酬率，一般用相对数即资本成本率表达。企业的股权资本成本通常以资本资产定价模型为基础进行估计，综合考虑控制权程度、股权流动性、企业经营情况、历史业绩、发展前景、影响标的企业生产经营的宏观经济因素、标的企业所在行业的发展状况与前景等调整因素。

（3）项目投资决策采用的贴现率，应根据市场回报率和标的项目本身的预期风险来确定。一般情况下，可以按照标的项目本身的特点，适用资产价值评估和企业价值评估的贴现率确定方法，但要注意区分标的项目与其他项目，或者作为企业组成部分所产生的风险影响，对贴现率进行调整。

（三）进行合理性判断

企业应用贴现现金流法进行价值评估，一般从以下两方面进行合理性判断。

（1）客户要求。当客户提出的特殊要求不符合以市场价值为基础的评估对有关贴现期、现金流或贴现率的相关规定时，其估值结果是基于客户特殊要求的投资价值而不是市场价值。

（2）评判标准。贴现现金流法作为一项预测技术，评判标准不在于贴现现金流预测最终是否完

全实现，而应关注预测时的数据对贴现现金流预测的支持程度。

（四）形成分析报告

贴现现金流法分析报告的形式可以根据业务的性质、服务对象的需求等确定，也可在资产评估报告中整体呈现。当企业需要单独提供贴现现金流法分析报告时，应确保内容的客观与翔实。

贴现现金流法分析报告一般包括以下内容。

（1）假设条件。贴现现金流法分析报告应当对贴现现金流法应用过程中的所有假设进行披露。

（2）数据来源。贴现现金流法分析报告应当清楚地说明并提供分析中所使用的有关数据及来源。

（3）实施程序。编制贴现现金流法分析报告一般按照以下程序进行：合理选择评估方法；评估方法的运用和逻辑推理；主要参数的来源、分析、比较和测算；对评估结论进行分析，形成评估结论。

（4）评估者身份。当以内部评估人员身份开展评估工作时，评估人员与控制资产的实体之间的关系应当在评估报告中披露；当以外部评估人员身份开展评估工作且以营利为目的为委托方工作时，评估人员应当对这种关系予以披露。

四、贴现现金流法在投资决策中的应用

（一）投资项目的现金流量

投资项目的现金流量是指投资项目从筹建、设计、施工、正式投产使用至报废为止的整个期间内引起的现金流入和现金流出的数量。项目周期内现金流入量和现金流出量的差额称为项目投资的净现金流量。

1. 现金流入量

现金流入量一般包括营业收入、回收固定资产残值和回收流动资金。

（1）营业收入：应按照项目在经营期内有关产品（产出物）的各年预计单价（不含增值税）和预测销售量进行估算。

（2）回收固定资产残值。

（3）回收流动资金：假定在经营期不发生提前回收流动资金，则在终结点一次回收的流动资金应等于各年垫支的流动资金投资额的合计数。

2. 现金流出量

现金流出量一般包括建设投资、流动资金、付现成本，以及各项税款等。

（1）建设投资。

$$建设投资 = 固定资产投资 + 无形资产投资 + 其他投资$$

（2）流动资金。

$$流动资金 = 项目原始总投资 - 建设投资$$

（3）付现成本。

$$付现成本 = 当年的总成本 - 该年折旧额 - 该年无形资产摊销额 - 开办费摊销额等$$

（4）各项税款。

3. 净现金流量

综上，净现金流量的计算公式如下。

$$NCF_t = CI_t - CO_t \qquad (t = 0, 1, 2, \cdots, n)$$

其中，NCF_t 是第 t 年净现金流量，CI_t 是第 t 年现金流入量，CO_t 是第 t 年现金流出量。

4. 建设期的净现金流量估算

$$建设期某年的净现金流量 = -该年发生的原始（或固定资产）投资额$$

微课 4-1

净现金流量的
计算

【例4-2-1】假定某公司拟购建一项固定资产，需投资200万元，垫支流动资金50万元。要求：计算项目的建设期净现金流量。

解： 建设期净现金流量 = - 投资支出 - 垫支流动资金

$$= -200-50 = -250（万元）$$

5. 经营期的净现金流量估算

$$经营期某年的净现金流量 = 营业收入 - 付现成本 - 所得税$$
$$= 营业收入 - （销货成本 - 折旧额） - 所得税$$
$$= 净利润 + 折旧额$$

【例4-2-2】某固定资产项目预计投产后可使用8年，每年为企业创造增量收入100万元，发生付现成本60万元。固定资产按直线法折旧，每年折旧额为20万元，期末无残值，所得税税率为25%。要求：计算该项固定资产经营期的净现金流量。

解： 调整所得税 = （收入 - 总成本）× 所得税税率

$$= （100-60-20）×25\% = 5（万元）$$

$$NCF_{1 \sim 8} = 100-60-5 = 35（万元）$$

6. 终结期的净现金流量估算

$$终结期的净现金流量 = 固定资产的残值变现收入 + 垫支流动资金的收回$$

【例4-2-3】假定某个5年的投资项目经营期的现金流量均为18万元，报废时的变价收入为0.8万元，原投入该项目的流动资金为50万元。要求：计算该项目终结现金流量和第5年的现金流量。

解： 终结现金流量 = 固定资产的残值变现收入 + 垫支流动资金的收回

$$= 0.8+50 = 50.8（万元）$$

$$NCF_5 = 18+50.8 = 68.8（万元）$$

微课4-2

项目投资基本
概述

（二）项目投资决策的评价指标及其运用

投资决策中对投资项目进行评价时所用的指标通常分为两类：一类是静态投资指标，指的是没有考虑资金时间价值因素的指标，所以也称为非贴现指标，主要包括投资回收期和投资报酬率；另一类是动态投资指标，指的是考虑了资金时间价值因素的指标，故也称为贴现指标，主要包括净现值、净现值率、内含报酬率等。

1. 静态投资回收期

$$\sum_{t=1}^{P_t}(\mathrm{CI}-\mathrm{CO})_t = 0$$

其中，CI是现金流入量，CO是现金流出量，$(\mathrm{CI}-\mathrm{CO})_t$是第$t$年的净现金流量，$P_t$是静态投资回收期。

如果每年的经营净现金流量相等，则：

$$投资回收期 = \frac{初始投资额}{年净现金流量}$$

如果每年的经营净现金流量不相等，则：

$$P_t = T-1+\frac{第（T-1）年的累计净现金流量的绝对值}{第T年的净现金流量}$$

其中，T为项目各年累计净现金流量首次为正值的年份。

【例4-2-4】投资项目A的初始投资额为24 000元，第1年至第10年的预计净现金流量每年均为 5 000 元。要求：计算 A 项目的投资回收期。

解： A 项目投资回收期 =24 000÷5 000=4.8（年）

【例 4-2-5】投资项目乙的现金流量预测资料如表 4-2-1 所示。要求：计算乙项目的投资回收期。

表 4-2-1   乙项目现金流量预测   单位：元

项目	0	1	2	3	4	5
NCF	−75 000	19 760	18 560	17 360	16 160	37 960
累计 NCF	−75 000	−55 240	−36 680	−19 320	−3 160	34 800

解：
$$乙项目投资回收期=（5-1）+\frac{|-3\ 160|}{37\ 960}\approx4.08（年）$$

静态投资回收期指标的决策标准为：对于独立方案，如果投资回收期小于等于基准回收期（公司自行确定或根据行业标准确定），可接受该项目；反之，则应放弃。在实务分析中，一般认为，投资回收期小于项目周期一半时方为可行；如果投资回收期大于项目周期的一半，则认为项目不可行。对于互斥方案，应以回收期最短的方案作为中选方案。

静态投资回收期的优点是计算简便、易于理解；缺点是没有考虑资金时间价值，完全忽视了回收期以后的现金流量状况，可能导致决策者优先考虑能在短期内获利的投资项目。

2. 投资报酬率

投资报酬率又称投资利润率，是指生产经营期内正常生产年份的净收益（年度利润总额、年利税总额或年平均利润）占投资总额的百分比。

$$投资报酬率=\frac{正常年份的净收益}{投资总额}\times100\%$$

【例 4-2-6】某投资项目的初始投资额为 24 000 元，在生产经营期内年平均利润能实现 3 000 元，该行业的基准投资报酬率为 10%。要求：计算该项目的投资报酬率。

解： 投资报酬率 =3 000÷24 000×100%=12.5%

投资报酬率指标的决策标准为：投资报酬率≥基准投资报酬率，方案可行；投资报酬率＜基准投资报酬率，方案不可行。在多个投资方案的互斥性决策中，方案的投资报酬率越高，说明该方案的投资效果越好，应该选择投资报酬率最高的方案。

投资报酬率与投资回收期一样计算简明、易于理解，同时又克服了投资回收期在投资期没有考虑全部现金净流量的缺点；但其没有考虑资金时间价值，也不能说明投资项目的可能风险。

3. 净现值

净现值是指在项目计算期内，按行业基准收益率或其他设定折现率将投资项目各年净现金流量折算成现值后减去初始投资的余额，其计算公式为：

$$NPV=\sum_{t=1}^{n}\frac{(CI-CO)_t}{(1+i_c)^t}$$

其中，NPV 是净现值，i_c 是基准折现率。

【例 4-2-7】某投资项目的现金流量预测资料如表 4-2-2 所示，假设资本成本为 10%。要求：计算该项目的 NPV。

微课 4-3

净现值的本质和计算

表 4-2-2   某项目现金流量预测   单位：元

项目	0	1	2	3	4	5
NCF	−170 000	39 800	50 110	67 117	62 782	78 972

解：NPV=-170 000+39 800（P/F，10%，1）+50 110（P/F，10%，2）+

67 117（P/F，10%，3）+62 782（P/F，10%，4）+78 972（P/F，10%，5）

=-170 000+219 932=49 932（元）

净现值指标的决策标准为：当净现值≥0时，项目可行；当净现值<0时，项目不可行。进行多个投资方案的互斥性决策时，净现值越大的方案相对越优。

净现值的优点是充分考虑了资金时间价值和项目计算期内全部现金流量，并且考虑了投资风险（可以通过提高贴现率加以控制）。其缺点是净现值是一个绝对数，不能从动态的角度直接反映投资项目的实际收益率，在进行互斥性投资决策时，若投资额不等，仅用净现值有时无法确定投资项目的优劣；净现值计算比较复杂，较难理解和掌握等。

> **💡 想一想**
>
> 当现金流不确定时，净现值还管用吗？

4. 净现值率

净现值率是指投资项目的净现值与原始投资额的比率。

$$NPVR = \frac{NPV}{I_p} \times 100\%$$

其中，NPVR为净现值率，I_p为投资I的现值。

【例4-2-8】接【例4-2-7】，计算该项目的NPVR。

解：NPVR=49 932÷170 000×100%=29.37%

净现值率指标的决策标准为：当净现值率≥0时，投资方案可行；当净现值率<0时，投资方案不可行。对于多个互斥方案，应选择净现值率最大的方案。

净现值率指标的优点是考虑了资金时间价值；是一个相对数，可以从动态的角度反映项目投资的资金投入与净产出之间的关系，其他动态相对数指标更容易计算，可用于不同投资规模的方案比较。其缺点是无法直接反映投资项目的实际收益率。

> **📝 随堂小测**
>
> 1. 若某投资方案的净现值为正数，则该投资方案的（　　）。
>   A. 投资报酬率小于资金成本 　　　　 B. 投资报酬率等于资金成本
>   C. 投资报酬率大于资金成本 　　　　 D. 投资报酬率不一定大于资金成本
> 2. 在一般投资项目中，当一项投资方案的净现值等于零时，即表明（　　）。
>   A. 该方案的获利指数等于1
>   B. 该方案不具备财务可行性
>   C. 该方案的净现值率小于零
>   D. 该方案的内含报酬率小于设定折现率或行业基准收益率

5. 现值指数（PI）

现值指数又称获利指数，是指投资项目未来现金流入量现值与现金流出量现值的比率。它表明单位投资的现值可以获得的现金流入量现值，一般以行业基准收益率或资本成本为折现率。

$$PI = \sum_{t=0}^{n} \frac{CI_t}{(1+i)^t} \div \sum_{t=0}^{n} \frac{CO_t}{(1+i)^t}$$

通过计算公式不难发现，现值指数与前面介绍的净现值率存在以下关系：

$$PI=1+NPVR$$

【例 4-2-9】接【例 4-2-8】，计算该项目的 PI。

解：PI=［39 800（P/F，10%，1）+50 110（P/F，10%，2）+67 117（P/F，10%，3）+62 782（P/F，10%，4）+78 972（P/F，10%，5）］/170 000

=219 932/170 000=1.29

这种指标的决策标准为：针对独立方案，接受现值指数 ≥1 的项目；放弃现值指数 <1 的项目；针对互斥方案，在现值指数 >1 的情况下，取大者。

6. 内含报酬率

内含报酬率指的是投资项目在使用期内各期净现金流入量现值总和与投资额现值总和（或初始投资）相等的贴现率。

微课 4-4

内含报酬率

$$NPV = \sum_{t=0}^{n} (CI - CO)_t (1 + IRR)^{-t} = 0$$

运用内含报酬率进行投资方案决策时，应设基准贴现率：当内含报酬率 ≥ 目标收益率时，方案可行；当内含报酬率 < 目标收益率时，方案不可行。在多个投资方案的互斥性决策中，应选内含报酬率高的方案。

内含报酬率指标的优点是充分考虑了资金时间价值，易于理解，容易接受；其缺点是计算过程比较复杂，通常需要多次测算。

📝 随堂小测

1. 内含报酬率是指（　　　）。
   A. 使投资方案净现值为零的贴现率
   B. 能使未来现金流入量现值与未来现金流出量现值相等的贴现率
   C. 投资报酬现值与总投资现值的比率
   D. 投资报酬与总投资的比率
2. 影响内含报酬率的因素有（　　　）。
   A. 企业最低投资收益率　　　　　　　B. 初始投资金额
   C. 投资项目有效年限　　　　　　　　D. 银行贷款利率

五、贴现现金流法的应用评价

贴现现金流法的主要优点是：结合历史情况进行预测，并将企业经营战略融入模型，有助于更全面地反映企业价值。贴现现金流法的主要缺点是：测算过程相对较为复杂，对数据采集和假设的验证要求繁复，资本成本、增长率、未来现金流量的性质等变量很难得到准确预测、计算，往往使得实务中的评估精度大大降低。

📝 随堂小测

1. 下列评价指标中，其数值越小越好的是（　　　）。
   A. 净现值率　　　　　　　　　　　　B. 投资回收期
   C. 内含报酬率　　　　　　　　　　　D. 投资利润率
2. 当某方案的净现值大于零时，其内含报酬率（　　　）。
   A. 可能小于零　　　　　　　　　　　B. 一定等于零
   C. 一定大于设定折现率　　　　　　　D. 可能等于设定折现率

任务三　项目管理的原理及运用

一、项目管理的概念

项目管理是指项目各参与方合作，运用专门的知识、工具和方法，对各项资源进行计划、组织、协调、控制，使项目能够在规定的时间、预算和质量范围内，实现或超过既定目标的管理活动。

项目管理适用于以一次性活动为主要特征的项目活动，如一项工程、服务、研究课题、研发项目、赛事、会展或活动演出等，也适用于以项目制为主要经营单元的各类经济主体。

二、项目管理的原则

企业进行项目管理时，一般应遵循以下原则。

（1）注重实效，协同创新。项目应围绕项目管理的目标，强调成本效益原则，实现项目各责任主体间的协同发展、自主创新。

（2）按级负责，分工管理。项目各责任主体，应当根据管理层次和任务分工的不同，有效行使管理职责，履行管理义务，确保项目取得实效。

（3）科学安排，合理配置。项目应严格按照项目的目标和任务，科学合理编制预算，严格执行预算。

三、项目管理的基本程序

企业开展项目管理工作一般按照可行性研究、项目立项、项目计划、项目实施、项目验收和项目后评价等程序进行，具体见图4-3-1。

图 4-3-1　项目管理的基本程序

（一）可行性研究

可行性研究是指通过对项目在技术上是否可行、经济上是否合理、社会和环境影响是否积极等进行科学分析和论证，以最终确定项目投资建设是否进入启动程序的过程。企业一般可以从投资必要性、技术可行性、财务可行性、组织可行性、经济可行性、环境可行性、社会可行性、风险因素及对策等方面开展项目的可行性研究。

（二）项目立项

项目立项是指对项目可行性研究进行批复，并确认列入项目实施计划的过程。经批复的可行性研究报告是项目立项的依据，项目立项一般应在批复的有效期内完成。

（三）项目计划

项目计划是指项目立项后，在符合项目可行性研究报告批复相关要求的基础上，明确项目的实施内容、实施规模、实施标准、实施技术等计划实施方案，并据此编制项目执行预算的书面文件。

通常情况下，项目执行预算超过可行性研究报告项目预算的 10% 时，或者项目实施内容、实施规模、实施地点、实施技术方案等发生重大变更时，应重新组织编制和报批可行性研究报告。经批复的项目计划及项目执行预算应作为项目实施的依据。

项目可行性研究报告的内容一般包括项目概况、市场预测、产品方案与生产规模、厂址选择、工艺与组织方案设计、财务评价、项目风险分析，以及项目可行性研究结论与建议等。

（四）项目实施

项目实施是指按照项目计划，在一定的预算范围内，保质保量按时完成项目任务的过程。通常，应重点从质量、成本、进度等方面，有效控制项目的实施过程。

（1）企业应遵循国家规定及行业标准，建立质量监督管理组织、健全质量管理制度、形成质量考核评价体系和反馈机制等，实现对项目实施过程的质量控制。

（2）成本控制应贯穿项目实施的全过程。企业可以通过加强项目实施阶段的投资控制，监督合同执行，有效控制设计变更，监督和控制合同价款的支付，实现项目实施过程的成本控制。

（3）企业应通过建立进度控制管理制度，编制项目实施进度计划，制定项目实施节点；实行动态检测，完善动态控制手段，定期检查进度计划，收集实际进度数据；加强项目进度偏差原因分析，及时采取纠偏措施等，实现对项目实施过程的进度控制。

（五）项目验收

项目验收是指项目完成后进行的综合评价、移交使用、形成资产的整个过程。项目验收一般应由可行性研究报告的批复部门组织开展，可以从项目内容的完成情况、目标的实现情况、经费的使用情况、问题的整改情况、项目成果的意义和应用情况等方面进行验收。

（六）项目后评价

项目后评价是指通过对项目实施过程、结果及其影响进行调查研究和全面系统回顾，与项目决策时确定的目标及技术、经济、环境、社会指标进行对比，找出差别和变化，据以分析原因、总结经验、提出对策建议，并通过信息反馈，改善项目管理决策，提高项目管理效益的过程。

企业应比对项目可行性研究报告的主要内容和批复文件开展项目后评价，必要时应参照项目计划的相关内容进行对比分析，进一步加强项目管理，不断提高决策水平和投资效益。

四、项目财务管理

（一）项目财务管理的概念

项目财务管理，是指基于项目全生命周期的财务活动的归口管理工作，是对项目营运过程中财务资源使用的全流程管理活动。

在项目营运过程中，企业应当重视并严格执行项目预算管理、项目执行成本控制、项目会计核算、资金管理，以及项目结算、项目决算和项目经济后评价等。企业可根据项目规模、周期、经费额度等指定专人负责上述工作，并参与项目论证与评估等工作。

（二）项目财务管理的内容

企业进行项目财务管理，主要开展项目预算管理，一般应从项目预算编制、预算执行控制、项目预算调整等方面开展。

1. 项目预算编制

（1）企业应基于项目的重要性和成本效益考虑，制定项目预算管理制度，指定项目预算管理分管领导、设置项目概预算专职人员。

（2）企业应依据总量控制、分项预算的总体框架，按照需要与可能、局部与全局、重点与一般、当前与长远相结合的编制原则，编制项目预算。企业应在充分调研和论证的基础上，强调项目预算编制的明细化和标准化，明确预算的编制内容、编制依据和编制方法，实现项目预算与会计核算科目的配比性。

2. 预算执行控制

（1）企业应分解落实项目实施各阶段的预算执行计划，明确项目各阶段的预算控制目标。

（2）在项目执行过程中，企业应以项目预算执行计划和目标为依据，定期对项目预算执行情况进行核查、比对、分析。

3. 项目预算调整

（1）企业应依据外部环境变化、项目实施进展和项目方案优化要求等，不断修正和完善项目各阶段的预算执行计划和预算控制目标。

（2）在项目预算管理中，企业可采用滚动预算方式，以项目执行前一阶段的预算调整，作为下一阶段项目预算控制的目标，按照时间（如年、月、日）或项目单元编制，依次分解。

（3）企业进行项目执行成本控制，一般应从项目费用定额管理、项目合同管理、项目执行成本变更管理等方面开展。

① 项目费用定额管理方面：企业应根据项目自身特点，制定项目费用定额表，如物资消耗费、工时定额等，形成项目执行成本控制的依据。

② 项目合同管理方面：项目执行过程中涉及合同管理时，财务管理人员一般可以参与合同的论证、签订、审查和履行、变更、解除等，负责审查并履行合同支付职能，定期了解合同方的资信和履约能力，建立合同管理台账。

③ 项目执行成本变更管理方面：项目执行成本原则上不得随意变更，因特殊情况需要调整时，需根据相应的报批程序，报原审核部门核定，按照先批准、后变更的原则进行处理。

（4）项目执行过程中，企业应按照国家统一的会计制度进行会计核算。项目收支应分项目、分要素进行明细核算，确保会计核算制度与项目预算管理相衔接。企业应建立健全资金管理和项目结算制度，设立项目专款账户对资金的使用进行管理，正确区分会计期间，规范成本列支，统一对项目进行收支与结算。

（5）项目结算一般包括项目月度结算、年度结算和完工结算。

（6）企业应建立项目决算审计制度，明确项目决算报表内容、格式要求和填报口径，严格执行项目决算数据材料的收集、审核、汇总，形成项目决算报告，同时提交审计部门进行项目审计。

项目决算报告一般包括项目决算说明书、项目决算报表、项目成果和费用支出的对比分析等。项目决算报告和项目审计意见应作为项目验收的依据。

（7）企业应在对比项目可行性研究的基础上进行项目经济后评价，并编制项目经济后评价报告。项目经济后评价报告一般包括项目资金收入和使用情况、重新测算项目的财务评价指标和经济评价指标等。项目经济后评价应通过投资增量效益的分析，突出项目对经济价值和社会价值的作用及影响。

五、项目管理的方法

项目管理的方法一般包括挣值法、成本效益法、价值工程法等。

（一）挣值法

挣值是指项目实施过程中已完成工作的价值，用分配给实际已完成工作的预算来表示。

1. 挣值法的基本原理及应用

挣值法是一种通过分析项目实际与计划之间的差异，从而判断项目实施的成本、进度、绩效的方法。挣值法广泛适用于项目管理中的项目实施、项目后评价等阶段，通常可以用于检测实际绩效与评价基准之间的偏差。挣值法的评价基准包括成本基准和进度基准。

进度偏差，是在某个给定时点上，测量并反映项目提前或落后的进度绩效指标。

（1）进度偏差可以采用绝对数，表示为挣值与计划成本之差（偏差量＝挣值－计划成本）；也可采用相对数，表示为挣值与计划成本之比（偏差率＝挣值÷计划成本）。其中，计划成本是指根据批准的进度计划或预算，到某一时点应当完成的工作所需投入资金的累计值。

企业应用挣值法开展项目管理时，既要监测挣值的增量，以判断当前的绩效状态；又要监测挣值的累计值，以判断长期的绩效趋势。此外，企业还应当把项目预算分配至项目计划的各个时点。

（2）成本偏差是在某个给定时点上测量并反映项目预算亏空或预算盈余的成本绩效指标。成本偏差可以采用绝对数，表示为挣值与实际成本之差（偏差量＝挣值－实际成本）；也可采用相对数，表示为挣值与实际成本的比值（偏差率＝挣值÷实际成本）。其中，实际成本是指按实际进度完成的成本支出量。

企业应用挣值法开展项目管理时，实际成本的计算口径必须与计划成本和挣值的计算口径保持一致。

$$进度偏差量＝挣值－计划成本$$
$$进度偏差率＝挣值÷计划成本$$
$$成本偏差量＝挣值－实际成本$$
$$成本偏差率＝挣值÷实际成本$$

【例 4-3-1】某工程项目由信达公司承建，工期为 1 年，项目总预算为 20 万元。目前项目实施已进行到第 8 个月末，执行情况分析见表 4-3-1。

表 4-3-1　　某工程项目执行情况分析

序号	活动	计划成本／元	实际成本／元	完成百分比
1	项目启动	2 000	2 100	100%
2	可行性研究	5 000	4 500	100%
3	需求调研与分析	10 000	12 000	100%
4	设计选型	75 000	86 000	90%
5	集成实施	65 000	60 000	70%
6	测试	20 000	15 000	35%

要求：计算截至第8个月末该项目的成本偏差、进度偏差、成本执行指数和进度执行指数，并判断项目当前在成本和进度方面的执行情况。

解：截至第8个月末计划总成本=2 000+5 000+10 000+75 000+65 000+20 000=177 000（元）

截至第8个月末实际已发生总成本=2 100+4 500+12 000+86 000+60 000+15 000=179 600（元）

截至第8个月末的挣值=2 000×100%+5 000×100%+10 000×100%+75 000×90%+65 000×70%+20 000×35%=137 000（元）

成本偏差=137 000-179 600=-42 600（元）（正数节约，负数超支）

进度偏差=137 000-177 000=-40 000（元）

成本执行指数=137 000÷179 600=0.76（即成本绩效指数）

进度执行指数=137 000÷177 000=0.77（即进度偏差率）

因此，该工程项目当前在成本和进度方面的执行情况是：成本超支，进度落后。

2. 挣值法的优缺点

挣值法的主要优点是：①通过对项目当前运行状态的分析，可以有效地预测出项目的未来发展趋势，严格控制项目的进度和成本；②在出现不利偏差时，能够较快地检测出问题所在，留有充足的时间对问题进行处理和对项目进行调整。

挣值法的主要缺点是：①片面注重用财权的执行情况判断事权的实施效益；②属于事后控制方法，不利于事前控制；③存在用项目非关键路径上取得的挣值掩盖关键路径上进度落后的可能性，进而影响项目绩效判断的准确性。

（二）成本效益法

1. 成本效益法的基本原理

成本效益法是指通过比较项目不同实现方案的全部成本和效益，以寻求最优投资决策的一种项目管理方法。其中，成本指标可以包括项目的执行成本、社会成本等，效益指标可以包括项目的经济效益、社会效益等。成本效益法属于事前控制方法，适用于项目可行性研究阶段。

企业应用成本效益法，一般按照以下程序进行：确定项目中的收入和成本；确定项目不同实现方案的差额收入；确定项目不同实现方案的差额费用；制定项目不同实现方案的预期成本和预期收入的实现时间表；评估难以量化的社会效益和成本。

2. 成本效益法的应用

我国的中小企业大部分是传统企业，其特点是规模小、资金少、人才缺、管理手段落后，电子商务的发展和应用促使中小企业的生产经营发生根本性的变化。下面就我国中小企业应用电子商务的实际情况进行成本效益分析。

（1）电子商务成本分析。

从近年来中小企业应用电子商务的情况来看，企业往往面临机遇和挑战两方面的问题。一方面，电子商务技术的应用和发展促使中小企业的市场结构发生变化，企业可以随时掌握市场和顾客需求、缩短业务运转时间、减少业务处理差错、降低贸易管理成本和库存成本、改善服务质量、加快资金流动，从而提高企业的经济效益；另一方面，由于中小企业的人力、财力、信息技术等实力较弱，因此从各方面来说，中小企业开展电子商务所付出的代价也许更大，相对效益而言，成本也许更高。

根据调查分析，中小企业开展电子商务的成本主要体现在以下几个方面。

① 系统构建成本。这是企业建立电子商务系统过程中所发生的各种成本，主要包括系统环境构建的人、财、物投入成本。企业实施电子商务应具备必要的硬件和软件环境。首先是基础设施的构建，如计算机、服务器、交换机、网络及其他设备、线路等硬件，这些均属于固定成本。同时，企业还必须具备相关的软件才能正常运行并完成系统所需的功能。

在构建电子商务环境时，企业在人、财、物方面的投入是巨大的，大约占实施电子商务全部费用的 60% 以上。这一成本一般在早期阶段一次性投入，因此对中小企业而言，的确是个不小的负担。

② 技术支持成本。技术支持成本包括对电子商务系统的设计、运行、维护和管理等方面所付出的花费。从中小企业的情况来看，90% 以上的企业由于技术力量薄弱、人才资源匮乏，在电子商务系统建设方面往往没有自己专门的技术队伍，大多数企业需要以租赁的方式求助于计算机软件公司，因此所付出的代价是相当高昂的。此外，技术支持成本还包括应用信息技术后必须发生的各种支持服务费用等，这对中小企业来说也是一大笔开支。

③ 运营管理成本。运营管理是中小企业实施电子商务并获取企业利益的关键环节，在这一环节中发生的成本主要有交易成本、人力投入成本、系统管理成本和配送成本等。

交易成本指企业利用电子商务环境与交易对方或其他企业进行商务贸易活动所发生的各种成本。这一过程中所需的费用主要有组织网上交易费用，对交易对方的调研费用，交易双方协商、起草和签订合同及监督和实施合同等的费用。例如，企业利用电子商务平台发布产品信息，向交易商提供交易结算、货款收付等服务，所发生的费用大约占整个运营管理成本的 20%。

人力投入成本包括为了电子商务系统的正常运行，除了构建系统时所需的技术人员之外，在投入运行后还必须配备相关人员、对人员进行必要的教育培训以及支付人员的工资等，这几方面所花的成本必不可少，约占整个运营管理成本的 25% 以上。

系统管理成本是指为了正常使用电子商务系统，需要建立相关的管理机构，制定管理制度，对运行系统进行各方面的计划、协调、控制，对交易活动进行监督和管理所发生的成本。这项成本无法准确估算，但对中小企业来说，必要的管理成本是必须投入的。

物流配送是电子商务最后一个环节，也是非常重要的一个环节。它需要有商品的存放网点，需要运输、配送等开支，由此而增加的成本是不可忽视的，大约占整个运营管理成本的 30% 以上。

④ 安全成本。与大企业一样，中小企业在具有开放性的网络环境下进行商务活动，不得不考虑安全问题，如交易的公正性和安全性、交易对方身份的真实性、传递信息的准确性和完整性，以及交易的不可抵赖性等。为了企业能安全地实施电子商务，必然要制定相关的安全标准、采取一系列的安全技术措施，这些无疑增加了电子商务应用的成本。

⑤ 风险成本。这是企业开展电子商务不可避免的隐性成本，如由于病毒入侵、黑客攻击、人才流失、软硬件更新换代等不好确定、不易把握的因素构成的成本。由于中小企业的实力较薄弱，风险更大，因此在这方面所承受的压力相对更大。

⑥ 其他成本和费用。除了上述成本以外，企业在实施电子商务过程中还会发生其他一些成本和费用，如入网费用、注册费用、与应用技术有关的人员费用等。还有些间接发生的成本，如操作技术不配套而发生的成本、对信息处理不当而间接产生的成本，以及对新设备或新技术选用不当造成的浪费等。

上述各项成本中，系统构建成本和运营管理成本所占比例较大，也是最基础、最直接的成本；风险成本相对隐性，但却不可忽视。随着电子商务的不断发展，各种成本的结构及比重也在发生变化。例如，系统构建成本中的硬件成本会随着计算机硬件技术的发展而逐渐降低，软件成本却随着网络环境下商务活动的功能需求变化而不断增加；隐性成本也因信息安全、技术保护、知识产权保护、经营风险等问题日益凸显而不断增加。

由于信息化的成本较高，中小企业在构建系统和运营管理等环节往往存在资金和技术方面的困难，有些企业由此失去信心而放弃电子商务的应用。因此，中小企业应根据自己的实际情况，对实施电子商务发生的各种成本认真分析研究，了解哪些成本是可以控制的，哪些成本是可以降低的，哪些成本是可以避免发生的，以哪一种方式实施电子商务比较适合自己，从而以较低的成本获取应有的效益。

（2）中小企业电子商务效益分析。

企业对电子商务感兴趣的理由是它可以为企业带来利益。中小企业开展电子商务虽然需要花费不少的成本，但电子商务给中小企业提供了与大企业公平竞争的平台，提供了大量的市场机会，也由此为中小企业带来了直接、间接和潜在的效益。

① 直接效益。电子商务给中小企业带来的直接效益主要是指具体的营运效益，如成本节约或生产效率提高等。

■ 通过建立企业网站，利用网络宣传企业形象、传递产品信息；在网上做广告可以将企业的促销信息传递给世界各地的潜在消费者，增加企业的销售机会和消费者的购买机会。

■ 利用网络进行交易，降低交易成本，提高营销效率。

■ 由网络和计算机来传送文件，大大加快了文件的处理速度，降低了文件的处理成本。

■ 合理地安排原材料进货和按订单生产，从而减少库存，加快资金周转。

■ 减少中间环节，节省信息成本，为企业及时获取准确的信息创造条件。

② 间接效益。间接效益是指那些容易被具体量化的利益，可以说是层次较高、布局长远的企业利益，它通常是策略性、导向性的。电子商务给中小企业带来的间接效益主要有：提高企业的管理效率和服务水平，从而提升企业的竞争力；扩大业务范围与规模，从而取得规模经济效益。

③ 潜在效益。有时电子商务给企业带来的某些利益是暂时看不到的，但却存在潜移默化的效果，从宏观上讲，这就是潜在效益。例如，开展电子商务可以使企业的传统经营理念及经营模式逐渐转向先进、科学的经营理念和经营模式；可以促进企业乃至国民经济高效化、节约化和协调化；可以建立企业文化，提高员工知识水平和综合素质等。潜在效益对中小企业的竞争能力、长期目标、长远利益具有深刻的意义。

3. 成本效益法的优缺点

成本效益法的主要优点是：普适性较强，是衡量管理决策可行性的基本依据；需考虑评估标的经济与社会、直接与间接、内在与外在、短期与长期等各个维度的成本和收益，具有较强的综合性。

成本效益法的主要缺点是：属于事前评价，评价方法存在的不确定性因素较多；综合考虑了项目的经济效益、社会效益等各方面，除经济效益以外的其他效益存在较大的量化难度。

（三）价值工程法

1. 价值工程法的基本原理

价值工程法是指对研究对象的功能和成本进行系统分析，比较为获取功能而发生的成本，以提高研究对象价值的管理方法。本方法下的功能，是指对象满足某种需求的效用或属性；本方法下的成本，是指按功能计算的全部费用；本方法下的价值，是指对象所具有的功能与获得该功能所发生的费用之比。价值工程法可广泛适用于项目设计与改造、项目实施等阶段。

2. 价值工程法的应用程序

企业应用价值工程法，一般按照以下程序进行。

（1）准备阶段。选择价值工程的对象并明确目标、限制条件和分析范围；根据价值工程对象的特点，组成价值工程工作小组；制订工作计划，包括具体执行人、执行日期、工作目标等。

（2）分析阶段。收集整理与对象有关的全部信息资料；通过分析信息资料，简明准确地表述对象的功能，明确功能的特征要求，并绘制功能系统图；运用某种数量形式表达原有对象各功能的大小，求出原有对象各功能的当前成本，并依据对功能大小与功能当前成本之间关系的研究，确定应当在哪些功能区域改进原有对象，并确定功能的目标成本。

（3）创新阶段。依据功能系统图、功能特性和功能目标成本，通过创新性的思维和活动，提出实现功能的各种不同方案；从技术、经济和社会等方面评价所提出的方案，看其是否能实现规定的目标，从中选择最佳方案；将选出的方案及有关的经济资料和预测的效益编写成正式的提案。

（4）实施阶段。组织提案审查，并根据审查结果签署是否实施的意见；根据具体条件及内容，制订实施计划，组织实施，并指定专人在实施过程中跟踪检查，记录全程的有关数据资料，必要时可再次召集价值工程工作小组提出新的方案；根据提案实施后的技术经济效果，进行成果鉴定。

3. 价值工程法的优缺点

价值工程法的主要优点是：把项目的功能和成本联系起来，通过削减过剩功能、补充不足功能使项目的功能结构更加合理化；着眼于项目成本的整体分析，注重有效利用资源，有助于实现项目整体成本的最优化。

价值工程法的主要缺点是：要求具有较全面的知识储备，不同性质的价值工程分析对象涉及的其他领域的学科性质，以及其他领域的广度和深度等都存在很大差别，导致功能的内涵、结构和系统特征必然具有实质性区别。

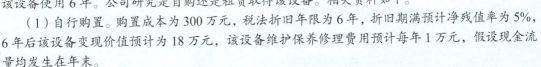

一、投融资管理岗位核心能力

投融资管理岗位的核心能力指的是运用投融资管理会计方法处理实际发生的各项投融资业务的能力，具体包括投资项目决策能力、证券投资决策能力、筹资决策能力、资金风险管控能力、利用大数据技术进行投融资数据分析的能力，以及团队协作能力。

二、投融资管理岗位工作任务

（1）投资决策：通过对项目投资定性、定量分析，以贴现现金流量为基础，使用净现值、内含报酬率、现值指数等方法进行可行性分析，对投资活动做出合理的决策。比如，是否购置设备决策、设备是否更新决策、固定资产大修与更新决策、固定资产购置与租赁决策、固定资产何时更新决策、资金总量存在限制条件下决策等。

（2）筹资决策：通过对资金需要量预测和资金成本率的计算及分析，对筹资活动做出合理的决策。

（3）大数据风控：通过大数据技术进行资金风险管控等。

（4）投融资数据分析：利用大数据技术进行投融资数据分析，设计现金流入量、现金流出量、现金存量、资金需求量等看板，并进行资金分析与预测。

实例训练

三、实例分析

2022年12月31日某公司计划增加一套不需要安装的生产经营设备，预计该设备使用6年。公司研究是自购还是租赁取得该设备。相关资料如下。

（1）自行购置。购置成本为300万元，税法折旧年限为6年，折旧期满预计净残值率为5%，6年后该设备变现价值预计为18万元，该设备维护保养修理费用预计每年1万元，假设现金流量均发生在年末。

（2）租赁取得。A租赁公司可以为该公司提供设备租赁服务，租赁期6年，年租赁费用为60万元，在每年年初支付。租赁公司负责设备的维修、维护及保养，不再收取其他费用。租赁期内不得撤销。租赁期届满时，租赁资产所有权不转让。

（3）公司适用的所得税税率为25%，税后借款（有担保）利率为8%。

有关租赁的解释说明如下：

①经测算，租赁期占租赁资产可使用年限的80%，符合融资租赁的认定标准。

②由于合同约定了承租人的付款总额，租赁费用是取得租赁资产的成本，全部构成其计税基础，即租赁资产的计税基础为 $60 \times 6 = 360$（万元）。

③根据税法和相关规定，租入资产应按同类资产的折旧年限和净残值率进行折旧计提。

要求：请根据上述资料帮助企业完成决策，并判断应选择哪种方式取得该设备（计算保留两位小数，单位：万元）。

解析：租赁方案下现金流分析如下。

（1）由于租金都是年初支付，即2023—2028年年初都有一笔60万元的租金支出，表示为-60万元。

（2）融资租赁固定资产计税基础为360万元，故2023—2028年的年折旧额为$360 \times (1-5\%) \div 6 = 57$（万元），由折旧抵税所形成的现金流量为$57 \times 25\% = 14.25$（万元）。

（3）由于到期租赁资产所有权不转让，所以由设备残值带来的变现损失抵税现金流为$360 \times 5\% \times 25\% = 4.5$（万元）。

（4）计算每年产生的NCF并计算NPV。

$NCF_0 = -60$（万元）

$NCF_{1-5} = -60 + 14.25 = -45.75$（万元）

$NCF_6 = 14.25 + 4.5 = 18.75$（万元）

$NPV = -60 - 45.75 \times PVIFA (8\%, 5) + 18.75 \times PVIF (8\%, 6)$

$= -60 - 45.75 \times 3.9927 + 18.75 \times 0.6302 = -230.85$（万元）

自购方案下现金流分析如下。

（1）初始购入固定资产现金流出量为300万元，表示为-300万元。

（2）每年维修费用1万元即现金流出1万元，表示为-1万元，由费用抵税所引起的现金流量为$1 \times 25\% = 0.25$（万元）。固定资产年折旧额为$300 \times (1-5\%) \div 6 = 47.5$（万元），由折旧抵税带来的现金流量为$47.5 \times 25\% = 11.88$（万元）。

（3）项目结束固定资产残值变现收入引起的现金流量为18万元，但固定资产的账面价值为15万元，因此，由于残值变现引起的纳税现金流为$(15-18) \times 25\% = -0.75$（万元）。

（4）计算每年产生的NCF并计算NPV。

$NCF_0 = -300$（万元）

$NCF_{1-5} = 11.88 - 1 + 0.25 = 11.13$（万元）

$NCF_6 = 11.13 + 18 - 0.75 = 28.38$（万元）

$NPV = -300 + 11.13 \times PVIFA (8\%, 5) + 28.38 \times PVIF (8\%, 6)$

$= -300 + 11.13 \times 3.9927 + 28.38 \times 0.6302 = -237.68$（万元）

根据两个方案计算出来的NPV值，我们很容易得知租赁方案是优于自购方案的。

说明：两个方案各年现金流及现金流方向如表4-1所示。

表4-1 　　　　　　　　　　　　　　　　方案决策分析　　　　　　　　　　　　　　　　单位：万元

项目		时间（年末）						
		2022	2023	2024	2025	2026	2027	2028
租赁方案	租金支付	-60.00	-60.00	-60.00	-60.00	-60.00	-60.00	—
	计税基础	360.00	—	—	—	—	—	—
	折旧	—	57.00	57.00	57.00	57.00	57.00	57.00
	折旧抵税	—	14.25	14.25	14.25	14.25	14.25	14.25
	期末资产变现流入							0.00
	账面价值							18.00
	变现损益							-18.00
	期末资产变现损益抵税/纳税							4.50
	各年现金流量	-60.00	-45.75	-45.75	-45.75	-45.75	-45.75	18.75
	各年现金流量现值	-60.00	-42.36	-39.22	-36.32	-33.63	-31.14	11.82
	租赁流出总现值	-230.85	—	—	—	—	—	—

续表

项目		时间（年末）						
		2022	2023	2024	2025	2026	2027	2028
购买方案	购置设备	−300.00	—	—	—	—	—	—
	折旧	—	47.50	47.50	47.50	47.50	47.50	47.50
	折旧抵税	—	11.88	11.88	11.88	11.88	11.88	11.88
	维修费用	—	−1.00	−1.00	−1.00	−1.00	−1.00	−1.00
	维修费用抵税	—	0.25	0.25	0.25	0.25	0.25	0.25
	税后维修费用	—	−0.75	−0.75	−0.75	−0.75	−0.75	−0.75
	期末资产变现流入	—	—	—	—	—	—	18.00
	账面价值	—	—	—	—	—	—	15.00
	变现损益	—	—	—	—	—	—	3.00
	期末资产变现利得交税	—	—	—	—	—	—	−0.75
	各年现金流量	−300.00	11.13	11.13	11.13	11.13	11.13	28.38
	各年现金流量现值	−300.00	10.30	9.54	8.84	8.18	7.58	17.88
	购买流出总现值	−237.68						
方案（租赁/自购）		租赁	—	—	—	—	—	—

同步训练

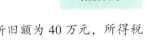

拓展训练

一、单项选择题

1. 净现值属于（　　　）。
   A. 非贴现现金流法指标　　　　　　　　B. 反指标
   C. 次要指标　　　　　　　　　　　　　D. 主要指标

2. 某投资项目年营业收入为 180 万元，年付现成本为 60 万元，年折旧额为 40 万元，所得税税率为 25%，则该项目年经营净现金流量为（　　　）万元。
   A. 81.8　　　　　B. 100　　　　　C. 82.4　　　　　D. 76.4

3. 下列投资项目评价指标中，不受建设期长短、投资回收时间先后及现金流量大小影响的是（　　　）。
   A. 静态投资回收期　B. 平均投资报酬率　C. 净现值率　　D. 内含报酬率

4. 某投资项目原始投资为 12 000 元，当年完工投产，有效期 3 年，每年可获得现金净流量 4 600 元，则该项目的内含报酬率为（　　　）。
   A. 7.33%　　　　B. 7.68%　　　　C. 8.32%　　　　D. 6.68%

5. 如果某一投资方案的净现值为正数，则必然存在的结论是（　　　）。
   A. 投资回收期在一年以内　　　　　　B. 净现值率大于 0
   C. 平均投资收益率高于资金成本率　　D. 年均现金净流量大于原始投资额

6. 已知某投资项目的原始投资额为 350 万元，建设期为 2 年，投产后第 1～5 年每年的现金净流量为 60 万元，第 6～10 年每年的现金净流量为 55 万元。该项目包括建设期的静态投资回收期为（　　　）年。
   A. 7.909　　　　B. 8.909　　　　C. 5.833　　　　D. 6.833

7. 下列指标的计算中，没有直接利用净现金流量的是（　　　）。
   A. 净现值　　　B. 净现值率　　　C. 内含报酬率　　D. 平均投资报酬率

8. 判断一个投资项目是否具有可行性时，其中的一个必要条件是（　　　）。
   A. 净现值大于等于 0　　　　　　　　B. 净现值大于 0
   C. 现值指数大于 0　　　　　　　　　D. 内含报酬率大于 1

9. 若设定折现率为 i，NPV>0，则（   ）。

    A. IRR>i，应降低折现率继续测试   B. IRR>i，应提高折现率继续测试

    C. IRR<i，应降低折现率继续测试   D. IRR<i，应提高折现率继续测试

10. 在计算项目投资的现金流量时，节约的经营成本应当列作（   ）。

    A. 现金流入   B. 现金流出   C. 回收额   D. 建设投资

二、多项选择题

1. 企业进行投资管理时，一般应遵循（   ）。

    A. 价值创造原则   B. 战略导向原则

    C. 风险匹配原则   D. 具体问题具体分析原则

    E. 分清主次指标原则

2. 净现值指标的缺点有（   ）。

    A. 不能从动态的角度直接反映投资项目的实际收益率水平

    B. 当多个项目投资额不等时，仅用净现值无法确定投资方案的优劣

    C. 净现金流量的测量和折现率的确定比较困难

    D. 没有考虑资金时间价值

    E. 没有考虑投资的风险性

3. 企业应用贴现现金流法时，一般程序是（   ）。

    A. 估计贴现现金流法的三个要素，即贴现期、现金流、贴现率

    B. 在贴现期内，采用合理的贴现率对现金流进行贴现

    C. 进行合理性判断

    D. 形成分析报告

    E. 考虑有无其他不可抗因素及不可预见因素对企业造成重大不利影响

4. 影响项目内含报酬率的因素包括（   ）。

    A. 投资项目的有效年限   B. 企业要求的最低投资报酬率

    C. 投资项目的现金流量   D. 建设期

5. 长期投资决策中，不宜作为折现率进行投资项目评价的有（   ）。

    A. 拟投资项目的权益资本必要收益率   B. 拟投资项目的资金成本

    C. 社会的投资机会成本   D. 行业基准资金收益率

三、判断题

1. 估计贴现现金流法的三个要素，包括贴现期、现金流、贴现率。（   ）

2. 采用净现值与采用净现值率会得到完全相同的评价结论。（   ）

3. 包括建设期的静态投资回收期应等于累计净现金流量为零时的年限再加上建设期。（   ）

4. 企业可定期编制投资报告，反映一定期间投资管理的总体情况，一般至少应于每个会计年度编制一份。（   ）

5. 某企业正在讨论更新现有的生产线，有两个备选方案 A 和 B，A、B 方案的原始投资不同：A 方案的净现值为 400 万元，年等额净回收额为 100 万元；B 方案的净现值为 300 万元，年等额净回收额为 110 万元。据此可以认为 A 方案较好。（   ）

6. 在对同一个独立投资项目进行评价时，用净现值、净现值率和内含报酬率指标会得出完全相同的决策结论。（   ）

7. 对多方案进行组合或排除决策，在资金总量受到限制时，需要按照净现值的大小排队，从中选出能使净现值合计最大的最优组合。（   ）

8. 一般来说，投资项目的回收期越短，则风险越小。（   ）

9. 利用动态指标对同一个投资项目进行评价和决策，会得出完全相同的结论。 （ ）

10. 若假定在经营期不发生提前收回流动资金，则在终结点收回的流动资金应等于各年垫支流动资金投资额的合计数。 （ ）

四、简答题

1. 负债性融资与权益性融资对企业有什么不同的意义？

2. 假设你是一家新开办的有较高收益和风险的高科技企业的财务主管，目前公司有一些好的发展项目，但是没有足够的资金来实施。公司的股价正在下跌，因此不能通过发行新股来筹集资金；银行也不打算再向公司提供贷款。那么，作为财务主管，你会通过什么融资渠道、使用什么融资方式筹集所需资金？

3. 项目投资决策的指标有哪些？它们的优缺点分别是什么？

五、实训题

实训一

（一）实训目的：净现值的应用。

（二）实训资料：某公司拟于2×21年购置一台大型冲床，需一次性投资200万元，购入后安装调试即可投入运营。该设备的使用寿命为8年，每年能为公司增加税前利润50万元。设备采用直线法计提折旧，预计净残值率为5%。公司要求的最低报酬率为10%，所得税税率为25%。

（三）实训要求：

（1）计算设备各年现金净流量；

（2）计算设备的投资回收期和净现值；

（3）根据净现值判断公司是否应该投资该设备。

实训二

（一）实训目的：项目投资决策。

（二）实训资料：某公司准备进行一项投资，现有甲、乙两个方案可供选择。甲方案需投资固定资产200 000元，使用寿命5年，5年后设备没有残值。5年中每年营业收入为150 000元，每年付现成本为50 000元。乙方案需投资固定资产330 000元，使用寿命也为5年，5年后净残值收入为30 000元。5年中每年的营业收入为200 000元，付现成本第一年为60 000元，以后随着设备陈旧，逐年增加修理费40 000元，另需垫支营运资金50 000元。公司所得税税率为25%，资本成本为10%。两个方案的固定资产均采用直线法计提折旧，折旧方法和预计净残值均与税法规定相同。

（三）实训要求：为该公司选择恰当方案。

项目五 营运管理

🔍 知识目标

- 熟悉营运管理的内涵及管理会计工具方法；
- 掌握本量利分析的基本公式；
- 掌握边际贡献、边际贡献率的公式；
- 掌握保本分析和保利分析及应用；
- 掌握敏感性分析；
- 掌握安全边际的计算。

📑 能力目标

- 能够说出营运管理各个阶段主要的管理内容；
- 能够解释本量利分析的基本原理；
- 能够计算保本销售量和保本销售额；
- 能够分析有关因素变动对利润的敏感程度；
- 能够计算安全边际。

📖 素养目标

- 正确运用营运管理方法对企业营运活动进行管控，确保企业经营按照战略规划推进，实现企业价值创造。

📖 以案导学

小张大学毕业后未找到合适的工作，决定自己创业。他打算开一家小型冰激凌零售店，为此他进行了市场调查，发现受市场欢迎的冰激凌有三种。其中："绿豆"进价0.6元/支，售价1.0元/支；"酸奶"进价1.2元/支，售价2元/支；"随便"进价1.8元/支，售价3元/支。这三种冰激凌零售额比例为1：3：2。另外，开店需投资冰柜一台，价格1 500元，申办执照费50元，租用一间5平方米的普通店面，每月租金1 000元（含电费），店面装修2 500元，预计每月需缴纳税费200元。如果小张同时销售这三种冰激凌：①一年必须完成多少销售额才能收回本钱？②假设小张一年生活费需要20 000元，那么一年必须完成多少销售额才能满足开支需求？

【点评】要做好成本管控，就必须了解本量利思维，也叫保本点思维。简单来说，本量利思维就是指产品卖多少钱才能保本、不赔钱。本例中，第①问需要计算小张的保本销售额，即销售额等于总成本支出；第②问需要计算保利销售额，即销售额等于总成本支出与期望利润之和。企业无论做什么项目、生产什么产品、完成哪笔订单，都要清楚自己的保本销售额和保利销售额；在降低保本销售额追求利润的同时，不能唯利是图，要重视对生态环境的保护，做遵纪守法的良心企业。

任务一 营运管理认知

一、营运管理概述

（一）营运管理的概念

营运管理，是指为了实现企业战略和营运目标，各级管理者通过计划、组织、指挥、协调、控制、激励等活动，实现对企业生产经营过程中的物料供应、产品生产和销售等环节的价值增值管理。

（二）营运管理的原则

营运管理应遵循 PDCA 原则。PDCA 是 Plan（计划）、Do（实施）、Check（检查）、Act（处理）的首字母组合，每个字母代表的行为构成一个闭合的循环过程。

（三）营运管理的管理会计工具方法

营运管理领域应用的管理会计工具方法，一般包括本量利分析、敏感性分析、边际分析和标杆管理等。企业应根据自身业务特点和管理需要，选择单独或综合运用营运管理方法，以更好地实现营运管理目标。

二、营运管理的应用环境

企业营运管理的应用环境包括组织架构、制度体系、业务信息系统等。

（一）建立健全营运管理组织架构

为确保营运管理的有序开展，企业应建立健全营运管理组织架构，明确各管理层级或管理部门在营运管理中的职责，有效组织开展营运计划的制订审批、分解下达、执行监控、报告分析、绩效管理等日常营运管理工作。

（二）建立健全营运管理的制度体系

企业应建立健全营运管理的制度体系，明确营运管理各环节的工作目标、职责分工、工作程序、工具方法、信息报告等内容。

（三）建立完整的业务信息系统

企业应建立完整的业务信息系统，规范信息的收集、整理、传递和使用等，有效支持管理者决策。

三、营运管理的应用程序

企业应用营运管理方法，一般按照营运计划的制订、营运计划的执行、营运计划的调整、营运监控分析与报告、营运绩效管理等程序进行。

（一）营运计划的制订

营运计划，是指企业根据战略决策和营运目标的要求，从时间和空间上对营运过程中各种资源所做出的统筹安排，主要作用是分解营运目标，分配企业资源，安排营运过程中的各项活动。

1. 营运计划的分类

（1）按计划的时间划分。按计划的时间，营运计划可分为长期营运计划、中期营运计划和短期营运计划。长期营运计划，一般指 5 ~ 10 年或 10 年以上的远景规划，它规定了企业较长时间内的发展方向、发展规模和主要技术经济指标所要达到的水平。长期营运计划的主要特点是具有战略性、预见性和纲领性。中期运营计划一般指的是 1 年以上 3 年以下的规划。短期营运计划一般是指在一个经营年度或一个生产周期内的营运计划，它的内容比中期营运计划、长期营运计划更为具体，而且为了完成短期营运计划，要制订以程序、日程为主的业务计划、数值计划等预算方案。

（2）按计划的内容划分。按计划的内容，营运计划可分为销售、生产、供应、财务、人力资源、产品开发、技术改造和设备投资等营运计划。

2. 营运计划制订的原则

制订营运计划应当遵循以下原则。

（1）系统性原则。企业在制订计划时不仅应考虑营运的各个环节，还要从整个系统的角度出发，既要考虑大系统的利益，也要兼顾各个环节的利益。

（2）平衡性原则。企业应考虑内外部环境之间的矛盾，有效平衡可能对营运过程中的研发、生产、供应、销售等存在影响的各个方面，使其保持合理的比例关系。

（3）灵活性原则。企业应当充分考虑未来的不确定性，在制订计划时保持一定的灵活性。

3. 营运计划制订的相关要求

（1）企业在制订营运计划时，应以战略目标和年度营运目标为指引，充分分析宏观经济形势、行业发展规律以及竞争对手情况等内外部环境变化，同时还应评估企业自身研发、生产、供应、销售等环节的营运能力，客观评估自身的优势和劣势以及面临的风险和机会等。

（2）企业在制订营运计划时，应开展营运预测，将其作为营运计划制订的基础和依据。营运预测，是指通过收集整理历史信息和实时信息，恰当运用科学预测方法，对未来经济活动可能产生的经济效益和发展趋势做出科学合理的预计和推测的过程。

（3）企业应用多种工具方法制订营运计划的，应根据自身实际情况，选择单独或综合应用预算管理、平衡计分卡、标杆管理等管理会计工具与方法；同时，应充分应用本量利分析、敏感性分析、边际分析等管理会计工具与方法，为营运计划的制订提供具体量化的数据分析，有效支持决策。

（4）企业应当科学合理地制订营运计划，充分考虑各层次营运目标、业务计划、管理指标等方面的内在逻辑联系，形成涵盖各价值链的、不同层次和不同领域的、业务与财务相结合的、短期与长期相结合的目标体系和行动计划。

（5）企业应采取自上而下、自下而上或上下结合的方式制订营运计划，充分调动全员积极性，通过沟通、讨论达成共识。

（6）企业应根据营运管理流程，对营运计划进行逐级审批。企业各部门应在已经审批通过的营运计划基础上，进一步制订各自的业务计划，并按流程履行审批程序。

（7）企业应对未来的不确定性进行充分的预估，在科学营运预测的基础上，制订多个备选营运计划，以应对未来不确定性带来的风险与挑战。

（二）营运计划的执行

经审批的营运计划应以正式文件的形式下达执行。企业应逐级分解营运计划，按照横向到边、纵向到底的要求分解落实到各所属企业、部门、岗位或员工，确保营运计划得到充分落实。

经审批的营运计划应分解到季度、月度，形成季度、月度营运计划，并逐月下达、执行。各企业应根据月度营运计划组织开展各项营运活动。

企业应建立配套的监督控制机制，及时记录营运计划执行情况，进行差异分析与纠偏，持续优化业务流程，确保营运计划有效执行。

企业应在月度营运计划的基础上，开展月度、季度滚动预测，及时反映滚动营运计划所对应的实际营运状况，为企业资源配置的决策提供有效支持。

（三）营运计划的调整

营运计划一旦批准下达，一般不予调整。宏观经济形势、市场竞争形势等发生重大变化，导致企业营运状况与预期出现较大偏差的，企业可以适时对营运计划做出调整，使营运目标更加切合实际。

企业在营运计划执行过程中，应关注和识别存在的各种不确定因素，分析和评估其对企业营运的影响，适时启动调整原计划的有关工作，确保企业营运目标更加切合实际，更合理地进行资源配置。

企业在做出营运计划调整决策时，应分析和评估营运计划调整方案对企业营运的影响，包括对短期的资源配置、营运成本、营运效益等的影响以及对长期战略的影响。

企业应建立营运计划调整的流程和机制，规范营运计划的调整。营运计划的调整应由具体执行的所属企业或部门提出调整申请，经批准后下达正式文件。

（四）营运监控分析与报告

为了强化营运监控，确保企业营运目标的顺利完成，企业应结合自身实际情况，按照日、周、月、季、年等频率建立营运监控体系，并按照 PDCA 管理原则，不断优化营运监控体系的各项机制，做好营运监控分析工作。

企业的营运监控分析，以本期财务和管理指标为起点，通过指标分析查找异常，并进一步揭示差异所反映的营运缺陷，追踪缺陷成因，提出并落实改进措施，不断提高企业营运管理水平。

营运管理监控的基本任务是发现偏差、分析偏差和纠正偏差。

（1）发现偏差。企业通过各类手段和方法，分析营运计划的执行情况，发现计划执行中的问题。

（2）分析偏差。企业对营运计划执行过程中出现的问题和偏差原因进行研究，采取针对性的措施。

（3）纠正偏差。企业根据偏差产生的原因采取针对性的纠偏对策，使企业营运过程中的活动按既定的营运计划进行，或者按照《管理会计应用指引第 400 号——营运管理》第五章对营运计划进行必要的调整。

企业营运监控分析应至少包括发展能力、盈利能力、偿债能力等方面的财务指标，以及生产能力、管理能力等方面的非财务内容，并根据所处行业的营运特点，通过趋势分析、对标分析等工具方法，建立完善营运监控分析指标体系。

企业营运监控分析的一般步骤包括：

（1）明确营运目的，确定有关营运活动的范围；

（2）全面收集有关营运活动的资料，进行分类整理；

（3）分析营运计划与执行的差异，追溯原因；

（4）根据差异分析采取恰当的措施，并进行分析和报告。

企业应将营运监控分析的对象、目的、程序、评价及改进建议形成书面分析报告。

（五）营运绩效管理

企业可以开展营运绩效管理，激励员工为实现营运管理目标作出贡献。

企业可以建立营运绩效管理委员会、营运绩效管理办公室等不同层级的绩效管理组织，明确绩效管理流程和审批权限，制定绩效管理制度。

企业可以以营运计划为基础，制定绩效管理指标体系，明确绩效指标的定义、计算口径、统计范围、绩效目标、评价标准、评价周期、评价流程等内容，确保绩效指标具体、可衡量、可实现、相关以及具有明确期限。

绩效管理指标应以企业营运管理指标为基础，做到无缝衔接、层层分解，确保企业营运目标的落实。

任务二　本量利分析

一、本量利分析的概念

微课5-1

本量利分析，是指以成本性态分析和变动成本法为基础，运用数学模型和图示，对成本、利润、业务量与单价等因素之间的依存关系进行分析，发现变动的规律性，为企业进行预测、决策、计划和控制等活动提供支持的一种方法。其中："本"是指成本，包括固定成本和变动成本；"量"是指业务量，一般指销售量；"利"一般指营业利润。

本量利分析

本量利分析主要用于企业生产决策、成本决策和定价决策，也可以广泛地用于投融资决策等。

二、本量利分析的基本假设

本量利分析中所建立和应用的数学模型及图形，是以一定的基本假设为前提的，这些假设限定了本量利分析的应用范围，如果忽视了基本假设，特别是当假设不能成立时，就会造成本量利分析不当，导致做出错误的预测和决策。基本假设有以下几点。

（一）成本性态分析假设

将成本按性态划分为固定成本和变动成本是进行本量利分析的重要前提。因此，在进行本量利分析时，一般假设企业的全部成本均已按其性态划分为变动成本和固定成本两大部分，而且其划分是客观、准确的。

（二）相关范围及线性假设

这一假设包含了以下 3 个方面。

（1）固定成本总额在相关范围内保持不变，即在企业经营能力一定范围内，固定成本是固定不变的。表现在平面直角坐标系中，固定成本模型是一条与横轴平行的直线，即 $y=a$（a 为常数）。

（2）单位变动成本在相关范围内保持不变，变动成本总额与业务量成正比例变动。在平面直角坐标系中，变动成本总额的模型就是一条通过原点的直线，该直线的斜率就是单位变动成本，即 $y=bx$（b 为单位变动成本、常数，x 为业务量）。

（3）销售单价不随产销量的增减而变化。销售收入总额随产销量的增减而成正比例变动。在平面直角坐标系中，销售收入模型也是一条通过原点的直线，只不过该直线的斜率是销售单价，即 $y=px$（p 为销售单价、常数，x 为销售量）。

（三）产销平衡假设

产销平衡假设是假设产品生产多少就能销售多少，不存在任何存货。即使有存货，也假设期初、期末存货水平的变动在数量上是很小的，可以避免期初、期末存货水平变动对当期固定制造费用产生影响。

（四）品种结构不变假设

品种结构不变假设是指企业在产销多种产品的情况下，各种产品的销售收入在总收入中所占的比重不会发生变化。

（五）变动成本法假设

这一假设是指产品是按变动成本法计算的，即产品成本只包括变动生产成本（直接材料、直接人工、变动制造费用），而所有固定成本（包括固定制造费用和固定期间费用）均作为期间成本在当期实现的边际贡献中得到补偿。

（六）目标利润假设

在西方会计中，本量利分析所用的利润通常是指息税前利润（Earnings Before Interest and Tax，EBIT），基本上相当于我国企业的营业利润，而不是净利润。因为营业利润与成本、业务量等指标关系密切，所以在本量利分析中，除特殊说明外，利润指标均为营业利润。同时，为了简化分析过程，当利润指标为自变量时，都假定有关利润指标是事先已经知道的目标利润。

> 📝 **随堂小测**
>
> 在本量利分析中，必须假定产品成本的计算基础是（　　　　）。
> A．完全成本法　　　B．变动成本法　　　C．制造成本法　　　D．作业成本法

三、本量利分析的基本公式

在本量利分析中，需要考虑五个相关因素，即单价（p），单位变动成本（b），销售量（x），固定成本（a），营业利润（L），它们之间的数量关系可以用公式表现为：

$$利润 = 销售收入 - 变动成本 - 固定成本$$
$$= 销售量 \times 单价 - 销售量 \times 单位变动成本 - 固定成本$$
$$= 销售量 \times （单价 - 单位变动成本）- 固定成本$$

即 $L=px-bx-a=(p-b)x-a$

上述公式即为本量利分析的基本公式。这个公式中含有 5 个相互联系的变量，给定其中 4 个，便可求出剩下的那个变量的值。

在本量利分析中，边际贡献是对企业提供的服务或产品进行盈利性强弱衡量的关键指标。

1. 边际贡献及相关指标的含义

边际贡献也称贡献毛益，是指产品的销售收入与相应变动成本之间的差额。边际贡献包含绝对数指标，如边际贡献总额、单位边际贡献；也包含相对数指标，如边际贡献率。单位边际贡献是指产品的销售单价与单位变动成本的差额。边际贡献率是指边际贡献占销售收入的百分比。

2. 边际贡献相关指标的计算公式

$$边际贡献总额 = 销售收入 - 变动成本$$
$$= 销售量 \times 单价 - 销售量 \times 单位变动成本$$
$$= （单价 - 单位变动成本）\times 销售量 \dashrightarrow = (p-b)x$$
$$= 单位边际贡献 \times 销售量$$
$$单位边际贡献 = 单价 - 单位变动成本 \dashrightarrow = p-b$$
$$= \frac{边际贡献总额}{销售量}$$
$$边际贡献率 = \frac{边际贡献总额}{销售收入} \times 100\%$$
$$= \frac{单位边际贡献 \times 销售量总额}{销售收入} \times 100\% \dashrightarrow = \frac{p-b}{p} \times 100\%$$

根据边际贡献的相关知识，本量利分析的基本公式可拓展为：

$$利润 = 销售收入 - 变动成本 - 固定成本$$
$$= 边际贡献总额 - 固定成本$$
$$= 单位边际贡献 \times 销售量 - 固定成本$$
$$= 边际贡献率 \times 销售收入 - 固定成本$$

四、保本分析

保本是指企业经营正好处于不盈不亏（盈亏平衡）的状态，此时，企业的销售收入正好补偿销售成本，即利润为零。

保本分析是本量利分析的核心内容，是指分析、测定盈亏平衡点以及有关因素变动对盈亏平衡点的影响等。保本分析的原理是通过计算企业利润为零时处于盈亏平衡的业务量，分析项目对市场需求变化的适应能力等。

保本分析的关键是确定保本点。保本点也称为盈亏平衡点、盈亏临界点，是指企业处于不盈不亏即利润为零时的销售量或销售额。使利润为零时的销售量为保本销售量（x_0），使利润为零时的销售额为保本销售额（s_0）。

微课 5-2
保本分析

（一）单一产品的保本分析

1. 公式法

根据本量利分析基本公式：

$$利润＝销售量×（单价－单位变动成本）－固定成本＝（p-b）x-a$$

令利润=0，保本销售量为 x_0，保本销售额为 s_0，因为

$$x_0（p-b）-a=0，\quad x_0=\frac{a}{p-b}$$

则

$$保本销售额＝保本销售量× 单价＝\frac{a}{p-b}×p＝\frac{a}{1-\dfrac{b}{p}}$$

其中，$\dfrac{b}{p}$ 为变动成本率，1- 变动成本率＝边际贡献率

所以，

$$保本销售额＝\frac{固定成本}{边际贡献率}$$

> ✏️ **提示**
>
> 当企业的业务量等于保本业务量时，企业处于保本状态；当企业的业务量高于保本业务量时，企业处于盈利状态；当企业的业务量低于保本业务量时，企业处于亏损状态。

> 📝 **随堂小测**
>
> 在其他因素不变的情况下，其变动不影响保本点的是（　　）。
>
> A. 单位变动成本　　　B. 固定成本　　　C. 单价　　　　D. 销售量

【例5-2-1】某公司全年生产和销售甲产品4 000件，经计算，该产品单位变动成本为10元/件，年固定成本为20 000元，销售单价为20元/件。求该公司的保本销售量和保本销售额。

解： 保本销售量 $=\dfrac{20\,000}{20-10}=2\,000$（件）

保本销售额 $=2\,000×20=40\,000$（元）

或 $\quad =\dfrac{20\,000}{1-\dfrac{10}{20}}=40\,000$（元）

所以，该公司只有当产品销售达到2 000件，销售收入达到40 000元时才能保本。

2. 图示法

将成本、销售量、利润的关系反映在直角坐标系中即形成了本量利关系图。企业可以使用本量利关系图进行分析。本量利关系图按照数据的特征和目的分类，可以分为传统式、贡献毛益式和利量式三种图形。

（1）传统式本量利关系图。传统式本量利关系图是最基本、最常见的本量利关系图形。绘制方法如下。

① 在直角坐标系中，以横轴表示销售量，以纵轴表示成本或销售收入。

② 在纵轴上找出固定成本数值 a，即以（0，a）为起点，绘制一条与横轴平行的固定成本线。

③ 以（0，a）为起点，以单位变动成本 b 为斜率，绘制总成本线 $y=a+bx$。

④ 以坐标原点为起点，以销售单价 p 为斜率，绘制销售收入线 $y=px$。

⑤ 总成本线和销售收入线的交点就是盈亏平衡点。

根据【例5-2-1】绘制的传统式本量利关系图，如图5-2-1所示。

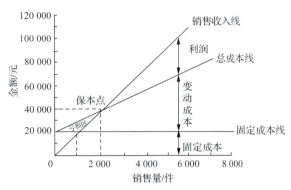

图5-2-1　传统式本量利关系图

根据图5-2-1可以得出以下结论。①销售量超过保本销售量就能实现盈利，销售量越多，实现的利润就越多；反之，销售量低于保本销售量则发生亏损，且销售量越少，亏损额就越大。②在销售量不变的情况下，保本点越低，产品的盈利能力就越强，或亏损就越小；反之，保本点越高，产品盈利能力就越弱，或亏损就越大。③在销售收入不变的情况下，单位变动成本和固定成本总额越小，则保本点就越低；反之，保本点就越高。

（2）贡献毛益式本量利关系图。贡献毛益式本量利关系图是将固定成本置于变动成本之上，能够反映贡献毛益形成过程的图形。绘制方法如下。

① 在直角坐标系中，以横轴表示销售量，以纵轴表示成本或销售收入。

② 从原点出发分别绘制销售收入线和变动成本线。

③ 以纵轴上的（0，a）点为起点绘制一条与变动成本线平行的总成本线。

④ 总成本线和销售收入线的交点就是保本点。

根据【例5-2-1】绘制的贡献毛益式本量利关系图，如图5-2-2所示。

（3）利量式本量利关系图。利量式本量利关系图是反映利润与销售量之间依存关系的图形。绘制方法如下。

① 在直角坐标系中，以横轴表示销售额，以纵轴表示利润（负数为亏损）。

② 在纵轴的原点以下部分找到与固定成本总额相等的点（0，-a），该点表示销售量等于零时，亏损额等于固定成本；从点（0，-a）出发画出利润线，该线的斜率是企业贡献毛益。

③ 利润线与横轴的交点即为保本销售额。

根据【例5-2-1】绘制的利量式本量利关系图，如图5-2-3所示。

通过图5-2-3，能清楚地看出销售额变动时利润的变动情况，该图很容易为管理者所理解，不足的是不能反映成本额变动情况。

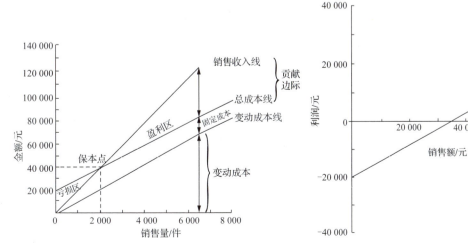

图5-2-2　贡献毛益式本量利关系图　　　　图5-2-3　利量式本量利关系图

随堂小测

1. 从本量利关系图可得知, 对单一产品进行分析, (　　　)。

A. 单位变动成本越大, 总成本线斜率越大, 保本点越高

B. 单位变动成本越大, 总成本线斜率越小, 保本点越高

C. 单位变动成本越小, 总成本线斜率越小, 保本点越高

D. 单位变动成本越小, 总成本线斜率越大, 保本点越低

2. 在销售量不变的情况下, 保本点越低, (　　　)。

A. 盈利区的面积越大, 亏损区的面积越小

B. 只引起盈利区的变化

C. 盈利区的面积越小, 亏损区的面积越大

D. 只引起亏损区的变化

（二）产品组合的保本分析

在企业生产多种产品的情况下, 保本点就不能用实物量表示而只能用金额反映。因为不同产品的实物计量单位不一定相同, 在数量上不能直接相加。所以, 计算产品组合的保本点, 即计算产品组合的综合保本销售额。

产品组合的保本分析是在掌握每种单一产品的边际贡献率的基础上, 按各种产品的销售额的比重进行加权平均, 据以计算综合边际贡献率, 从而确定产品组合的保本点。

计算公式如下。

$$综合保本销售额 = \frac{固定成本总额}{综合边际贡献率}$$

各种产品的保本销售额 = 综合保本销售额 × 各种产品的销售比重

某种产品的销售比重 = 该种产品的销售额 ÷ ∑各产品销售收入 × 100%

综合边际贡献率 = (∑各产品边际贡献) ÷ (∑各产品销售收入) × 100%

或　　　　　　　　 = ∑(某产品的边际贡献率 × 该种产品的销售比重)

【例 5-2-2】某公司生产销售 A、B、C 三种产品, 有关资料如表 5-2-1 所示。请计算三种产品的保本销售额及保本销售量。

表 5-2-1　　　　　　　　　　　　销售量、单价、成本资料

项目	A 产品	B 产品	C 产品
销售量 / 件	2 000	1 000	1 000
单价 / (元 / 件)	20	10	50
单位变动成本 / (元 / 件)	10	6	30
固定成本 / 元		26 400	

解： 根据表 5-2-1 计算整理, 得出表 5-2-2。

表 5-2-2　　　　　　　　　　　　产品边际贡献及销售比重计算

项目	A 产品	B 产品	C 产品
单位边际贡献 / (元 / 件)	10	4	20
边际贡献率 /%	50	40	40
销售额 / 元	40 000	10 000	50 000
销售比重 /%	40	10	50

综合边际贡献率 = (50% × 40% + 40% × 10% + 40% × 50%) × 100% = 44%

综合保本销售额 = 26 400 ÷ 44% = 60 000 (元)

A 产品的保本销售额 =60 000×40%=24 000（元）
B 产品的保本销售额 =60 000×10%=6 000（元）
C 产品的保本销售额 =60 000×50%=30 000（元）
A 产品的保本销售量 =24 000÷20=1 200（件）
B 产品的保本销售量 =6 000÷10=600（件）
C 产品的保本销售量 =30 000÷50=600（件）

> ✏️ **提示**
>
> 综合边际贡献率反映了企业全部产品的整体盈利能力，企业若要提高全部产品的整体盈利水平，可以调整各种产品的边际贡献率。

五、保利分析

保本分析是利润为零条件下的本量利分析，它是本量利分析的特殊形态。在现实生活中，保本经营是企业的底线，实现尽可能多的利润才是企业的最终目标。因此，研究盈利条件下的成本、业务量和利润之间的依存关系即进行保利分析，更有现实意义。

保利分析也叫目标利润分析，是在本量利分析方法的基础上，计算为达到目标利润所需达到的业务量、收入和成本的一种利润规划方法。该方法应反映市场的变化趋势、企业战略规划目标以及管理层需求等。

微课 5-3

保利分析

目标利润分析包括单一产品的目标利润分析和产品组合的目标利润分析。单一产品的目标利润分析重在分析每个要素的重要性，产品组合的目标利润分析重在优化企业产品组合。

（一）单一产品的目标利润分析

本量利的基本公式为：

$$利润 =（单价 - 单位变动成本）× 销售量 - 固定成本$$

根据上述公式，可以得：

$$目标利润 =（单价 - 单位变动成本）× 销售量 - 固定成本$$

$$实现目标利润的销售量 = \frac{固定成本 + 目标利润}{单价 - 单位变动成本} = \frac{固定成本 + 目标利润}{单位边际贡献}$$

$$实现目标利润的销售额 = 实现目标利润的销售量 × 销售单价$$

$$= \frac{固定成本 + 目标利润}{边际贡献率}$$

【例 5-2-3】某企业生产和销售一种产品，经成本计算，该产品单位变动成本为 10 元 / 件，年固定成本为 20 000 元，销售单价为 20 元 / 件。假定企业的目标利润为 30 000 元，求该企业实现目标利润的销售量和销售额。

解： 实现目标利润的销售量 =（20 000+30 000）÷（20-10）=5 000（件）

实现目标利润的销售额 =5 000×20=100 000（元）

该企业销售数量到达 5 000 件，销售额为 100 000 元时，能实现目标利润 30 000 元。

> 📝 **随堂小测**
>
> 某企业固定成本为 6 000 元，目标利润为 10 000 元，单位边际贡献为 20 元 / 件，单位变动成本为 10 元 / 件，则目标销售量为（　　）件。
>
> A. 800　　　　　　B. 1 000　　　　　　C. 700　　　　　　D. 600

（二）产品组合的目标利润分析

产品组合的目标利润分析，是在单一产品的目标利润分析基础上，依据分析结果进行优化调整，寻找最优的产品组合。基本分析公式如下。

实现目标利润的销售额 =（综合目标利润＋固定成本）÷（1-综合变动成本率）

或　　　　　　　　　 =（综合目标利润＋固定成本）÷综合边际贡献率

实现目标利润率的销售额 = 固定成本 ÷（1-综合变动成本率-综合目标利润率）

【例 5-2-4】 以【例 5-2-2】资料为例，假定该公司目标利润为 39 600 元，请计算三种产品实现目标利润的销售额以及各种产品实现目标利润的销售额和销售量。

解： 三种产品实现目标利润的销售额 =（39 600+26 400）÷44%=150 000（元）

A 产品的保利销售额 =150 000×40%=60 000（元）

B 产品的保利销售额 =150 000×10%=15 000（元）

C 产品的保利销售额 =150 000×50%=75 000（元）

A 产品的保利销售量 =60 000÷20=3 000（件）

B 产品的保利销售量 =15 000÷10=1 500（件）

C 产品的保利销售量 =75 000÷50=1 500（件）

知识拓展

保本点与保利点

阅读链接

本量利分析案例

任务三　敏感性分析

微课 5-4

敏感性分析

一、敏感性分析的认知

敏感性分析，是指对影响目标实现的因素变化进行量化分析，以确定各因素变化对实现目标的影响及其敏感程度。其实质是通过逐一改变相关变量数值的方法来解释关键指标受这些因素变动影响大小的规律。

敏感性分析可以分为单因素敏感性分析和多因素敏感性分析。单因素敏感性分析是指每次只变动一个因素而其他因素保持不变时所做的敏感性分析。多因素敏感性分析是指假定其他因素不变时，分析两种或两种以上不确定性因素同时变化对目标的影响程度所做的敏感性分析。

敏感性分析具有广泛适用性，有助于识别、控制和防范短期营运决策、长期投资决策等相关风险，也可以用于一般经营分析。企业在营运计划的制订、调整以及营运监控分析等程序中通常会应用到敏感性分析，敏感性分析也常用于长期投资决策等。下面主要介绍短期营运决策中敏感性分析的应用。

二、短期营运决策中的敏感性分析

短期营运决策中的敏感性分析主要用于目标利润规划（利润敏感性分析）。短期营运决策中的敏感性分析的应用程序一般包括确定短期营运决策目标、根据决策环境确定决策目标的基准值、分析确定影响决策目标的各种因素、计算敏感系数、根据敏感系数对各因素进行排序等。

基于本量利关系的利润敏感性分析，主要研究分析有关参数发生多大变化会使盈利转为亏损，各参数变化对利润变化的影响程度，以及各因素变动时如何调整应对，以保证原目标利润的实现。

（一）相关因素临界值的确定

由本量利基本公式"利润 = 销售量 ×（单价-单位变动成本）-固定成本"可知，利润受销售量、单价、单位变动成本和固定成本的影响，这些因素变化达到一定程度，会使企业利润消失，经营状况发生质变。敏感性分析的目的之一，就是确定能引起目标发生质变的各因素变化的临界值，其方法称为"最大最小法"。

1. 销售量的最小值

销售量的最小值，是指企业利润为零的销售量，它就是保本销售量。

$$销售量的最小值 = 固定成本 \div (单价 - 单位变动成本)$$

2. 单价的最小值

单价下降会使利润下降，下降到一定程度，利润将变为零，利润为零时的单价是企业能忍受的最小值。

$$单价的最小值 = \frac{固定成本}{销售量} + 单位变动成本$$

3. 单位变动成本的最大值

单位变动成本上升会使利润下降，并逐渐趋于零，利润为零时的单位变动成本是企业能忍受的最大值。

$$单位变动成本的最大值 = 单价 - \frac{固定成本}{销售量}$$

4. 固定成本的最大值

固定成本上升会使利润下降，并趋于零，利润为零时的固定成本是企业能忍受的最大值。

$$固定成本的最大值 = 销售量 \times (单价 - 单位变动成本)$$

【例5-3-1】某公司全年生产和销售甲产品4 000件，经计算，该产品单位变动成本为10元/件，年固定成本为20 000元，销售单价为20元/件。求相关因素的临界值。

解：（1）销售量的最小值（保本销售量）=20 000÷（20-10）=2 000（件）

因此，销售量的最小允许值是2 000件，这是保本点，或者说，实际销售只要完成原计划销售量的50%（2 000÷4 000×100%），就可以保本。

（2）单价的最小值=20 000÷4 000+10=15（元/件）

因此，单价不能低于15元/件，或者说，单价下降的幅度不能大于33%〔（20-15）÷15×100%〕，否则便会发生亏损。

（3）单位变动成本的最大值=20-20 000÷4 000=15（元/件）

因此，当单位变动成本由10元/件上升为15元/件时，利润将降为零。所以，单位变动成本的最大允许值为15元/件，其变动率为50%〔（15-10）÷10×100%〕。

（4）固定成本的最大值=4 000×（20-10）=40 000（元）

因此，固定成本的最大值为40 000元，超过了就会发生亏损。所以，固定成本增加的幅度不能大于100%〔（40 000-20 000）÷20 000×100%〕。

（二）各因素变化对利润的敏感程度

企业在进行利润敏感性分析时，通常通过计算各因素的敏感系数，衡量因素变动对利润的影响程度。有的因素发生微小变化，就会使利润发生很大的变动，利润对这些因素的变化十分敏感，这些因素称为敏感因素。反之，有些因素发生变化后，利润的变化不大，这些因素称为弱敏感因素。反映敏感程度的指标是敏感系数。

$$敏感系数 = \frac{利润变动百分比}{因素变动百分比}$$

1. 销售量变动的敏感性分析

【例5-3-2】沿用【例5-3-1】的资料，假设销售量增长20%，其他因素不变，求销售量的敏感系数。

  解： 预计销售量 =4 000×（1+20%）=4 800（件）

    预计利润 =4 800×（20-10）-20 000=28 000（元）

    原利润 =4 000×（20-10）-20000=20 000（元）

    利润变动百分比 =（28 000-20 000）÷20 000×100%=40%

    销售量的敏感系数 =40%÷20%=2

  计算结果表明，销售量变动 20%，利润就会变动 200%，当销售量增长时，利润会以更大的幅度增长，这是由于企业固定成本被产量、销售量分摊，成本下降。

2. 单价变动的敏感性分析

  【例 5-3-3】 沿用【例 5-3-1】的资料，假设单价增长 20%，其他因素不变，求单价的敏感系数。

  解： 预计单价 =20×（1+20%）=24（元 / 件）

    预计利润 =4 000×（24-10）-20 000=36 000（元）

    利润变动百分比 =（36 000-20 000）÷20 000×100%=80%

    单价的敏感系数 =80%÷20%=4

  计算结果表明，单价对利润的影响很大，单价变动 20%，利润以 400% 的速度随单价变化。说明涨价是提高盈利的有效手段，反之，价格下跌也将对企业构成很大威胁。

3. 单位变动成本变动的敏感性分析

  【例 5-3-4】 沿用【例 5-3-1】的资料，假设单位变动成本增长 20%，其他因素不变，求单位变动成本的敏感系数。

  解： 预计单位变动成本 =10×（1+20%）=12（元 / 件）

    预计利润 =4 000×（20-12）-20 000=12 000（元）

    利润变动百分比 =（12 000-20 000）÷20 000×100%=-40%

    单位变动成本的敏感系数 =-40%÷20%=-2

  计算结果表明，单位变动成本每上升 20%，利润将减少 200%。

4. 固定成本变动的敏感性分析

  【例 5-3-5】 沿用【例 5-3-1】的资料，假设固定成本增长 20%，其他因素不变，求固定成本的敏感系数。

  解： 预计固定成本 =20 000×（1+20%）=24 000（元）

    预计利润 =4 000×（20-10）-24 000=16 000（元）

    利润变动百分比 =（16 000-20 000）÷20 000×100%=-20%

    固定成本的敏感系数 =-20%÷20%=-1

  计算结果表明，固定成本每上升 20%，利润将减少 100%。

✎ **提示**

  从以上计算结果中可以看出，影响利润的几个因素中，最敏感的是单价，其次是销售量和单位变动成本，最后是固定成本。当然，上述各因素敏感系数的排序是在例题所设定的条件下得到的，如果条件发生变化，各因素敏感系数的排序也可能发生变化。企业对利润敏感程度的影响因素进行排序后，就可以考虑影响程度来进行决策，指导实践。

📝 **随堂小测**

  1. 下列各项中，属于敏感系数所具有的性质的是（   ）。

    A. 敏感系数为正数，因素值与目标值发生同方向变化

B. 敏感系数为负数，因素值与目标值发生同方向变化
C. 只有敏感系数大于 1 的因素才是敏感因素
D. 只有敏感系数小于 1 的因素才是敏感因素
2. 在对利润进行敏感性分析时，不会影响单价最小允许值的是（　　）。
A. 销售量　　　　B. 单价　　　　　　C. 单位变动成本　　　D. 固定成本

任务四　边际分析

微课 5-5

边际分析

一、边际分析认知

边际分析是指分析某可变因素的变动引起其他相关可变因素变动的程度的方法。边际分析可以评价既定产品或项目的获利水平，判断盈亏临界点，提示营运风险，支持营运决策。

企业通常在进行本量利分析、敏感性分析的同时运用边际分析。此外，企业在营运计划的制订、调整以及营运监控分析等程序中通常也会用到边际分析。

边际分析主要有边际贡献分析、安全边际分析等。边际贡献分析是指通过分析销售收入减去变动成本总额之后的差额，衡量产品为企业贡献利润的能力。边际贡献分析主要包括边际贡献和边际贡献率两个指标，具体内容已在任务二中讲述过，本任务主要介绍安全边际分析。

二、安全边际分析

安全边际分析是指通过分析正常销售额超过保本销售额的差额，衡量企业在保本的前提下，能够承受因销售额下降带来的不利影响的程度和企业抵御营运风险的能力。安全边际分析主要包括安全边际和安全边际率两个指标。

（一）安全边际

安全边际是指实际或预计销售量超过保本销售量的差额，体现企业营运的安全程度。安全边际越大，企业亏损的可能性就越小，经营的安全程度就越高。安全边际的计算公式如下。

$$安全边际 = 实际或预计销售量 - 保本销售量$$

【例 5-4-1】某公司全年生产和销售甲产品 4 000 件，经计算，该产品单位变动成本为 10 元 / 件，年固定成本为 20 000 元，销售单价为 20 元 / 件，保本销售量为 2 000 件，求安全边际。

解：安全边际 =4 000-2 000=2 000（件）

（二）安全边际率

安全边际率，是指安全边际与实际或预计销售量的比值。安全边际率是相对指标，便于不同企业或不同行业之间进行比较。安全边际率越高，企业经营的安全程度就越高，发生亏损的可能性就越小；反之，安全边际率越低，企业经营的安全程度也就越低，发生亏损的可能性就越大。安全边际率的计算公式如下。

$$安全边际率 = \frac{安全边际}{实际或预计销售量} \times 100\%$$

【例 5-4-2】沿用【例 5-4-1】的资料，求安全边际率。

解：安全边际率 =2 000÷4 000×100%=50%

▶ 随堂小测

已知产品单价为 24 元 / 件，保本销售量为 150 件，实际销售额为 4 800 元，则安全边际率为（　　）。

A. 33.3%　　　　　B. 25%　　　　　C. 40%　　　　　D. 50%

（三）安全边际与保本点的关系

通过上述分析可知，企业产品的销售量分为两部分：一部分是保本销售量，另一部分是安全边际销售量。相关公式如下。

$$实际（预计）销售量 = 保本销售量 + 安全边际销售量$$

将上述公式两端同时除以实际（预计）销售量，则有：

$$1 = \frac{保本销售量}{实际（预计）销售量} + \frac{安全边际销售量}{实际（预计）销售量}$$

其中，$\frac{保本销售量}{实际（预计）销售量} \times 100\%$ 为保本作业率，$\frac{安全边际销售量}{实际（预计）销售量} \times 100\%$ 为安全边际率，所以，保本作业率 + 安全边际率 =1。

保本作业率又称为危险率，其指标数值越小，说明企业经营越安全；反之，则说明企业的经营越危险。

✏ 提示

从安全边际与保本点的关系中可以看到，只有安全边际销售量才能为企业提供利润，而保本销售量只能为企业收回固定成本。

（四）安全边际与利润的关系

$$
\begin{aligned}
利润 &= 销售收入 - 变动成本 - 固定成本 \\
&= 边际贡献 - 固定成本 \\
&= 销售收入 \times 边际贡献率 - 固定成本 \\
&= 销售收入 \times 边际贡献率 - 保本销售额 \times 边际贡献率 \\
&= （销售收入 - 保本销售额）\times 边际贡献率 \\
&= 安全边际销售额 \times 边际贡献率
\end{aligned}
$$

【例 5-4-3】某公司全年生产和销售甲产品 4 000 件，经计算，该产品单位变动成本为 10 元 / 件，年固定成本为 20 000 元，单价为 20 元 / 件。求甲产品的利润。

解： 利润 =4 000×（20-10）-20 000=20 000（元）

保本销售量 =20 000÷（20-10）=2 000（件）

安全边际 =4 000-2 000=2 000（件）

安全边际销售额 =2 000×20=40 000（元）

边际贡献率 =（20-10）÷20×100%=50%

利润 =40 000×50%=20 000（元）

📖 以文化人

2023 年 2 月 6 日，财政部授予 100 人"全国先进会计工作者"荣誉称号。这不仅是财政部授予这100人的荣誉，更是国家对4 000多万会计人敬业创新、高贵品格、无私奉献的认可与嘉奖。这是一个收获的时刻，更是一个崭新的开始。据统计，这100名全国先进会计工作者，来自全国各行各业的财会战线，其中有企业会计人员，有行政事业单位会计人员，有会计管理工作人员，有注册会计师，有会计学术人员。

在这些先进会计工作者中，有普普通通的主任科员，有运筹帷幄的总会计师和财务总监，有专业精深的资深注册会计师，也有铁骨铮铮的军队精英……

这100人的经历无一不透露出敬业创新的信息。

江西省地建投党委委员、财务总监罗冬华从事财经工作二十余年，长期扎根财会领域，积极推动业务与财务协同，先后参与多个境外项目的投资评估和可行性论证及后续融资，推动多个PPP项目的成功运作，为国有企业构建优质高效、充满活力的现代产业体系贡献财经力量。

上海交通大学医学院附属瑞金医院财务处长李雪辉，从事会计工作29年，钻研业务，结合医院高质量发展要求，持续更新完善医院内部财务管理制度，建立医院全面预算管理系统，落实医改政策、强化成本管理，推动信息新技术在业财融合方面的深度应用。

先进会计工作者们无私奉献，为社会经济的各个战线默默做出了自己的贡献。

岗课赛证素质拓展

一、营运管理岗位核心能力

营运管理岗位的核心能力包括：能够利用营运管理方法对企业营运活动进行管控，并完成本量利分析、利润敏感性分析、边际贡献分析、盈亏平衡分析、安全边际分析，能够利用营运管理方法进行短期经营决策及营运数据分析。

二、营运管理岗位工作任务

（1）营运管理：本量利分析、利润敏感性分析、边际贡献分析、盈亏平衡分析、安全边际分析、经济订货批量计算。

（2）短期经营决策：利用差量分析法、边际贡献分析法和本量利分析法等对企业日常经营活动过程中的生产和定价进行决策。

（3）大数据风控：费用风险管控、应收账款风险管控、采购风险管控、存货风险管控等。

（4）营运数据分析：利用大数据工具对成本、销售费用、财务费用等数据进行分析；设计不同产品的成本占比及变化、销售费用各个子项目占比及变化、财务费用各个子项目占比及变化等看板，并进行销售分析与预测、费用的分析与洞察。

实例训练

三、实例分析

甲酒店2023年新开店计划如表5-1所示。

表5-1   2023年新开店计划

开业时间	酒店类型	开业数量/家	累计开业数量/家	新增客房数量/间	累计客房数量/间
2023年1月1日	商务酒店	3	13	300	1 500
2023年7月1日	商务酒店	2	15	200	1 700
2023年全年	经济型酒店	0	30	0	2 700

2023年设备老化，停业重新装修及设施更换计划如表5-2所示。

表 5-2	2023 年停业重新装修及设施更换计划
开始装修时间	2023 年 7 月 1 日
装修完时间	2023 年 12 月 31 日
酒店类型	经济型
停业酒店数量 / 家	2
停业客房数量 / 间	200

营业成本包含餐厅直接成本，以及食材、调料、饮品等购置费用。根据历史数据分析，酒店的出租率为商务型 70%、经济型 75%，住宿的客房比（住宿顾客数 / 入住房间数）为 1.8∶1，在店就餐率（在店用餐人数 / 住宿人数）为 75%；2020 年制订的全年商务型酒店平均每人次就餐成本标准为 10.00 元，经济型酒店平均每人次就餐成本标准为 8.00 元。

要求： 完成营业成本预算。

解析： 该酒店营业成本预算如表 5-3 所示。

表 5-3			2023 年营业成本预算		
项目	全年合计	第一季度	第二季度	第三季度	第四季度
天数	366	91	91	92	92
营业房间数 /（间 / 天）	—	4 200	4 200	4 200	4 200
其中：商务型	—	1 500	1 500	1 700	1 700
经济型	—	2 700	2 700	2 500	2 500
可出租房间数（每天营业房间数 × 天数）/ 间	1 537 200	382 200	382 200	386 400	386 400
其中：商务型	585 800	136 500	136 500	156 400	156 400
经济型	951 400	245 700	245 700	230 000	230 000
入住总人数（可出租房间数 × 住宿的客房比 × 出租率）	2 022 498	503 685	503 685	507 564	507 564
其中：商务型	738 108	171 990	171 990	197 064	197 064
经济型	1 284 390	331 695	331 695	310 500	310 500
就餐率	75%	75%	75%	75%	75%
营业成本（入住总人数 × 就餐率 × 平均每人次就餐成本）/ 元	13 242 150	3 280 095	3 280 095	3 340 980	3 340 980
其中：商务型	5 535 810	1 289 925	1 289 925	1 477 980	1 477 980
经济型	7 706 340	1 990 170	1 990 170	1 863 000	1 863 000

同步训练

拓展训练

一、单项选择题

1. 营运管理领域应用的管理会计工具方法，一般不包括（　　）。
   A. 本量利分析　　　　　　　　B. 敏感性分析
   C. 回归分析　　　　　　　　　D. 边际分析

2. 在本量利分析中，必须假定产品成本的计算基础是（　　）。
   A. 完全成本法　　B. 变动成本法　　C. 制造成本法　　D. 作业成本法

3. 生产单一品种产品的企业，保本销售额 =（　　）。
   A. 保本销售量 × 单位利润　　　B. 固定成本总额 ÷ 边际贡献率
   C. 固定成本总额 ÷ 边际贡献　　D. 固定成本总额 ÷ 综合边际贡献率

4. 短期营运决策中的敏感性分析主要用于（　　）。
   A. 保本点预测　　B. 目标利润规划　　C. 计算安全边际　　D. 本量利分析

5. 边际贡献率与变动成本率两者之间的关系是（　　　）。
   A. 变动成本率高，则边际贡献率也高　　B. 变动成本率高，则边际贡献率低
   C. 变动成本率和边际贡献率之间没有关系　D. 变动成本率是边际贡献率的倒数

二、多项选择题

1. 本量利分析的基本假设包括（　　　）。
   A. 成本性态分析假设　　　　　　　　　B. 相关范围及线性假设
   C. 产销平衡假设　　　　　　　　　　　D. 变动成本法假设
2. 判定企业恰好处于保本状态的标志有（　　　）。
   A. 收支相等　　　　　　　　　　　　　B. 边际贡献等于固定成本
   C. 不盈不亏　　　　　　　　　　　　　D. 保本作业率为零
3. 下列指标中，会随着单价变动反方向变动的有（　　　）。
   A. 保本点　　　　　B. 保利点　　　　　C. 变动成本率　　　　D. 单位边际贡献
4. 下列公式正确的有（　　　）。
   A. 单位边际贡献＝单价－单位变动成本　B. 边际贡献总额＝销售收入－变动成本
   C. 边际贡献率＝单位边际贡献÷单价　　D. 边际贡献率＝边际贡献总额÷销售收入
5. 下列各项中，属于短期营运决策中敏感性分析的应用程序的有（　　　）。
   A. 确定短期营运决策目标　　　　　　　B. 确定决策目标的基准值
   C. 分析确定影响决策目标的各种因素　　D. 计算敏感系数

三、判断题

1. 本量利分析中的"利"一般指营业利润。　　　　　　　　　　　　　　（　　　）
2. 企业同时生产多种产品，保本点既可以用实物量表示，也可以用金额表示。（　　　）
3. 敏感系数反映的是某一因素值变动对目标值变动的影响程度。　　　　　（　　　）
4. 在边际贡献率一定的条件下，安全边际率越高，则销售利润率越低。　　（　　　）
5. 在有多种产品的条件下，若整个企业的利润为零，则说明各产品均已达到保本状态。（　　　）

四、实训题

实训一

（一）实训目的：应用本量利分析方法。

（二）实训资料：甲、乙、丙、丁四个公司 2×22 年的产销资料如表 5-4 所示。假定每个公司只产销一种产品，且均产销平衡。

表 5-4　　　　　　　　　　　　　　四个公司 2×22 年产销情况

公司	销售数量/件	销售收入/元	变动成本总额/元	固定成本总额/元	单位边际贡献/（元/件）	税前利润（或亏损）/元
甲公司	10 000	200 000	120 000	30 000	（　　）	（　　）
乙公司	1 000	500 000	300 000	（　　）	（　　）	40 000
丙公司	（　　）	200 000	（　　）	40 000	9	50 000
丁公司	8 000	（　　）	96 000	（　　）	8	24 000

（三）实训要求：

（1）根据本量利分析的基本数学模式，计算并填列表 5-1 括号内的数额，写出计算过程；

（2）根据本量利分析的基本概念及其计算公式，分别计算丙和丁两个公司的单位变动成本、边际贡献率、变动成本率。

实训二

（一）实训目的：应用本量利分析方法。

（二）实训资料：某企业本年产销甲产品 20 000 件，单价为 50 元 / 件，单位变动成本为 30 元 / 件，固定成本总额为 300 000 元。经调查，如果下年度降价 10%，销售量可增加 20%，假定下年度的单位变动成本和固定成本总额保持不变。

（三）实训要求：

（1）预测下年度的保本销售量和保本销售额；

（2）预测下年度的可实现利润；

（3）如果下年度的目标利润为 750 000 元，降价后的销售量要达到多少才能保证目标利润的实现？

实训三

（一）实训目的：应用本量利分析方法。

（二）实训资料：某公司生产 A、B、C 三种产品，其固定成本总额为 20 000 元，三种产品的有关资料如表 5-5 所示。

表 5-5 三种产品的相关资料

产品	单价 / （元 / 件）	销售量 / 件	单位变动成本 / （元 / 件）
A	200	600	120
B	50	300	30
C	100	100	70

（三）实训要求：

（1）采用加权平均法计算该公司的综合保本销售额及各产品的保本销售量；

（2）计算该公司的营业利润。

实训四

（一）实训目的：应用敏感性分析方法。

（二）实训资料：某企业只生产 A 产品，年度内预计有关资料如下：销售量 4 000 件，单价 50 元 / 件，单位变动成本 30 元 / 件，全年固定成本 60 000 元。

（三）实训要求：假设销售量、单价、单位变动成本和固定成本均分别增长 10%，计算各因素的敏感系数（单因素分析法）。

实训五

（一）实训目的：应用边际分析方法。

（二）实训资料：A 企业为生产和销售单一产品的企业，该产品单价位 80 元 / 件，单位变动成本为 50 元 / 件，固定成本总额为 60 000 元，预计正常销售量为 4 000 件。

（三）实训要求：

（1）计算保本销售量；

（2）计算安全边际及安全边际率。

项目六 成本管理

政策指引

《管理会计
应用指引
第300号——
成本管理》

知识目标

- ■ 熟悉成本管理的概念、原则、应用环境及成本管理领域的管理会计工具方法;
- ■ 熟悉成本按成本性态进行的分类;
- ■ 掌握混合成本分解的方法;
- ■ 掌握变动成本法产品成本构成及变动成本法与完全成本法的区别;
- ■ 掌握标准成本法的基本概念、计算方法及应用步骤;
- ■ 掌握作业成本法的基本概念、计算方法及应用步骤;
- ■ 掌握目标成本法的基本概念及应用步骤。

能力目标

- ■ 能分解混合成本;
- ■ 能理解变动成本法与完全成本法税前利润产生差异的原因;
- ■ 能确定目标成本;
- ■ 能制定标准成本;
- ■ 能计算标准成本差异,并能分析产生成本差异的原因;
- ■ 能应用作业成本法计算产品的成本;
- ■ 能应用变动成本法、标准成本法、作业成本法、目标成本法进行成本管理。

素养目标

- ■ 通过学习成本管理,树立为企业、为国家节约成本的意识;运用正确的成本管理方法,以最小的投入获得最大的产出,确保企业战略目标的实现。

以案导学

小米公司的成本管理意识

小米公司的创始人在企业运行初期便意识到公司的短板是现金流不足,因此为了弥补不足,小米公司从进入市场开始便确定了成本领先战略,从增收和节流两个方面入手,并且把节流作为压缩成本的主要方式。

在与众多竞争对手的竞争中,小米公司实现营业额反超,这无不彰显着互联网公司在当代市场的巨大潜力,也体现了运用互联网思维颠覆传统企业游戏规则的重大成功。而战略成本管理是小米公司得以开拓一片蓝海市场的重大战略。

小米公司在产品数量方面严格进行库存管控,避免产品积压带来的沉没成本和滞销风险。同时小米公司还特别关注零部件的材料质量,在公司内部建立了完善的产品质量管控,保障了产品的生产质量。

目前,小米公司的主要战略还是成本领先战略,而未来小米公司则要向差异化战略发展。只有这样,小米公司才能在日益激烈的市场竞争中发展壮大自己,而成本控制的方法也要随着竞争战略的变化而发生改变。

小米公司的创始人对战略成本管理有以下看法。

第一，成本意识要从公司创建之初就开始建立。

第二，成本意识只有从管理者开始，才有可能贯彻全员。

第三，省钱就是赚钱，省一块钱就是赚三块钱。一般企业赚来的钱需要支付销售成本、生产成本等，还需要交销售税等，还剩下三分之一就非常不错了。

【点评】在经济全球化的今天，我国各类科学技术水平显著提高，企业外部生存环境日益艰难，在面临国内市场竞争不断加剧的同时，还需要应对来自国外市场竞争的压力与冲击。在如此激烈的竞争环境背景下，创造核心竞争力和保持竞争优势直接关系到企业的生死存亡，企业不得不提升自身经营发展能力，以期有效应对市场经济中的风险和机遇。加强成本管理是企业增加经营利润，提升发展能力的核心关键因素，也成为企业战略管理的必然选择。战略成本管理强调的是知己知彼，揭示企业同竞争对手相比的相对成本地位，并寻求成本持续降低的途径。战略成本管理也可以说是为了获得和保持企业持久竞争优势而进行的成本管理。

任务一 成本管理认知

微课6-1

成本管理认识

一、成本管理的含义及内容

成本管理是指企业在营运过程中实施成本预测、成本决策、成本计划、成本控制、成本核算、成本分析和成本考核等一系列管理活动的总称，其目的在于在保证产品质量的前提下，挖掘降低成本的途径，达到以最少的生产耗费取得最大的生产成果。

成本管理的内容如下。

（1）成本预测。成本预测是以现有条件为前提，在历史成本资料的基础上，根据未来可能发生的变化，利用科学的方法，对未来的成本水平及其发展趋势进行描述和判断的成本管理活动。

（2）成本决策。成本决策是在成本预测及有关成本资料的基础上，综合经济效益、质量、效率和规模等指标，运用定性和定量的方法对各个成本方案进行分析，并选择最优方案的成本管理活动。

（3）成本计划。成本计划是以营运计划和有关成本数据、资料为基础，根据成本决策所制定的目标，通过一定的程序，运用一定的方法，针对计划期内企业的生产耗费和成本水平进行的具有约束力的成本筹划管理活动。

（4）成本控制。成本控制是成本管理者根据预定的目标，对成本发生和形成过程以及影响成本的各个条件施加主动的影响或干预，把实际成本控制在预期目标内的成本管理活动。

（5）成本核算。成本核算是根据成本计算对象，按照国家统一的会计制度和企业管理的要求，对营运过程中实际发生的各项耗费按照规定的成本项目进行归集、分配和结转，取得不同的成本计算对象的总成本和单位成本，向有关使用者提供成本信息的成本管理活动。

（6）成本分析。成本分析是利用企业核算提供的成本信息及其他有关资料，分析成本水平与构成的有关情况，查明影响成本变动的各个因素和产生的原因，并采取有效措施控制成本的成本管理活动。

（7）成本考核。成本考核是对成本计划及其有关指标实际完成情况进行定期总结和评价，并根据考核结果和责任制的落实情况，进行相应的奖励和惩罚，以监督和促进企业加强成本管理责任制，提高成本管理水平的成本管理活动。

✎ 提示

成本管理的各项内容各有其基本特点，同时又相互联系、相辅相成，并贯穿企业生产经营的全过程，构成了现代成本管理的框架。成本预测是成本决策的前提；成本决策是成本预测的结果；成本计划是成本决策所确定目标的具体化；成本控制是对成本计划的实施进行监督，保证决策目标的实现；只有通过成本分析，才能对决策正确性做出判断；成本考核是实现决策目标的重要手段。在上述各项内容中，成本核算是成本管理的基础，其他各项内容都是在成本核算的基础上衍生出来的。

📖 知识拓展

降低的成本是企业的另类利润

利润等于什么？任何一个有基本财务思维的人都知道："利润等于收入减去成本和费用。"那么，如何提高利润呢？大部分人都会回答："提高销售收入，这样就能创造更多的利润。"事实上，还有另外一条提高利润的途径，那就是降低和优化成本和费用。

提高利润，有"开源"（提高收入）和"节流"（降低成本费用）两个途径。"开源"是非常明显的提高利润的手段，即使没有任何财务和管理经验的人也很容易想到。但是从企业管理会计角度来说，企业所面临的竞争性的经济和商业环境决定了企业基本无法按照自己的预期来控制价格和拓展市场，也就是说"开源"能力受到很大的限制。在这样的情况下，企业就必须通过"节流"的方式来提高利润。可见，利润的实现可以通过降低成本来获得，降低的成本就称为企业的另类利润。

资料来源：杨晔. 管理会计案例与解析［M］. 北京：经济科学出版社，2019.

二、成本管理的原则

企业的成本管理应当遵循以下原则。

（一）融合性原则

成本管理应当以企业的业务模式为基础，将成本管理嵌入业务的各领域、各层次、各环节，实现成本管理责任到人、控制到位、考核严格、目标落实。

（二）适应性原则

成本管理应与企业生产经营特点和目标相适应，尤其要与企业发展战略或竞争战略相适应。

（三）成本效益原则

成本管理应用相关工具或方法时，应权衡其为企业带来的收益和付出的成本，避免获得的收益小于其投入的成本。

（四）重要性原则

成本管理应重点关注对成本具有重大影响的项目，对于不具有重要性的项目，可以适当简化处理。

三、成本管理领域应用的管理会计工具方法与程序

成本管理领域应用的管理会计工具方法，一般包括目标成本法、变动成本法、标准成本法和作业成本法。企业应结合自身的成本管理目标和实际情况，在保证产品的功能和质量的前提下，选择应用适合企业的成本管理方法或综合应用不同的成本管理方法，以更好地实现成本管理的目标。

企业应用成本管理方法，一般按照事前成本管理、事中成本管理、事后成本管理等程序进行。

（一）事前成本管理阶段

事前成本管理阶段主要是对未来的成本水平及其发展趋势进行预测与规划，一般包括成本预测、

成本决策和成本计划等步骤。

（二）事中成本管理阶段

事中成本管理阶段主要是对运营过程中发生的成本进行监督和控制，并根据实际情况对成本预算进行必要的修正，即成本控制。

（三）事后成本管理阶段

事后成本管理阶段主要是在成本发生之后进行的核算、分析和考核，一般包括成本核算、成本分析和成本考核等步骤。

四、成本管理的应用环境

成本管理的应用环境包括管理制度、流程以及相关外部环境等。为确保成本管理有序开展，企业应建立健全成本管理的制度体系，包括费用申报制度、定额管理制度、责任成本制度等，加强存货的计量、验收管理，建立存货的计量、验收、领退及清查制度。

企业应建立健全成本相关原始记录，加强和完善成本数据的收集、记录、传递、汇总和整理工作，确保成本基础信息记录真实、完整。此外，企业还应充分利用现代信息技术，规范成本管理流程，提高成本管理的效率。

📖 以文化人

降耗增效，绿色发展

为应对节能监察，某企业大力推行机器设备、工艺流程的节能降耗，然而却收效甚微。后来听说有关部门发起工业节能诊断服务，该企业马上请第三方专业机构上门对工业技术装备、能源管理体系等进行全面诊断，找到了平时"看不到"的节能问题，一番改造后每年能节约270吨标准煤，直接降低企业运营成本170万元。

2020年以来，我国部分工业企业面临经营压力。为帮助企业纾困发展，政府陆续出台了一系列为企业降低成本的政策措施，通过降低用能用地用工成本等为企业送上"真金白银"。政府在从外部为企业"减负"的同时，也想方设法激活企业降成本的内生动力。企业以节能改造为突破口，通过降低能耗，节约生产成本，短期看能纾困，长远看有利于其在提质增效的道路上轻装前行。只有内外兼顾、双管齐下，企业才能真正为高质量发展积蓄力量。

党的二十大报告强调，推动绿色发展，促进人与自然和谐共生。大自然是人类赖以生存发展的基本条件。尊重自然、顺应自然、保护自然，是全面建设社会主义现代化国家的内在要求。

当前，绿色发展已成为提升企业竞争力的重要手段，特别是在推动全球气候治理的当下，以工业节能诊断为抓手，让节能监察与节能服务相辅相成，才能涌现出更多在绿色制造上具有全球竞争力的一流工业企业。

任务二　成本性态分析

微课6-2

成本性态分析

一、成本性态的概念

成本性态亦称成本习性，是指成本与业务量之间的相互依存关系。这里的业务量是对企业在一定的生产经营期内投入或完成的工作量的统称，如投产量、产出量、销售量、销售收入、人工工时、机器工时等。开展成本性态分析，就是要明确成本与业务量之间的内在联系，借以把握业务量变动对各类成本变动的影响。成本性态分析是管理会计对成本进行预测、决策、控制和考核的先决条件。

二、成本的分类

按成本性态分类，成本可分为固定成本、变动成本和混合成本三大类。

（一）固定成本

1. 概念

固定成本是指在一定时期和一定业务量范围内，成本总额不随业务量变动而增减变动，而单位成本则随着业务量的增加而相对减少的成本。例如，行政管理人员工资、房屋租金、广告费、财产保险费、按直线法计提的固定资产折旧费等属于固定成本。

2. 特征

固定成本的特征是：①在相关范围内，固定成本总额保持不变，不随业务量变动而变动；②在相关范围内，单位固定成本与业务量成反比例变动。

【例6-2-1】某企业采用直线法计提折旧。生产车间生产甲产品的专用设备每月计提折旧额为6 000元，最大生产能力为500件/月。产量在一定范围内变动对固定成本（月折旧额）的影响如表6-2-1所示。

表6-2-1　　　　　　　　　　固定资产折旧与甲产品产量的关系

产量/件	固定资产月折旧额/元	单位产品负担的折旧额/（元/件）
100	6 000	60
200	6 000	30
300	6 000	20
400	6 000	15
500	6 000	12

根据表6-2-1所列资料，产量变动对固定成本总额和单位固定成本的影响分别如图6-2-1和图6-2-2所示。

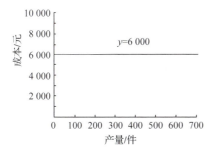

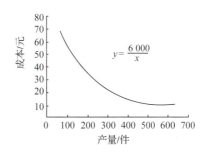

图6-2-1　固定成本总额与产量的关系　　　　图6-2-2　单位固定成本与产量的关系

3. 分类

固定成本按其是否受管理当局短期决策行为的影响，可以进一步细分为约束性固定成本和酌量性固定成本。

（1）约束性固定成本。约束性固定成本是指在日常经营活动中，企业管理当局短期决策行为很难控制并改变其数额的固定成本。这类成本反映的是形成和维持企业最起码生产经营能力的成本，也是企业经营业务必须负担的最低成本，又称经营能力成本。例如，厂房和机器设备的折旧费、管理人员工资、保险费等，属于约束性固定成本。这类成本在相关范围内，通常固定不变，因此只能通过合理利用产能以降低单位固定成本。

（2）酌量性固定成本。酌量性固定成本是指在企业日常经营活动中，企业管理当局短期决策行为可以控制并改变其数额的固定成本。这类成本的发生额取决于管理当局根据企业的经营状况所做出的判断，又称选择性固定成本。例如，广告宣传费、职工培训费、研发费等，属于酌量性固定成本。这类成本是企业管理者在预算年度中按照实际经营情况，可以随时进行调整和变化的，这类成本可以通过精打细算、避免浪费来降低其总额。

（二）变动成本

1. 概念

变动成本是指在一定时期和一定业务量范围内，成本总额随业务量的变动成正比例变动，而单位成本保持不变的成本。例如，直接材料费用、产品包装费、计件工资等，属于变动成本。

2. 特征

变动成本的特征是：①变动成本总额随业务量的变动成正比例变动；②单位变动成本不随业务量变动而变动，保持固定不变。

【例6-2-2】某企业生产甲产品，单位产品消耗的直接材料费用为20元，生产车间最大生产能力为500件/月。产量在一定范围内变动对变动成本的影响如表6-2-2所示。

表6-2-2　　　　　　　　　　直接材料费用与甲产品产量的关系

产量/件	单位产品负担的直接材料费用/（元/件）	直接材料费用总额/元
100	20	2 000
200	20	4 000
300	20	6 000
400	20	8 000
500	20	10 000

根据表6-2-2所列资料，产量变动对变动成本总额和单位产品变动成本的影响分别如图6-2-3和图6-2-4所示。

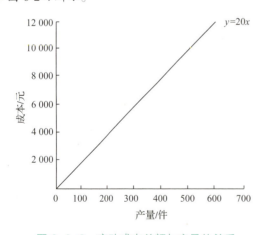

图6-2-3　变动成本总额与产量的关系

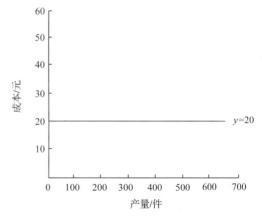

图6-2-4　单位变动成本与产量的关系

3. 分类

变动成本可以进一步分为技术性变动成本和酌量性变动成本。

技术性变动成本是指单位成本受客观因素决定、消耗量由技术性因素决定的那部分成本。这类成本的特征是只要生产就必然会发生，若不生产，就为零。这类成本只能通过技术革新或提高劳动生产率等来降低其单位成本。例如，生产产品所需要耗费的直接材料成本就是技术性变动成本。

酌量性变动成本是指单位成本不受客观因素决定，企业管理者可以改变其数额的那部分成本。这类成本的特征是单位成本的发生额可由企业最高管理层决定。例如，按销售收入的一定百分比支付的销售佣金、技术转让费等，就是酌量性变动成本。这类成本可以通过合理决策、控制开支、降低材料采购成本和优化劳动组合来降低。

阅读链接

成本性态分析

（三）混合成本

混合成本是指总额随业务量变动但是不成正比例变动的成本，它兼具固定成本和变动成本双重属性。例如，机器设备的维修费用、检验人员的工资就属于混合成本。

> ### 📝 随堂小测
>
> 1. 将全部成本分为固定成本、变动成本和混合成本所采用的分类依据是（　　　）。
>   A. 成本的经济职能　　　　　　　　B. 成本的性态
>   C. 成本的可追溯性　　　　　　　　D. 成本的目标
> 2. 在不改变企业生产经营能力的前提下，采取降低固定成本总额的措施通常是指降低（　　　）。
>   A. 约束性固定成本　　　　　　　　B. 酌量性固定成本
>   C. 单位固定成本　　　　　　　　　D. 半固定成本

三、总成本的函数模型

为便于进行预测和决策分析，弹性预算编制、变动成本计算、本量利分析等，在明确各种成本性态的基础上，要将企业的全部成本区分为固定成本和变动成本两大类，并建立相应的成本函数模型。

$$总成本 = 固定成本总额 + 变动成本总额$$
$$= 固定成本总额 + 单位变动成本 \times 业务量$$

若设 y 表示总成本，a 表示固定成本总额，b 表示单位变动成本，x 表示业务量，则总成本函数模型可表示为：$y=a+bx$。总成本模型如图 6-2-5 所示。

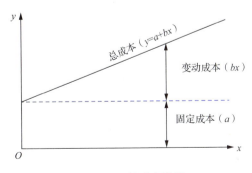

图 6-2-5　总成本模型

知识拓展

工业企业的
变动成本与
固定成本

四、混合成本的分解

在实践中，许多成本项目同时兼有固定成本和变动成本性质，并不能直接区分为固定成本或变动成本，而是表现为混合成本。这种成本同业务量之间的关系不是很清晰，人们无法据以对成本与业务量之间的依存关系做出正确的分析与判断，不能满足企业内部管理的需要。因此，必须对混合成本进行分解。混合成本的分解方法主要包括直接观察法、技术测定法、资料分析法。直接观察法和技术测定法可以通过直接分析认定，资料分析法则需要借助数学方法进行分解。下面重点讲解资料分析法。

资料分析法也叫历史成本分析法，是指企业根据过去若干时期的成本与业务量资料，运用数学方法进行数据处理，从而完成混合成本分解的一种定量分析方法。该方法要求企业历史资料齐全，成本数据与业务量的资料要同期配套，具备相关性。常用的资料分析法有高低点法、散布图法、回归分析法。

（一）高低点法

高低点法是指企业以过去某一会计期间的总成本和业务量资料为依据，从中选取业务量最高点和最低点，将总成本进行分解，推算出总成本中固定成本和变动成本金额的一种方法。采用高低点法分解混合成本，需要利用总成本的公式：$y=a+bx$。通过选取的最高点和最低点两组数据，求出直线方程，将成本分解为固定成本和变动成本两部分。

高低点法的具体步骤如下。

（1）选择最高点（$x_高, y_高$）和最低点（$x_低, y_低$）坐标。

（2）将最高点和最低点坐标代入成本公式 $y=a+bx$ 中，求出 b 值。

$$\begin{cases} y_高 = a + bx_高 & ① \\ y_低 = a + bx_低 & ② \end{cases}$$

① − ② 得到 $b = \dfrac{y_高 - y_低}{x_高 - x_低}$

（3）将 b 值代入①或②中，求出固定成本 a。$a = y_高 - bx_高$ 或 $a = y_低 - bx_低$。

（4）根据 a 与 b 的计算结果，建立成本模型：$y=a+bx$。

【例 6-2-3】某企业 7—12 月产量及成本资料如表 6-2-3 所示。

表 6-2-3　　　　　　　　　　　　　某企业 7—12 月产量及成本

项目	7月	8月	9月	10月	11月	12月
产量/件	600	800	900	700	1 000	1 200
总成本/元	1 700	2 000	2 250	1 950	2 550	2 900

从表 6-2-3 中可知，7 月的业务量 600 件为最低业务量，12 月的业务量 1 200 件为最高业务量，将 7 月和 12 月的数据代入公式中得到：

b =（2 900−1 700）÷（1 200−600）=2

a =2 900−2×1 200=500 或 a =1 700−2×600=500

y =500+2x

✎ **提示**

高低点法计算较为简单，但由于它只选择了诸多历史资料中的两期数据作为计算依据，因而代表性较差，计算结果不太可靠。这种方法一般适用于成本变化比较稳定的企业。

在应用高低点法进行成本性态分析时，选择高点坐标的依据是（　　　　）。

A. 最高的业务量
B. 最高的成本
C. 最高的业务量和最高的成本
D. 最高的业务量或最高的成本

（二）散布图法

散布图法又称目测画线法、布点图法，是指将企业一定时期内的业务量以及与之相对应的混合成本的历史数据标注在坐标图上，通过目测画一条尽可能接近所有坐标点并能反映成本变动趋势的直线，据此来推算固定成本和单位变动成本的一种方法。

散布图法的优点是考虑了所获得的全部历史数据，比高低点法更为可靠，而且形象直观、易于理解、代表性较强、准确程度较高；缺点是直线位置主要靠目测确定，容易出现人为误差，得出不同的固定成本和单位变动成本，从而影响计算结果的准确性。

（三）回归分析法

回归分析法是指企业根据过去一定期间的业务量和混合成本的历史数据资料，应用数学上最小二乘法原理精确计算混合成本中的固定成本和单位变动成本。其原理是从散布图中找到一条直线，使该直线与由全部历史数据形成的散布点之间的误差平方和最小，这条直线在数理统计中称为"回归直线"。其步骤如下。

（1）找到 n 期的历史资料数据。

（2）用列表法对历史资料加工，求出 n、$\sum x$、$\sum y$、$\sum xy$、$\sum x^2$。

（3）按照公式求值。

（4）建立混合成本模型。

计算公式如下。

$$b = \frac{n\sum xy - \sum x \sum y}{n\sum x^2 - (\sum x)^2}$$

$$a = \frac{\sum y - b\sum x}{n}$$

【例6-2-4】沿用【例6-2-3】的资料。请采用回归分析法对该企业的成本进行分解并建立混合成本模型。

解： 首先将表6-2-3中的资料进行整理，得到的相关资料如表6-2-4所示。

表6-2-4　　　　　　　　　　　　　　相关资料

月份	x	y	x^2	xy	y^2
7	600	1 700	360 000	1 020 000	2 890 000
8	800	2 000	640 000	1 600 000	4 000 000
9	900	2 250	810 000	2 025 000	5 062 500
10	700	1 950	490 000	1 365 000	3 802 500
11	1 000	2 550	1 000 000	2 550 000	6 502 500
12	1 200	2 900	1 440 000	3 480 000	8 410 000
合计	5 200	13 350	4 740 000	1 2040 000	30 667 500

将整理好的数据代入公式中，得：

$$b = \frac{6 \times 12\,040\,000 - 5\,200 \times 13\,350}{6 \times 4\,740\,000 - 5\,200 \times 5\,200} = 2.01$$

$$a = \frac{13\,350 - 2.01 \times 5\,200}{6} = 483$$

代入 a、b 值，建立混合成本模型为：$y = 483 + 2.01x$

回归分析法的优点是计算结果更为精确、科学，缺点是计算较为复杂，该方法主要适用于采用计算机管理的企业。

任务三 变动成本法

微课6-3

变动成本法认知

在会计实务中，成本计算主要有两方面的目的，一是为编制财务报表，二是为管理决策提供成本信息，由此产生了两种不同类型的成本计算方法，即完全成本法和变动成本法。在财务会计中，主要采取完全成本法计算成本；在管理会计中，则主要采用变动成本法计算成本。

一、完全成本法与变动成本法的概念

完全成本法亦称吸收成本法，是指成本按经济用途划分为基础，在计算产品成本时，将生产过程中发生的全部生产成本（包括直接材料、直接人工、制造费用）计入产品成本，而将非生产成本（包括管理费用、销售费用、财务费用）作为期间费用在当期损益中扣减的一种成本计算方法。

变动成本法亦称直接成本计算法，是指以成本性态分析为前提条件，仅将生产过程中消耗的变动生产成本（包括直接材料、直接人工、变动制造费用）作为产品成本的构成内容，而将与产品产销量无直接关系的固定制造费用与其他固定成本一起作为期间费用，直接由当期收益予以补偿。

> ✏️ **提示**
>
> 由上述概念可以看出，变动成本法与完全成本法的主要不同之处就是将固定制造费用列为期间费用，由当期的销售收入补偿。

变动成本法的理论依据是：产品成本与其生产量密切相关，在生产工艺没有发生实质性变化以及成本水平保持不变的条件下，产品成本总额应当与完工的产品数量成正比例变动。因此，只有变动生产成本才构成产品成本。固定制造费用是为企业提供一定的生产经营条件并保持生产能力而发生的费用，与产品的实际产量并没有直接联系，不会随产量的变动而发生变动，但它们却随企业生产经营持续期间的长短而增减，产生的效益随时间的推移而消逝，故不应递延到下一个会计期间，而应当在费用发生的当期作为期间成本，全额列入利润表，作为当期收益的减除项目。

变动成本法不符合会计准则的要求，不能用来编制对外报表，但它给企业内部的管理，包括决策、控制和业绩考核等都带来了很大的方便，因而变动成本法已成为企业内部管理的一种重要方法。

二、变动成本法与完全成本法的比较

微课6-4

变动成本法的应用

（一）应用的前提条件不同

变动成本法以成本性态分析为前提条件，将全部成本划分为变动成本和固定成本两大类。尤其是要把具有混合成本性态的制造费用按照与业务量的关系分解为变动制造费用和固定制造费用两部分，只把与业务量关系密切、随业务量的变化而成正比例变动的那部分成本作为生产成本计入产品成本，而把与业务量无直接关系的固定制造费用作为期间成本。

完全成本法按经济用途分为生产成本和非生产成本。发生在车间，为生产产品而支付的全部生产成本均计入产品成本；而发生在行政管理部门和销售环节的与生产产品没有直接关系的生产经营管理费用，则归属于非生产成本，作为期间成本计入当期损益。变动成本法与完全成本法应用前提比较见表6-3-1。

表 6-3-1 变动成本法与完全成本法应用前提比较

变动成本法	完全成本法
变动成本：	生产成本：
变动生产成本	直接材料
变动非生产成本	直接人工
	制造费用
固定成本：	期间费用（非生产成本）：
固定生产成本（固定制造费用）	销售费用
固定非生产成本	管理费用

（二）产品成本与期间成本的构成内容不同

变动成本法下，产品成本仅包括变动生产成本，固定生产成本和变动非生产成本则全部作为期间费用处理。在完全成本法下，产品成本则包括全部生产成本，只有非生产成本作为期间费用处理。变动成本法、完全成本法中的产品成本和期间成本构成见表6-3-2。

表 6-3-2 变动成本法、完全成本法中的产品成本和期间成本构成

项目	变动成本法		完全成本法	
产品成本	变动生产成本	直接材料	生产成本	直接材料
		直接人工		直接人工
		变动制造费用		制造费用
期间成本		固定制造费用	非生产成本	管理费用
		管理费用		销售费用
		销售费用		

> 📒 **随堂小测**
>
> 1. 构成变动成本法产品成本内容的是（   ）。
>   A. 变动成本   B. 固定成本   C. 生产成本   D. 变动生产成本
> 2. 变动成本法下，变动非生产成本包括（   ）。
>   A. 变动制造费用   B. 变动管理费用   C. 变动销售费用   D. 变动财务费用

【例6-3-1】某企业只生产一种产品，2×23年成本、单价、业务量有关资料为：单位产品的直接材料、直接人工、变动制造费用分别是3元/件、2元/件、1元/件，单位产品售价为20元/件，全月固定制造费用40 000元。单位变动管理及销售费用1元/件，全月固定管理费用5 000元，固定销售费用10 000元。假设期初存货为零，本期产量为10 000件，销售量8 500件。请用变动成本法和完全成本法计算产品生产成本。

解：计算结果如表6-3-3所示。

表 6-3-3 变动成本法与完全成本法成本构成比较

完全成本法			变动成本法		
成本项目	总成本 / 元	单位成本 /（元 / 件）	成本项目	总成本 / 元	单位成本 /（元 / 件）
直接材料	30 000	3	直接材料	30 000	3
直接人工	20 000	2	直接人工	20 000	2
变动制造费用	10 000	1	变动制造费用	10 000	1
固定制造费用	40 000	4			
合计	100 000	10	合计	60 000	6

从表 6-3-3 中可以看出，按变动成本法计算的单位产品成本是 6 元 / 件，比按完全成本法计算的单位产品成本减少 4 元 / 件。二者产生差异的原因是：在变动成本法下，固定制造费用没有计入产品成本，总成本降低 40 000 元，导致单位产品成本减少 4（40 000÷10 000）元 / 件。

（三）期末存货成本水平不同

在完全成本法下，固定制造费用需计入产品成本。如果期末存货不为零，则固定制造费用需要在本期销货和期末存货之间进行分配，其中一部分固定制造费用转化为本期的销售成本抵减本期的利润，而另一部分固定制造费用被期末存货吸收而递延至下期。

在变动成本法下，由于产品成本仅按变动生产成本计算，而将固定制造费用全部作为期间成本处理，因而，无论是在产品、产成品还是已销售产品都只包含变动成本，即期末存货都是按变动生产成本计价的。这样，变动成本法的存货成本必然小于完全成本法的存货成本。

【例 6-3-2】 承【例 6-3-1】，请用两种方法计算期末存货成本和本期销货成本。

解： 按变动成本法计算时，期末存货成本 = 期末存货数量 × 本期单位产品成本 =1 500×6=9 000（元）；本期销货成本 = 期初存货成本 + 本期生产成本 - 期末存货成本 =60 000-9 000=51 000（元）或 8 500×6=51 000（元）。

按完全成本法计算时，期末存货成本 =1 500×10=15 000（元）。本期销货成本 =100 000-15 000=85 000（元）或 8 500×10=85 000（元）。

（四）税前利润计算的程序不同

（1）完全成本法下的税前利润计算程序和公式。

$$销售收入 - 销售成本 = 销售毛利$$
$$销售毛利 - 期间费用 = 税前利润$$

其中：
$$销售成本 = 期初存货成本 + 本期生产成本 - 期末存货成本$$
$$期间费用 = 销售费用 + 管理费用 + 财务费用$$

（2）变动成本法下的税前利润计算程序和公式。

$$销售收入 - 变动成本 = 边际贡献$$
$$边际贡献 - 固定成本 = 税前利润$$

其中：
$$变动成本 = 变动生产成本 + 变动非生产成本$$

变动生产成本 = 按变动成本法计算的本期销货成本
$$= 期初存货成本 + 本期变动生产成本 - 期末存货成本$$
$$= 期初存货数量 × 上期单位产品变动生产成本 + 本期产量 × 本期单位产品变动生产$$
成本 - 期末存货量 × 本期单位产品变动生产成本

假设前后各期单位产品变动生产成本不变，则：
$$变动生产成本 = 单位变动生产成本 × 销售量$$
$$变动非生产成本 = 单位变动非生产成本 × 销售量$$
$$固定成本 = 固定生产成本 + 固定管理费用 + 固定销售费用$$

（五）利润表的格式不同

在完全成本法下，利润表是按照完全成本法下税前利润的计算程序和公式编制的职能式利润表；而在变动成本法下，利润表是按照变动成本法下税前利润的计算程序和公式编制的贡献式利润表。

【例6-3-3】 承【例6-3-1】，请分别按两种方法编制利润表。

解： 按两种方法所编制的利润表如表6-3-4所示。

表6-3-4　　　　　　　　　　　　　　　　**两种方法下的利润表**　　　　　　　　　　　　　　　　单位：元

完全成本法——职能式利润表		变动成本法——贡献式利润表	
销售收入（20×8 500）	170 000	销售收入（20×8 500）	170 000
减：销售成本		减：变动成本	
期初存货成本	0	变动生产成本（6×8 500）	51 000
本期生产成本（10×10 000）	100 000	变动管理费用（1×8 500）	8 500
本期可供销售成本	100 000	变动销售费用（1×8 500）	8 500
减：期末存货成本（10×1 500）	15 000	变动成本总额	68 000
本期销售成本总额	85 000	边际贡献	102 000
销售毛利	85 000	减：固定成本	
减：期间成本		固定制造费用	40 000
管理费用（5 000+1×8 500）	13 500	固定管理费用	5 000
销售费用（10 000+1×8 500）	18 500	固定销售费用	10 000
期间成本总额	32 000	固定成本总额	55 000
税前利润	53 000	税前利润	47 000

💡 **想一想**

从表6-3-4中可知，变动成本法计算出的税前利润比完全成本法计算的税前利润少6 000元，为什么会产生这样的差异？

从表6-3-4可以看出，两种方法计算出来的税前利润是不同的，相差6 000元。这是因为期末产品存货为1 500件，在变动成本法下每件按6元计价，而在完全成本法下每件按10元计价，每件包含了4元的固定制造费用，因而期末1 500件的存货共包含固定制造费用6 000元，从而在完全成本法下减少了6 000元的销售成本，导致完全成本法下的税前利润比变动成本法下的税前利润多出6 000元。

三、两种成本法下税前利润产生差异的变动规律

如前所述，两种成本计算方法对固定制造费用的处理方式不同，计算出的税前利润可能出现差异。下面就不同产销量关系下两种成本计算方法可能对税前利润的影响以及原因展开进一步分析。

【例6-3-4】 某公司只生产一种产品，该产品近3年的产销业务量资料如表6-3-5所示。

表6-3-5　　　　　　　　　　　　　　　　　　**产销量情况**　　　　　　　　　　　　　　　　　单位：件

项目	第1年	第2年	第3年
期初存货量	0	0	2 000
本期生产量	10 000	10 000	10 000
本年销售量	10 000	8 000	12 000
期末存货量	0	2 000	0

假设：

（1）每年的生产量为完工产量，无期初、期末在产品；

（2）每年的销售量中不存在销售退回、折让和折扣问题；

（3）各期单位变动成本和固定成本总额不变、售价不变；

（4）存货计价采用先进先出法。

该公司成本及售价资料如表6-3-6所示。

表6-3-6　　　　　　　　　　　　成本及售价资料

项目	数据	项目	数据
单位售价/（元/件）	50	每期固定制造费用/元	50 000
单位产品直接材料/（元/件）	15	单位变动非生产成本/（元/件）	1
单位产品直接人工/（元/件）	10	每期固定非生产成本/元	30 000
单位产品变动制造费用/（元/件）	5		

要求：

（1）计算完全成本法和变动成本法下的单位产品成本；

（2）按完全成本法和变动成本法计算近3年的税前利润；

（3）分析两种方法下税前利润产生差异的原因。

解：（1）计算单位产品成本。

变动成本法下，单位产品成本＝单位产品直接材料＋单位产品直接人工＋单位产品变动制造费用＝15+10+5=30（元/件）。

完全成本法下，单位产品成本＝单位产品直接材料＋单位产品直接人工＋单位产品变动制造费用＋单位产品固定制造费用＝15+10+5+$\frac{50\ 000}{10\ 000}$=35（元/件）。

（2）两种方法计算的税前利润如表6-3-7和表6-3-8所示。

表6-3-7　　　　　　　　按完全成本法编制的税前利润表　　　　　　　　单位：元

项目	第1年	第2年	第3年	合计
销售收入	500 000	400 000	600 000	1 500 000
减：销售成本				
期初存货	0	0	70 000	70 000
本期生产成本	350 000	350 000	350 000	1 050 000
可供销售的产品成本	350 000	350 000	420 000	1 120 000
减：期末存货	0	70 000	0	70 000
销售成本总额	350 000	280 000	420 000	1 050 000
销售毛利	150 000	120 000	180 000	450 000
减：期间费用	40 000	38 000	42 000	120 000
税前利润	110 000	82 000	138 000	330 000

表6-3-8　　　　　　　　按变动成本法编制的税前利润表　　　　　　　　单位：元

项目	第1年	第2年	第3年	合计
销售收入	500 000	400 000	600 000	1 500 000
减：变动成本				
变动生产成本	300 000	240 000	360 000	900 000
变动非生产成本	10 000	8 000	12 000	30 000
变动成本合计	310 000	248 000	372 000	930 000
边际贡献	190 000	152 000	228 000	570 000
减：固定成本				
固定生产成本	50 000	50 000	50 000	150 000
固定非生产成本	30 000	30 000	30 000	90 000
固定成本合计	80 000	80 000	80 000	240 000
税前利润	110 000	72 000	148 000	330 000

（3）将表6-3-7和表6-3-8对比分析如下。

① 第1年，两种成本计算方法计算的税前利润相等，均为110 000元。这是因为，期初、期末存货量相等，本期生产量等于销售量。这种情况下，完全成本法下结转到当期损益的固定制造费用与变动成本法下结转到当期损益的固定制造费用相等，所以，两种方法计算的税前利润相等。因此，得出结论：当生产量等于销售量时，两种方法计算的税前利润相等。

② 第2年，完全成本法计算的税前利润比变动成本法计算的税前利润多10 000元。这是因为，本期生产量为10 000件，销售量为8 000件，产生期末存货2 000件，而每件产品单位成本中完全成本法比变动成本法多5（50 000÷10 000）元。因此，按完全成本法计算，本期已销产品8 000件只负担了50 000元固定制造费用的40 000元，剩下的10 000元被期末存货吸收，将转入下一会计年度。也就是说，完全成本法下结转到当期损益的固定制造费用只有40 000元，而变动成本法下，无论产销量如何变化，固定制造费用50 000元均在当期直接计入损益，所以按完全成本法计算的税前利润就比按变动成本法计算的税前利润多10 000元。因此，得出结论：当生产量大于销售量时，完全成本法计算的税前利润多。

③ 第3年，完全成本法计算的税前利润比变动成本法计算的税前利润少10 000元。这是因为，期初存货量为2 000件，本期生产量为10 000件，销售量为12 000件，期末存货量为0。采用完全成本法把上一年转来的期初存货2 000件所包含的固定制造费用10 000（2 000×5）元转为了本期的销售成本，结转到了当期损益中，因此按完全成本法计入当期损益的固定制造费用为60 000（10 000+50 000）元；而按变动成本法计入当期损益的固定制造费用只为50 000元。所以完全成本法计算的税前利润比变动成本法计算的税前利润少10 000元。因此，得出结论：当生产量小于销售量时，变动成本法计算的税前利润多。

④ 从连续的3个会计年度看，两种成本计算方法计算确定的税前利润总和相等，均为330 000元，这是因为本例中3年的产销量和均为30 000件。因此，两种方法的3年净利润之和相等。从长期来看，企业的产销应该趋于一致，期初、期末存货量平衡，固定制造费用总额不需要流转，在两种成本计算方法中均是全额扣除计入损益的，所以，两种成本计算方法计算确定的税前利润总和相等。

⑤ 两种方法税前利润的调整见表6-3-9。

表6-3-9 两种方法下税前利润的调整 单位：元

项目	第1年	第2年	第3年	合计
完全成本法下税前利润	110 000	82 000	138 000	330 000
减：期末存货中的固定制造费用	0	10 000	0	10 000
加：期初存货中的固定制造费用	0	0	10 000	10 000
变动成本法下税前利润	110 000	72 000	148 000	330 000

📝 **随堂小测**

1. 如果某期按变动成本法计算的营业利润为6 000元，该期产量为2 000件，销售量为1 000件，期初存货为零，固定制造费用总额为4 000元，则按完全成本法计算的营业利润为（　　）元。

    A. 0   B. 2 000

    C. 6 000   D. 8 000

2. 某公司最近3年按变动成本法计算的营业利润分别为20 000元、25 000元、30 000元，则下面表述中正确的是（　　）。

    A. 第1年的销售量最大

    B. 第2年的销售量最大

    C. 第3年的销售量最大

    D. 第2年的销售量比第1年的销售量小

阅读链接

变动成本法的应用

四、完全成本法和变动成本法的优缺点

（一）完全成本法的优缺点

完全成本法的优点如下。

（1）能鼓励企业重视生产，提高产品产量。因为在完全成本法下，产品成本包括固定制造费用，产量越大，单位产品固定制造费用就越低，使整个单位产品成本下降，从而刺激企业提高产品产量的积极性。

（2）产品成本计算和存货计价完整。产品成本是为生产一定种类、一定数量的产品所发生的各种耗费的总和。因此，产品成本应该包括为生产产品而发生的所有变动成本和固定成本。完全成本法计算的产品成本符合这一特点。

（3）有利于企业编制对外报表。完全成本法能提供完整的成本资料，可以直接用来编制对外的财务会计报表，不需要进一步加工处理。

完全成本法的缺点如下。

（1）不适应企业预测、短期决策和编制弹性预算的需要。在完全成本法下，成本未按成本性态分为变动成本和固定成本，使企业管理者在进行预测、短期决策和编制弹性预算时难以直接获得资料，而必须通过分析处理才能据以规划、控制企业的经营活动。

（2）易使企业片面追求高产量、高产值。在完全成本法下，通过提高产量可以降低成本，在销售量不变甚至下降的情况下，其计算的税前利润仍可能会增加，因此可能导致企业盲目生产，形成产品积压。

（3）需要分摊固定制造费用，而且其分摊方法和分摊标准受会计人员主观判断的影响较大，计算烦琐，结果不准确。

（二）变动成本法的优缺点

变动成本法的优点如下。

（1）能够促使企业重视销售，防止盲目生产。采用变动成本法计算利润，在售价、单位变动成本不变的条件下，税前利润直接与产品销售量挂钩，从而促使企业重视销售环节，搞好销售预测，做到以销定产，避免因盲目生产而带来的损失。

（2）有利于企业加强成本控制和正确地进行行业绩评价。采用变动成本法，产品变动成本不受固定成本的影响，因而变动成本的升降能反映供应部门和生产部门的工作业绩。

（3）能提供对企业管理层预测和短期决策有用的信息。变动成本法所提供的变动成本信息能帮助企业管理层实施本量利分析，有利于预测经营前景、规划未来。

（4）能简化成本计算。变动成本法下，把固定制造费用列为期间费用，不需要在成本计算对象之间进行分配，大大简化了间接费用的分配过程，避免了间接费用分配中的主观随意性。

变动成本法的缺点如下。

（1）不能反映产品生产过程中的全部耗费。变动成本法下，固定制造费用被直接计入当期损益，因此计算的单位产品成本不是完全的产品成本。

（2）不能适应长期决策的需要。变动成本法以成本性态分析为前提，单位变动成本和固定成本总额仅在短期内和相关范围内保持稳定，而长期来看则肯定要变化，因此不适合长期决策。

任务四　标准成本法

标准成本法是指预先制定成本标准，并将实际成本与标准成本进行比较，揭

微课6-5

标准成本认知

示成本差异，分析差异产生的原因，明确经济责任，消除差异，并据以加强成本控制的一种成本计算和成本控制系统。采用标准成本法的前提是预先制定标准成本，重点是成本差异的计算分析，目的是加强成本控制。标准成本法的具体流程如图 6-4-1 所示。

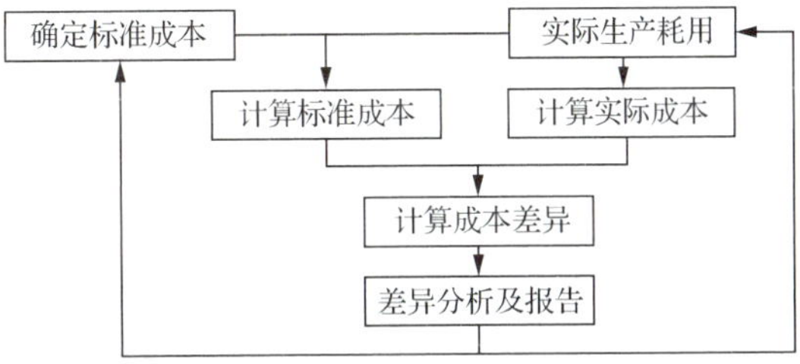

图 6-4-1　标准成本法的流程

一、标准成本概述

（一）标准成本的含义

所谓标准成本，是通过充分的调查、分析与技术测定而制定的，在目前生产技术水平和正常生产经营的条件下生产某种产品应发生的成本。它基本排除了不应该发生的浪费，是一种"应该成本"。

在实际工作中，"标准成本"一词有两层含义。

（1）单位产品的标准成本，又称为"成本标准"，是根据单位产品的标准消耗量和标准单价计算出来的。

$$成本标准 = 单位产品标准成本 = 单位产品标准消耗量 \times 标准单价$$

（2）实际产量下的标准成本，它等于产品的实际产量和单位产品标准成本之积。

$$实际产量下的标准成本 = 实际产量 \times 单位产品标准成本$$

（二）标准成本的类型

标准成本通常有以下类型。

1. 理想标准成本和正常标准成本

按照制定所根据的生产技术和经营管理水平，标准成本可分为理想标准成本和正常标准成本。

（1）理想标准成本。理想标准成本是最高要求的标准成本，它是以企业的生产技术和经营管理、设备的运行和工人的技术水平都处于最佳状态为基础确定的单位产品的成本。这种标准成本排除了机器可能的故障、材料可能发生的浪费以及工人的不熟练等。这种标准成本由于太完美，一般情况下，企业员工无论如何努力都达不到，这会严重挫伤员工的积极性，产生负效应。因此，这种标准成本在实际中很少被采用，但作为成本管理的追求目标还是有意义的。

（2）正常标准成本。正常标准成本是指在效率良好的条件下，根据下期一般应该发生的生产要素消耗量、预计价格和预计生产经营能力利用程度制定出来的标准成本。该标准成本考虑了生产经营过程中难以避免的损耗和低效率，在管理效率优良的状态下，要达到这种标准不是没有困难的，但只要员工肯付出努力，还是可能达到的。从具体数量上来看，正常标准成本应大于理想标准成本，但又低于历史平均水平，因而可以调动员工的积极性，并实事求是地进行业绩评价。

2. 基本标准成本和现行标准成本

按照适用期，标准成本可分为基本标准成本和现行标准成本。

（1）基本标准成本。基本标准成本是指一经制定，只要生产的基本条件无重大变化，就不予变动的一种标准成本。所谓生产的基本条件的重大变化，是指产品的物理结构变化、重要原材料和劳动力价格的重要变化、生产技术和工艺的根本变化等。只有这些条件发生变化，基本标准成本才需要修订。市场供求变化导致的售价变化和生产经营能力利用程度的变化、工作方法改变而引起的效率变化等，不属于生产的基本条件变化，对此不需要修订基本标准成本。基本标准成本与各期实际成本对比，可反映成本变动的趋势。由于基本标准成本不按各期实际修订，不宜用来直接评价工作效率和成本控制的有效性。

（2）现行标准成本。现行标准成本指根据其适用期间应该发生的价格、效率和生产经营能力利用程度等预计的标准成本。在这些决定因素变化时，需要按照改变了的情况加以修订。这种标准成本可以成为评价实际成本的依据，也可以用来对存货和销货成本计价。

二、标准成本制定

微课6-6

标准成本的制定

　　标准成本一般由会计部门会同采购部门、技术部门和其他有关的经营管理部门，在对企业生产经营的具体条件进行分析、研究和技术测定的基础上共同制定。标准成本包括用量标准和价格标准两部分，用量标准的潜在来源主要有历史经验、工艺研究及生产操作人员意见，价格标准由生产、采购、人事和会计部门共同负责。

　　产品成本由直接材料、直接人工和制造费用三个项目组成，所以，在制定产品标准成本时，必须先制定上述三个项目的标准成本，将直接材料标准成本、直接人工标准成本、制造费用标准成本相加，即为单位产品的标准成本。无论制定哪个项目的标准成本，首先必须确定其用量标准和价格标准，两者相乘，即得到该项目的标准成本。因此，单位产品标准成本的计算公式如下。

$$单位产品标准成本 = 直接材料标准成本 + 直接人工标准成本 + 制造费用标准成本$$
$$= \sum（用量标准 \times 价格标准）$$

（一）直接材料标准成本的制定

　　要制定直接材料的标准成本，首先要确定直接材料的用量标准和价格标准。

　　直接材料的用量标准是指在现有生产技术条件和正常经营条件下，生产单位产品所需的各种直接材料的数量。它包括构成产品实体的材料和有助于产品形成的材料，以及生产过程中必要的损耗和难以避免的损失所耗用的材料，如定额内的废品损失、产品整理挑选损耗等。直接材料的用量标准一般应根据科学的统计调查，以技术分析为基础计算确定，一般由生产部门，会同技术、财务、信息等部门制定。

　　直接材料的价格标准通常采用企业编制的计划价格，它通常以订货合同的价格为基础，并考虑未来物价、供求等各种变动因素后，按材料种类分别计算。直接材料的价格标准包括买价、运杂费、保险费、包装费、检验费和运输途中合理损耗等成本费用。直接材料的价格标准一般由财务部门、采购部门等共同制定。

　　当某产品消耗的直接材料不止一种时，应按照材料种类分别确定其各自在单位产品中的用量标准和价格标准，然后进行汇总，求出单位产品的直接材料标准成本。具体计算公式如下。

$$直接材料标准成本 = \sum（某种材料用量标准 \times 该种材料的价格标准）$$

　　【例6-4-1】某企业预计2×22年A产品消耗两种材料，其直接材料资料及标准成本如表6-4-1所示。

表6-4-1 　　　　　　　　　　　　A产品直接材料标准成本

标准	甲材料	乙材料
价格标准		
发票单价／（元／千克）	1	4
装卸检验费／（元／千克）	0.07	0.28
运费／（元／千克）	0.3	0.4
运输途中的合理损耗／（元／千克）	0.03	0.02
单位材料标准价格／（元／千克）	1.4	4.7
用量标准		
单位产品图纸用量／（千克／件）	3	2
单位产品允许损耗量／（千克／件）	0.3	0.2
单位产品标准用量／（千克／件）	3.3	2.2
成本标准		
甲材料成本标准／（元／件）	4.62	—
乙材料成本标准／（元／件）	—	10.34
单位产品直接材料标准成本／（元／件）	14.96	

📝 **随堂小测**

某企业甲产品消耗直接材料，其中：B 材料价格标准为 4 元 / 千克，用量标准为 6 千克 / 件；A 材料价格标准为 2 元 / 千克，用量标准为 8 千克 / 件。则甲产品消耗直接材料的标准成本为（　　　）。

A. 24 元 　　　　 B. 6 元 　　　　 C. 40 元 　　　　 D. 16 元

（二）直接人工标准成本的制定

直接人工标准成本，由直接人工用量标准和直接人工价格标准共同决定。直接人工用量标准表现为工时用量标准，直接人工价格标准表现为标准工资率。

$$直接人工标准成本 = 标准工时 \times 标准工资率$$

直接人工用量标准指的是在现有的生产技术条件下，生产单位产品所需花费的必要时间。它包括对产品的直接加工工时，必要的间歇或停工工时，以及不可避免的废品所耗费的时间等。工时用量标准一般由生产、技术、财务、信息等部门运用特定的技术测定方法和分析统计资料后确定。

直接人工价格标准，即标准工资率，指的是每一标准工时应分配的薪酬数额。在计件工资下，标准工资率是预定的每件产品支付的薪酬除以标准工时；在计时工资下，标准工资率等于标准使用期间的预定工资总额（标准工资总额）与预计作业时间（标准总工时）的比值，即：

$$标准工资率 = \frac{标准工资总额}{标准总工时}$$

【例 6-4-2】某企业生产的 A 产品经过两道工序加工而成，2×22 年的直接人工标准成本制定如表 6-4-2 所示。

表 6-4-2　　　　　　　　　　A 产品直接人工标准成本

标准	第一道工序	第二道工序
生产工人数 / 人	20	50
每人每月工时 / 小时	176	176
每月总工时 / 小时	3 520	8 800
每月工资总额 / 元	70 400	88 000
标准工资率 / (元 / 小时)	20	10
加工时间 / (小时 / 件)	0.5	0.4
调整设备时间 / (小时 / 件)	0.1	0.1
工间休息时间 / (小时 / 件)	0.1	0.1
标准工时 / (小时 / 件)	0.7	0.6
工序直接人工标准成本 / (元 / 件)	14	6
单位产品直接人工标准成本 / (元 / 件)	20	

📝 **随堂小测**

A 公司是制造企业，生产 M 产品，生产工人每月工作 22 天，每天工作 8 小时，平均月薪 5 280 元。该产品的直接加工必要时间为每件 9 小时，正常工作间休息和设备调整等非生产时间为每件 0.4 小时，正常的废品率为 6%。单位产品直接人工标准成本是（　　　）元 / 件。

A. 300 　　　　 B. 320 　　　　 C. 350 　　　　 D. 400

（三）制造费用标准成本的制定

制造费用的标准成本按部门分别编制，然后将同一产品涉及的各部门制造费用标准成本加以汇总。制造费用根据成本性态可以分为变动制造费用和固定制造费用，前者随产量而变动，后者在一定产量范围内，保持相对固定。制定制造费用标准成本时，要分别制定变动制造费用标准成本和固定制造费用标准成本。

变动制造费用标准成本由变动制造费用用量标准和价格标准共同决定。变动制造费用用量标准类似于直接人工用量标准，通常采用单位产品直接人工工时标准（在直接人工标准成本制定时已经确定），有的企业采用机器工时或其他数量标准；价格标准是每一工时变动制造费用的金额，根据变动制造费用预算和标准总工时（一般为直接人工总工时）计算求得。公式如下。

$$变动制造费用标准分配率 = 变动制造费用预算总额 \div 直接人工标准总工时$$

$$变动制造费用标准成本 = 变动制造费用标准分配率 \times 标准工时$$

【例 6-4-3】某企业生产的 A 产品经过两个车间加工，其制定的 2×22 年变动制造费用的标准成本如表 6-4-3 所示。

表 6-4-3　　　　　　　　　　　　A产品变动制造费用标准成本

部门	第一车间	第二车间
变动制造费用 / 元：		
运输费	1 000	2 100
电费	800	3 400
材料费	2 400	2 000
人工费	2 000	3 900
燃料	440	1 400
其他	400	400
合计	7 040	13 200
直接人工工时 / 小时	3 520	8 800
变动制造费用标准分配率 / (元 / 小时)	2	1.5
单位产品标准工时 / (小时 / 件)	0.7	0.6
变动制造费用标准成本 / (元 / 件)	1.4	0.9
单位产品变动制造费用标准成本 / (元 / 件)	2.3	

固定制造费用标准成本对采用变动成本法计算产品的企业而言，不需要制定；对于采用完全成本法计算产品成本的企业而言，则需要确定。固定制造费用的用量标准与变动制造费用的用量标准一致，其价格标准是每一工时固定制造费用的标准分配率。公式如下。

$$固定制造费用标准分配率 = 固定制造费用预算总额 \div 直接人工标准总工时$$

$$固定制造费用标准成本 = 固定制造费用标准分配率 \times 标准工时$$

【例 6-4-4】某企业生产的 A 产品经过两个车间加工，其制定的 2×22 年固定制造费用的标准成本如表 6-4-4 所示。

表 6-4-4　　　　　　　　　　　　A产品固定制造费用标准成本

部门	第一车间	第二车间
固定制造费用 / 元：		
折旧费	400	2 600
管理人员工资	2 400	5 200
间接人工	500	2 800
保险费	100	1 000

续表

部门	第一车间	第二车间
其他	120	1 600
合计	3 520	13 200
直接人工工时 / 小时	3 520	8 800
固定制造费用分配率 / (元 / 小时)	1	1.5
单位产品标准工时 / (小时 / 件)	0.7	0.6
部门固定制造费用标准成本 / (元 / 件)	0.7	0.9
单位产品固定制造费用标准成本 / (元 / 件)	1.6	

将表 6-4-1、表 6-4-2、表 6-4-3 和表 6-4-4 的结果汇总，得到 A 产品的单位产品标准成本卡，如表 6-4-5 所示。

表 6-4-5　　　　　　　A 产品的单位产品标准成本卡

成本项目	用量标准	价格标准	标准成本
直接材料：			
甲材料	3.3 千克 / 件	1.40 元 / 千克	4.62 元 / 件
乙材料	2.2 千克 / 件	4.70 元 / 千克	10.34 元 / 件
直接材料合计	—	—	14.96 元 / 件
直接人工：			
第一车间	0.7 小时 / 件	20 元 / 小时	14 元 / 件
第二车间	0.6 小时 / 件	10 元 / 小时	6 元 / 件
直接人工合计	—	—	20 元 / 件
制造费用：			
变动制造费用（第一车间）	0.7 小时 / 件	2 元 / 小时	1.4 元 / 件
变动制造费用（第二车间）	0.6 小时 / 件	1.5 元 / 小时	0.9 元 / 件
变动制造费用合计	—	—	2.3 元 / 件
固定制造费用（第一车间）	0.7 小时 / 件	1 元 / 小时	0.7 元 / 件
固定制造费用（第二车间）	0.6 小时 / 件	1.5 元 / 小时	0.9 元 / 件
固定制造费用合计	—	—	1.6 元 / 件
单位产品标准成本合计	—	—	38.86 元 / 件

三、成本差异的计算及分析

在标准成本制度下，成本差异是对管理当局非常重要的一项管理信息，它可以反映企业成本控制的效果，同时有助于发现问题、改进工作，促成产品成本的降低。

所谓成本差异，是指一定时期生产一定数量的产品所发生的实际成本与相关的标准成本之间的差额，其计算公式如下。

成本差异 = 实际产量下实际成本 - 实际产量下标准成本

成本差异金额大于零，则为不利差异；小于零，则为有利差异。成本差异可以分为直接材料成本差异、直接人工成本差异、制造费用成本差异三个部分。根据成本习性，可将成本差异分为变动成本差异和固定制造费用成本差异，在后续内容中，将会对它们分别进行分析。由于成本项目的实际数额取决于实际用量和实际价格，标准数额取决于标准用量和标准价格，所以成本差异可以归结为价格脱离标准形成的价格差异和用量脱离标准形成的数量差异两个部分，具体如下。

微课 6-7

制造费用差异的计算及分析

成本差异＝实际产量下实际成本－实际产量下标准成本

　　　　＝实际数量×实际价格－标准数量×标准价格

　　　　＝实际数量×实际价格－实际数量×标准价格＋实际数量×标准价格－标准数量×标准价格

　　　　＝实际数量×（实际价格－标准价格）＋（实际数量－标准数量）×标准价格

　　　　＝价格差异＋数量差异

　　价格差异由材料单价、小时工资率或小时费用率等价格因素脱离标准形成，在计算时要以实际数量为准。数量差异由于材料的用量、人工工时等数量因素脱离标准形成，在计算时要以标准价格为准。

（一）变动成本的成本差异计算及分析

1. 直接材料成本差异的计算及分析

　　直接材料成本差异是指直接材料实际成本减去实际产量下直接材料标准成本的差额，由直接材料用量差异和直接材料价格差异两个部分组成，具体如下。

直接材料成本差异＝实际产量下实际成本－实际产量下标准成本

　　　　　　　＝实际用量×实际价格－实际产量下标准用量×标准价格

　　　　　　　＝直接材料用量差异＋直接材料价格差异

直接材料用量差异＝（实际用量－实际产量下标准用量）×标准价格

直接材料价格差异＝实际用量×（实际价格－标准价格）

　　企业要认真分析直接材料成本差异形成的原因，找出问题的症结，在以后成本管理过程中予以改善，对于有利差异，也要进行分析，在以后继续发扬。一般而言，直接材料用量差异由生产部门负责，但并不一定都是生产部门负责，所以要具体分析。造成直接材料用量差异的原因很多，主要有疏忽造成废品废料增加、工人用料不精心、操作技术改进节约材料、购入材料质量低劣、产品设计结构等。直接材料价格差异是由于材料实际价格脱离标准价格而形成的，其原因较为复杂，比如供应厂家价格变动、按经济采购批量进货、紧急订货、违反合同被罚、运输方式变动等，都可能导致直接材料价格差异。由于材料价格差异与采购部门关系更为密切，所以一般应由采购部门负责。

　　【例 6-4-5】江南制造厂 9 月生产 A 产品 400 件，使用材料 2 500 千克，材料单价为 0.55 元 / 千克；直接材料的单位产品标准成本为 3 元 / 件，即每件产品耗用 6 千克直接材料，每千克材料的标准价格为 0.5 元。要求：计算直接材料价格差异、直接材料用量差异和直接材料成本差异。

　　解： 直接材料价格差异＝实际用量×（实际价格－标准价格）=2 500×（0.55-0.5）=125（元）

直接材料用量差异＝标准价格×（实际用量－实际产量下标准用量）=0.5×（2 500-400×6）=50（元）

直接材料成本差异＝直接材料价格差异＋直接材料用量差异 =125+50=175（元）

> **✎ 随堂小测**
>
> 　　本月企业生产产品 4 000 件，实际耗用材料 16 000 千克，实际价格为每千克 20 元。该耗用材料的用量标准为 3 千克 / 件，标准价格为 22.5 元 / 件，其直接材料用量差异为（　　）元。
>
> 　　A. 80 000　　　　　B. 90 000　　　　　C. -40 000　　　　　D. -30 000

2. 直接人工成本差异的计算及分析

　　直接人工成本差异是指实际直接人工成本与实际产量下标准直接人工成本之间的差额。根据直接人工成本差异形成的原因，可将其分为量差和价差两个部分。量差叫作直接人工效率差异，指按标准工资率和实际工时计算的人工成本与按标准工资率和标准工时计算的人工成本之间的差额；价差称为直接人工工资率差异，是实际发生的直接人工与按实际工时和标准工资率计算的标准直接人工数额之间的差额。有关计算公式如下。

微课6-8

直接费用差异
的计算及分析

直接人工成本差异＝实际直接人工成本－实际产量下标准直接人工成本

　　＝实际工时×实际工资率－实际产量下标准工时×标准工资率＝直接人工效率
差异＋直接人工工资率差异

直接人工效率差异＝（实际工时－实际产量下标准工时）×标准工资率

直接人工工资率差异＝实际工时×（实际工资率－标准工资率）

　　直接人工效率差异形成的原因很多，例如生产工人技术、生产计划安排、工作环境、生产设备状况等，其主要责任在生产部门。直接人工工资率差异形成原因比较复杂，工资制度的变动、工人的升级降级、加班或临时工的增减、生产工人调度不当等，都可能产生工资率差异。一般而言，直接人工工资率差异的责任不在生产部门，劳动人事部门更应该对其负责。

　　【例6-4-6】江南制造厂9月生产A产品400件，实际使用工时890小时，支付工资4539元；直接人工的标准成本是10元/件，即每件产品标准工时为2小时，标准工资率为5元/小时。要求：计算直接人工工资率差异、直接人工效率差异和直接人工成本差异。

　　解：直接人工工资率差异＝实际工时×（实际工资率－标准工资率）=890×（4539÷890-5）=89（元）

直接人工效率差异＝标准工资率×（实际工时－实际产量标准工时）

　　＝5×（890-2×400）=450（元）

直接人工成本差异＝直接人工工资率差异＋直接人工效率差异=89+450=539（元）

3. 变动制造费用成本差异的计算及分析

　　变动制造费用成本差异（变动制造费用的差异）是指实际产量下实际发生的变动制造费用与实际产量下的标准变动制造费用的差异，由量差和价差两部分组成。量差称为变动制造费用效率差异，价差称为变动制造费用耗费差异。相关计算公式如下。

变动制造费用成本差异＝实际变动制造费用－实际产量下标准变动制造费用

　　＝实际工时×变动制造费用实际分配率

　　－实际产量下标准工时×变动制造费用标准分配率

　　＝变动制造费用效率差异＋变动制造费用耗费差异

变动制造费用效率差异＝（实际工时－实际产量下标准工时）×变动制造费用标准分配率

变动制造费用耗费差异＝实际工时×（变动制造费用实际分配率－变动制造费用标准分配率）

　　变动制造费用效率差异是指实际工时脱离标准工时，按标准的小时费用率计算确定的金额，反映工作效率变化引起的费用节约或超支，其形成原因与直接人工效率差异形成原因基本相同。变动制造费用耗费差异是指实际发生的变动制造费用数额与按实际工时和变动制造费用标准分配率计算的标准变动制造费用数额之间的差额，反映耗费水平的高低，其形成原因有预算估计错误、间接材料价格变化、间接人工工资变化、间接材料质量低劣等。

　　【例6-4-7】江南制造厂9月生产A产品400件，实际使用工时890小时，实际发生变动制造费用2225元；变动制造费用标准成本为4元/件，即每件产品标准工时为2小时，标准的变动制造费用分配率为2元/小时。要求：计算变动制造费用效率差异、变动制造费用耗费差异及变动制造费用成本差异。

　　解：变动制造费用效率差异＝变动制造费用标准分配率×（实际工时－标准工时）

　　=2×（890-800）=180（元）

变动制造费用耗费差异＝实际工时×（变动制造费用实际分配率－变动制造费用标准分配率）

　　=890×（2225÷890-2）=445（元）

变动制造费用成本差异＝变动制造费用效率差异＋变动制造费用耗费差异=180+445=625（元）

📝 **随堂小测**

某产品工时消耗定额为 4 小时，变动制造费用标准分配率为 6 元 / 小时。本月生产产品 1 200 件，实际使用工时 4 000 小时，实际发生变动制造费用 16 000 元。则变动制造费用效率差异为（   ）元。

    A．-8 000   B．-9 600   C．-3 200   D．-4 800

（二）固定制造费用成本差异计算及分析

固定制造费用成本差异是指实际固定制造费用与实际产量下的标准固定制造费用之间的差额。其计算公式如下。

    固定制造费用成本差异 = 实际产量下实际固定制造费用 - 实际产量下标准固定制造费用

                 = 实际工时 × 实际分配率 - 实际产量下标准工时 × 标准分配率

       标准分配率 = 固定制造费用预算总额 ÷ 预算产量下标准总工时

由于固定制造费用相对固定、实际产量与预算产量的差异会对单位产品所应承担的固定制造费用产生影响，所以，固定制造费用成本差异的分析有其特殊性，分为两因素分析法和三因素分析法。

1. 两因素分析法

两因素分析法下，将固定制造费用成本差异分为预算差异和能量差异。预算差异，又称耗费差异，指固定制造费用的实际金额与预算金额之间的差额。能量差异，指固定制造费用预算与标准成本之间的差额。计算公式具体如下。

    耗费（预算）差异 = 实际固定制造费用 - 预算产量下标准固定制造费用

               = 实际固定制造费用 - 工时标准 × 预算产量 × 标准分配率

               = 实际固定制造费用 - 预算产量下标准工时 × 标准分配率

    能量差异 = 预算产量下标准固定制造费用 - 实际产量下标准固定制造费用

          = 预算产量下标准工时 × 标准分配率 - 实际产量下标准工时 × 标准分配率

          = （预算产量下标准工时 - 实际产量下标准工时）× 标准分配率

【例 6-4-8】江南制造厂 9 月生产 A 产品 400 件，发生固定制造费用 1 424 元，实际工时为 890 小时；企业生产能量为 500 件即 1 000 小时；每件产品固定制造费用标准成本为 3 元 / 件，标准工时为 2 小时，标准分配率为 1.5 元 / 小时。要求：计算固定制造费用的耗费差异、能量差异。

    解：耗费差异 = 实际固定制造费用 - 预算产量下标准工时 × 标准分配率

              = 1 424 - 1 000 × 1.5 = -76（元）

    能量差异 = 预算产量下标准工时 × 标准分配率 - 实际产量下标准工时 × 标准分配率

          = 1 000 × 1.5 - 400 × 2 × 1.5 = 300（元）

耗费差异产生的原因有：①车间管理人员工资调整；②公用价格上涨；③折旧方法改变；④保险费用调整；等等。能量差异一般是由开工不足、生产能量发挥不充分所致，原因主要有：①市场萎缩，订单减少；②机械故障，停工修理；③燃料能源短缺，开工不足；④人员技术水平低下，不能充分发挥设备能力；等等。

2. 三因素分析法

三因素分析法是在两因素分析法的基础上，进一步将两因素分析法中的能量差异分解为效率差异和闲置能量差异（又称为产量差异）。所以，在三因素分析法下，固定制造费用成本差异可以分为耗费差异、效率差异、闲置能量差异。其中，耗费差异与两因素分析法下的耗费差异相同，效率差异由实际工时脱离标准工时形成，闲置能量差异由实际工时未达到生产能量而形成。相关计算公式如下。

$$耗费（预算）差异 = 实际固定制造费用 - 预算产量下标准固定制造费用$$
$$= 实际固定制造费用 - 工时标准 \times 预算产量 \times 标准分配率$$
$$= 实际固定制造费用 - 预算产量下标准工时 \times 标准分配率$$
$$效率差异 = （实际工时 - 实际产量下标准工时）\times 标准分配率$$
$$闲置能量差异 = （预算产量下标准工时 - 实际工时）\times 标准分配率$$

【例6-4-9】江南制造厂9月生产A产品400件，发生固定制造费用1 424元，实际工时为890小时；企业生产能量为500件即1 000小时；每件产品固定制造费用标准成本为3元/件，标准工时为2小时/件，标准分配率为1.5元/小时。要求：计算固定制造费用的效率差异、闲置能量差异。

解： 效率差异 =（实际工时 - 实际产量下标准工时）× 标准分配率 =（890-400×2）×1.5=135（元）

闲置能量差异 =（预算产量下标准工时 - 实际工时）× 标准分配率 =（1 000-890）×1.5=165（元）

标准成本差异分析是企业规划与控制的重要手段，可用于加强企业的成本管理。通过标准成本差异分析，企业管理人员可以进一步揭示实际执行结果与标准不同的深层次原因。标准成本差异分析的结果，可以凸显实际生产经营活动中存在的不足或标准成本制定的不合理之处，这对企业持续降低产品成本、明确划分责任以及提高经营效率，都有十分重要的意义。

四、标准成本法的评价及适用范围

（一）标准成本法的优缺点

标准成本法的主要优点是：一是能及时反馈各成本项目不同性质的差异，有利于考核相关部门及人员的业绩；二是标准成本的制定及其差异和动因的信息可以使企业预算的编制更为科学和可行，有助于企业的经营决策。

标准成本法的主要缺点是：一是要求企业产品的成本标准比较准确、稳定，在使用条件上存在一定的局限性，二是对标准管理水平要求较高，系统维护成本较高；三是标准成本需要根据市场价格波动频繁更新，导致成本差异可能缺乏可靠性，降低成本控制效果。

（二）标准成本法的适用范围

企业应用标准成本法，要求处于较稳定的外部市场经营环境，且市场对产品的需求相对平稳。企业应成立由采购、生产、技术、营销、财务、人力资源、信息等有关部门组成的跨部门团队，负责标准成本的制定、分解、下达、分析等。企业能够及时、准确地取得标准成本制定所需要的各种财务和非财务信息。

阅读链接

成本管理方法创新实例

任务五　作业成本法

微课6-9

作业成本法概述

一、作业成本法产生的背景

在20世纪后期，现代管理会计出现了许多重大变革，并取得了引人注目的新进展。这些新进展都是围绕管理会计如何为企业塑造核心竞争能力而展开的。以"作业"为核心的作业成本法便是其中之一。科学技术和社会经济环境发生的重大变化，必然会影响企业成本核算方法。

（一）技术背景和社会背景

20世纪70年代以来，高新技术和电子信息技术蓬勃发展，全球竞争日趋激烈。为提高生产率、降低成本、改善产品质量，企业的产品设计与制造工程师开始采用计算机辅助设计、辅助制造，最终发展为依托计算机的一体化制造系统，实现了生产领域的高度计算机化和自动化。

随后，计算机的应用延伸到了企业经营的各个方面，从订货开始，到设计、制造、销售等环节，均由计算机控制，企业成为受计算机控制的各个子系统的综合集合体。计算机化控制系统的建立，引发了管理观念和管理技术的巨大变革，准时制生产系统应运而生。准时制生产系统的实施，使传统成本计算与成本管理方法受到强烈的冲击，并直接导致了作业成本法的形成和发展。

高新技术在生产领域的广泛应用，极大地提高了劳动生产率，促进了社会经济的发展，随之，人们可支配收入增加，追求生活质量的要求也越来越高。人们不再热衷于大众型消费，转而追求彰显个性的差异化消费品。社会需求的变化，必然对企业提出新的、更高的要求。与此相适应，柔性制造系统取代追求规模经济的大批量传统生产就成了历史的必然。

这样，适应产品品种单一化、常规化、数量化和批量化的传统成本计算赖以存在的社会环境就不存在了，变革传统的成本管理方法已是大势所趋。

（二）传统成本计算方法的不适应性

传统成本核算中，产品生产成本主要由直接材料、直接人工、制造费用构成，其中制造费用属于间接费用，必须按一定标准将其分配计入有关产品。传统成本计算方法通常以直接人工成本、直接人工工时、机器工时等作为制造费用的分配标准，这种方法在过去的制造环境下是比较适宜的。

20世纪70年代以后，生产过程高度自动化，随之，制造费用构成内容和金额发生了较大变化，与直接人工成本逐渐失去了相关性。随着技术和社会环境的巨变，传统成本计算方法逐渐显现出固有的缺陷，变得越来越不合时宜了，主要体现在以下几个方面：

（1）制造费用激增，直接人工费用下降，成本信息可信性受到质疑；

（2）与工时无关的费用增加，歪曲了成本信息；

（3）简单的分配标准导致成本转移问题出现，成本信息失真。

正是在上述因素的综合作用下，以作业为基础的成本计算方法——作业成本法应运而生，并引起了人们的极大关注。

二、作业成本法的含义

作业成本法是以"作业消耗资源、产出消耗作业"为原则，按照资源动因将资源费用追溯或分配至各项作业，计算出作业成本，然后再根据作业动因，将作业成本追溯或分配至各成本对象，最终完成成本计算的成本管理方法。

作业成本法认为，企业的全部经营活动是由一系列相互关联的作业组成的，企业每进行一项作业都要耗用一定种类和一定数量的资源，而企业生产的产品（包括提供的服务）需要通过一系列的作业来完成。因此，产品成本实际上就是企业生产该产品的全部作业所消耗的资源的总和。

生产经营导致作业发生，作业耗用资源，产品耗用作业，从而导致产品成本发生。因此，在计算产品成本时，首先按经营活动中发生的各项作业来归集成本，计算作业成本；然后按各项作业与成本对象（产品、服务或活动）之间的因果关系，将作业成本追溯到成本对象，最终完成成本计算过程。

三、作业成本法的相关概念

要理解作业成本法，首先必须了解其使用的一些特有概念。

（一）资源费用

资源费用，是指企业在一定期间内开展经济活动所发生的各项资源耗费。资源费用既包括房屋及建筑物、设备、材料、商品等有形资源的耗费，也包括信息、知识产权、土地使用权等无形资源的耗费。为便于将资源费用直接追溯或分配至各作业中心，还可以按照资源与不同层次作业的关系，将资源分为以下五类。

（1）产量级资源：包括为单个产品（或服务）所取得的原材料、零部件、人工、能源等。

（2）批别级资源：包括用于生产准备、机器调试的人工等。

（3）品种级资源：包括为生产某一种产品（或服务）所需要的专门化设备、软件和人力等。

（4）客户级资源：包括为特定客户所需要的专门化设备、软件和人力等。

（5）设施级资源：包括土地使用权、房屋及建筑物，以及所保持的不受产量、批别、产品、服务和客户变化影响的人力资源等。

对产量级资源费用，应直接追溯至各作业中心的产品等成本对象。对其他级别的资源费用，应选择合理的资源动因，按照各作业中心的资源动因量比例，分配至各作业中心。企业为执行每一种作业所消耗的资源费用的总和，构成该种作业的总成本。

（二）作业

作业，是企业基于特定目的重复执行的任务或活动，是连接资源和成本对象的桥梁。作业是汇集资源耗费、分配计算成本的对象。从技术角度看，作业是企业生产过程中的各工序和环节；但从管理角度看，作业是基于一定的目的、以人为主体、消耗一定资源的特定范围内的工作。作业应具备如下特征：①作业是以人为主体的一项工作；②作业消耗一定的资源，作业是员工所做的工作，必然要消耗各种人力和物质资源；③区分不同作业的标志是作业目的。可以将企业的制造过程按不同环节的目的划分为若干项作业，每项作业中，员工负责完成自己职权内的工作。描述作业时可以采取一个行为动词加一个宾语的做法，如加工零件、检验产品、生产准备、运输物料、编写数控代码、验收材料、包装产品等。

一项作业既可以是一项非常具体的任务或活动，也可以泛指一类任务或活动。从不同的角度出发，作业有不同的分类。

（1）按消耗对象不同，作业可以分为主要作业和次要作业。主要作业是被产品、服务或客户等最终成本对象消耗的作业。次要作业是被原材料、主要作业等介于中间地位的成本对象消耗的作业。例如，产品设计与改良属于企业技术部门的主要作业，技术人员参加会议、进行专项培训则属于次要作业。

（2）按对客户价值的贡献，作业可以分为增值作业和非增值作业。增值作业是指能够给客户带来附加价值，从而为企业带来利润的作业，它们是制造产品所必需的作业。非增值作业是指即使消除也不影响产品对客户服务的潜能，不必要的或可以消除的作业。因而，从满足客户和社会需要的角度来看，非增值作业是一种浪费，企业将此类作业耗费计入期间费用。例如，企业内部产品的搬运作业、质量损失等，属于非增值作业。

（3）按受益对象、层次和重要性，作业可分为以下五类。

① 产量级作业，是指明确地为个别产品（或服务）实施的、使单个产品（或服务）受益的作业。该类作业的数量与产品（或服务）的数量成正比例变动，包括加工产品、检验产品等作业。

② 批别级作业，是指为一组（或一批）产品（或服务）实施的、使该组（或批）产品（或服务）受益的作业。该类作业的发生是由生产的批量数而不是单个产品（或服务）引起的，其数量与产品（或服务）的批量成正比变动，包括设备调试、生产准备等。

③ 品种级作业，是指为生产和销售某种产品（或服务）实施的、使该种产品（或服务）的每个单位都受益的作业。该类作业用于产品（或服务）的生产或销售，但独立于实际产量或批量，其数量与品种的多少成正比例变动。该类作业包括新产品设计、现有产品质量与功能改进、生产流程监控、工艺变换需要的流程设计、产品广告等。

④ 客户级作业，是指为服务特定客户所实施的作业。该类作业保证企业将产品（或服务）销售给个别客户，但作业本身与产品（或服务）数量独立。该类作业包括向个别客户提供的技术支持活动、咨询活动、独特包装等。

⑤ 设施级作业，是指为提供生产产品（或服务）的基本能力而实施的作业。该类作业是开展业务的基本条件，其使所有产品（或服务）都受益，但与产量或销售量无关。该类作业包括管理作业、针对企业整体的广告活动等。

1. 下列项目中属于品种级作业的是（　　）。
   A. 产品设计　　　B. 折旧　　　　　C. 批量采购　　　D. 产品检验
2. 服务于每批产品并使每一批产品都受益的作业是（　　）。
   A. 产量级作业　　B. 品种级作业　　C. 客户级作业　　D. 批别级作业

（三）作业中心

作业中心是指一类相互关联的作业组成的作业集合。例如，在原材料采购环节，材料采购、材料检验、材料入库、材料仓储保管等各项作业都是相互联系的，因此，可将上述作业均归于材料处理作业中心。设置作业中心，一是为了寻找相同或相似工作的共性和规律，提高管理效率；二是方便对资源耗费价值进行归集，正确计算资源成本。

（四）成本动因

成本动因是指诱导成本发生的原因，是成本对象与其直接关联的作业和最终关联的资源之间的中介。成本动因通常以作业活动耗费的资源来度量。例如，产量增加时，直接材料成本就增加，产量是诱导直接材料成本发生的原因，即直接材料成本的动因；检验成本随着检验次数的增加而增加，检验次数就是诱导检验成本发生的原因，即检验成本的动因。在作业成本法下，成本动因是成本分配的依据，按其在资源流动中所处位置和作用，成本动因可分为资源动因和作业动因。

1. 资源动因

资源动因是引起资源耗用的成本动因，它反映了资源耗用与作业量之间的因果关系，是将资源费用分配到作业中心的标准。以"维修设备"作业为例，这项作业消耗的资源有零部件、工具、设备、人工和水电等。其中，零部件、工具、设备等材料可以直接追溯到"维修作业"，而人工和水电等无法直接追溯。这时就可以考虑使用"机器小时"这一资源动因来分配人工和水电费。因此这项作业的总成本就等于可直接追溯的资源成本与按资源动因分配的成本之和。企业一般应选择那些与资源费用总额成正比例关系变动的资源动因作为资源费用分配的依据。常见的资源动因见表6-5-1。

表 6-5-1　　　　　　　　　　　　　　　常见的资源动因

资源	资源动因
人工	消耗劳动时间
材料	消耗材料数量
动力	消耗电力数
房屋租金	使用房屋面积

2. 作业动因

作业动因是引起作业耗用的成本动因，反映了作业耗用与最终产出的因果关系，是将作业成本分配到流程、产品、分销渠道、客户等成本对象的依据。例如作业动因"维修工作小时数"可被用来将"维修设备"作业的成本进一步分配至成本对象。常见的作业及对应的成本动因如表6-5-2所示。

表 6-5-2　　　　　　　　　　　　　　常见的作业及对应的成本动因

作业	作业动因
调试设备	调试次数
包装产品	包装次数
检验产品	检验小时
采购材料	订单份数
使用机器	机器小时
搬运存货	搬运次数

📝 随堂小测

1. 根据作业成本法的原理可以将成本动因分为（　　　）。
   A. 产品动因　　　　B. 作业动因　　　　C. 资源动因　　　　D. 需求动因
2. 下列选项中，能够反映作业量与产品之间因果关系的是（　　　）。
   A. 资源动因　　　　B. 作业动因　　　　C. 产品动因　　　　D. 成本动因

四、作业成本法的基本原理

作业成本法下，费用的分配与归集是基于以下认识来进行的：①作业消耗资源，产品消耗作业；②生产导致作业的发生，作业导致成本的发生。作业成本法基本原理如图 6-5-1 所示。

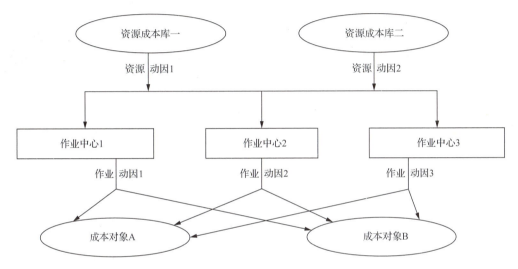

图 6-5-1　作业成本法基本原理

作业成本法对直接材料、直接人工等直接成本的核算与完全成本法一样，都采用直接追溯法计入产品成本。两者之间的区别主要在制造费用的分配上。完全成本法下制造费用先按部门归集，然后再采用一定的分配标准分配计入产品成本。作业成本法下对制造费用的分配采用动因追溯的方式进行。两者核算的差别如图 6-5-2 所示。

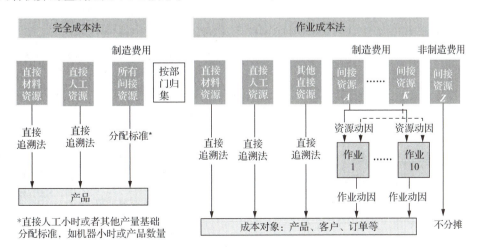

图 6-5-2　完全成本法与作业成本法核算的区别

五、作业成本法的核算程序

微课6-10

作业成本法的核算程序

　　（1）确认和计量各种资源费用，将资源费用归集到设立的各个资源库。

　　（2）定义和识别作业，并建立相应的作业中心。

　　（3）确定资源动因，计算资源动因分配率，进行作业成本归集，计算各项作业总成本。

$$资源动因分配率 = \frac{资源费用}{各作业消耗的资源动因数量}$$

某作业成本库中的资源费用 = 该作业成本库各作业消耗的资源动因数量 × 资源动因分配率

某作业成本库耗用的资源费用 = ∑（该作业成本库各作业消耗的资源动因数量 × 资源动因分配率）

　　（4）确定作业动因，计算作业动因分配率，归集各产品应负担的作业成本。

$$作业动因分配率 = \frac{作业成本}{该作业动因总量}$$

分配到成本对象的该项作业成本 = 该成本对象耗用的作业动因量 × 作业动因分配率

某成本对象耗用的作业成本 = ∑（该成本对象耗用的作业动因量 × 作业动因分配率）

　　（5）计算各成本对象的总成本和单位成本。

某成本对象总成本 = 直接追溯至该成本对象的资源费用 + 分配至该成本对象的各项作业成本之和

$$某成本对象的单位成本 = \frac{总成本}{完工产量}$$

随堂小测

　　某车间设备维修成本为 6 000 元，甲产品和乙产品的设备维修时间分别为 20 小时和 30 小时，其作业成本分配率为（　　）元/小时。

　　A. 120　　　　B. 100　　　　C. 300　　　　D. 200

六、作业成本法的应用

微课6-11

作业成本管理应用

　　【例6-5-1】某企业 11 月生产甲、乙两种产品：甲产品属于成熟的、大批量生产的产品，当月生产数量为 12 000 台；乙产品为针对顾客需要个性化设计的产品，共生产 1 000 台。两种产品的有关成本资料如表 6-5-3 所示。

表 6-5-3　　　　　　　　　　　　　　甲、乙产品的成本资料

项目	甲产品	乙产品	备注
生产工时 / 小时	24 000	6 000	
单位产品直接材料 /（元 / 台）	50	80	
小时工资率 /（元 / 小时）	10	10	
制造费用 / 元	150 000		按工时分配

按照传统成本核算方法，对制造费用按工时标准进行分配，成本核算结果如表 6-5-4 所示。

表 6-5-4　　　　　　　　　　传统核算方法下制造费用的分配

项目	甲产品	乙产品	备注
产量 / 台	12 000	1 000	
直接材料成本 / 元	600 000	80 000	
直接人工成本 / 元	240 000	60 000	
制造费用分配率 /（元 / 小时）	5		150 000÷（24 000+6 000）
制造费用 / 元	120 000	30 000	
总成本 / 元	960 000	170 000	
单位成本 /（元 / 台）	80	170	

经分析，该企业生产过程中所消耗的制造费用除了正常的机器设备的折旧、水电费等基本费用外，还有大量设备调试费用、质量检验费用、材料处理费用等。前面相关费用的发生与生产时间紧密相关，后面这些费用的发生，主要与发生的次数有关。对相关账簿记录进行分析、汇总后，制造费用的构成如表 6-5-5 所示。

表 6-5-5　　　　　　　　　　　　制造费用的构成

项目	金额 / 元	作业次数 / 次	备注
基本制造费用	70 000		按工时分配
设备调试费用	40 000	100	甲产品 20 次，乙产品 80 次
质量检验费用	25 000	2 500	甲产品 1 000 次，乙产品 1 500 次
材料处理费用	15 000	1 000	甲产品 300 次，乙产品 700 次
合计	150 000		

根据上述资料，采用作业成本法重新计算成本，其中基本制造费用按工时分配，设备调试费用按设备调试次数分配，质量检验费用按质量检验次数分配，材料处理费用按材料处理次数分配。制造费用重新分配的结果如表 6-5-6 所示，重新计算后甲、乙产品成本构成如表 6-5-7 所示（分配率保留小数点后两位，分配金额保留整数，尾差倒挤入乙产品）。

表 6-5-6　　　　　　　　　　　　制造费用重新分配结果

项目	金额 / 元	甲产品耗用量	乙产品耗用量	单位分配率	甲产品分配额 / 元	乙产品分配额 / 元
基本制造费用	70 000	24 000 小时	6 000 小时	2.33 元 / 小时	55 920	14 080
设备调试费用	40 000	20 次	80 次	400 元 / 次	8 000	32 000
质量检验费用	25 000	1 000 次	1 500 次	10 元 / 次	10 000	15 000
材料处理费用	15 000	300 次	700 次	15 元 / 次	4 500	10 500
合计	150 000				78 420	71 580

表 6-5-7 重新计算后甲、乙产品成本构成

项目	甲产品	乙产品	备注
产量 / 台	12 000	1 000	按作业成本法分配
直接材料成本 / 元	600 000	80 000	
直接人工成本 / 元	240 000	60 000	
制造费用 / 元	78 420	71 580	
总成本 / 元	918 420	211 580	
单位成本 / (元 / 台)	76.54	211.58	

上述计算结果表明,在传统成本计算法下甲产品的单位成本为 80 元 / 台,而作业成本计算法下甲产品单位成本为 76.54 元 / 台,每台单位成本下降了 3.46 元,下降的幅度为 4.33%。而乙产品在传统成本计算法下的单位成本为 170 元 / 台,作业成本计算法下的单位成本为 211.58 元 / 台,每台单位成本上升了 41.58 元,上升的幅度为 24.46%。从中可以看出,在传统成本计算方法下,甲产品的成本被高估,乙产品的成本被严重低估。甲产品作为一种大批量的产品,生产过程中设备调试、质量检验和材料处理的费用都相对较少,其相应的间接费用也就不多;但传统成本计算方法按单一的生产工时分配间接费用,甲产品因为产量大,生产所耗工时也就较多,分摊的间接费用多,从而造成了其成本的高估。乙产品作为一种个性化产品,其生产需要根据顾客的需要及时调整,造成生产过程中需要大量的设备调试、质量检验和材料处理,这些活动导致其需要耗费较多的间接费用;但其产量少,所耗费的生产工时相对较少,传统的成本计算方法采用生产工时分配间接费用,分配给乙产品的间接费用就比实际耗费的间接费用少,从而导致其成本被严重低估。

从本例可以看出,传统成本法下,小批量产品的成本容易被低估,产品成本信息失真,企业根据这些成本信息容易做出错误的决策。比如本例中,按照传统成本法计算的乙产品成本为 170 元 / 台,假设企业需要获得 20% 的毛利,则企业可能将乙产品的销售价格定在 204 元 / 台左右,表面上乙产品盈利较好。而实际上乙产品的成本为 211.58 元 / 台,乙产品事实上处于亏损状态,生产销售乙产品越多,企业亏损就越严重。采取作业成本法,由于按照成本动因来分配间接费用,成本计算的过程与成本实际耗费的过程基本一致,成本计算的准确性大大提高了,企业也就可以根据成本资料做出正确决策。

七、作业成本法的评价及适用范围

1. 作业成本法的优点

(1)能够提供更准确的各维度成本信息,有助于企业提高产品定价、作业与流程改进、客户服务等决策的准确性。

(2)改善和强化成本控制,促进绩效管理的改进和完善。

(3)推进作业基础预算,提升作业、流程、作业链(或价值链)管理的能力。

2. 作业成本法的缺点

部分作业的识别、划分、合并与认定,成本动因的选择以及成本动因计量方法的选择等均存在较大的主观性,操作较为复杂,开发和维护费用较高。

3. 作业成本法的适用范围

作业成本法一般适用于具备以下特征的企业:作业类型较多且作业链较长;同一生产线生产多种产品;企业规模较大且管理层对产品成本准确性要求较高;产品、客户和生产过程多样化程度较高;间接或辅助资源费用所占比重较大;等等。

> ### 阅读链接
>
> #### 作业成本法在酒店业的应用
>
> 　　上海物华假日酒店是集餐饮、旅游、商务、娱乐、购物于一体的综合性酒店。经济减速导致酒店市场整体下滑，酒店业蛋糕正在变小，上海物华假日酒店收入近年波动较为明显。分析发现，传统成本计算方法过于简单，产品成本信息严重失真，难以为酒店经营管理提供有效的决策信息。上海物华假日酒店通过确认和计量耗用酒店资源的所有作业，将耗用的资源成本准确地计入作业，然后选择作业成本动因，将所有作业成本分配计入成本对象（产品或服务），并分析如何利用作业成本法更好地进行酒店的决策。作业成本法的应用对于提高酒店经营管理水平和竞争力具有重要的现实意义，促进了酒店业的健康发展。

任务六　目标成本法

微课6-12

目标成本法概述

一、目标成本法的起源与发展

　　目标成本法起源于 20 世纪 60 年代的日本丰田汽车公司。20 世纪 80 年代，目标成本法开始被日本企业广泛应用，凭借价格优势，日本产品在欧美市场受到了热烈欢迎，促使欧美企业开始学习应用目标成本法；20 世纪 90 年代，我国邯郸钢铁总厂率先应用目标成本法，凭借该成本管理模式，1991 年至 1995 年 5 年间取得了净增 10 亿元的经济效益，从此掀起了全国学习目标成本法的热潮。尽管现在有了更先进的成本管理方法，但目标成本法凭其有效的成本管控仍得到企业的推广和应用。

二、目标成本法的概念

　　目标成本法是指在自由竞争的市场中，基于市场价格和企业期望利润确定产品的目标成本，从产品设计阶段开始的全生命周期里，通过各部门、各环节乃至上下游企业的通力合作实现目标成本的成本管理方法。与传统成本管理方法不同的是，目标成本法先确定产品的目标售价和目标利润，得出目标成本后再进行产品的研发设计和生产销售，着重于产品成本的事前控制。通常产品成本的 80% 由研发设计决定，所以目标成本法尤其注重产品的研发设计。同时，目标成本的实现需要依赖全过程和全员成本管理，即在产品的研发设计、材料采购、生产制造、销售推广和售后服务的整个过程中都需要注重对成本的管控。企业是由一个个员工构成的，企业目标的实现需要每一位员工的努力，上到高级管理人员，下到一线操作工人，只有全员都参与降低成本的任务中并被赋予一定的责任和义务，才能确保在上述流程中实现目标成本，目标成本法才会取得预期效果。

三、目标成本法的应用环境

　　并不是所有的企业、产品都适用目标成本法，企业应用目标成本法，应具备以下环境。

（一）外部环境

　　企业的产品处于比较成熟的买方市场，且产品在外观、性能、价值等方面具有多样性。卖方市场中，供小于求，企业占主导地位，可以通过提高售价获得更多的利润，企业此时无须花费较大的力气进行成本管控。而在买方市场，供大于求，消费者占主导地位，为了抢占市场，企业之间竞争非常激烈，产品的售价已不再是企业能够左右的了，企业能够做的就是管控成本。产品呈现出多样性，企业可以重新设计产品的功能、外观以满足不同消费者的需求。

（二）内部环境

（1）具有健全的成本管理制度。企业进行成本管控的前提是具有健全的成本管理制度，能够明确各部门的职责和成本核算原则，具有规范化的成本管理流程，可以充分利用现代化信息技术，及时、准确地获取与成本有关的财务和非财务信息。

（2）以客户为导向努力创造和提升客户价值。产品的价值体现在客户的购买和使用上，只有产品的功能和特性满足客户的需求，客户才会为此买单。因此，企业首先应该定位客户群体，通过客户需求调查了解其对产品质量、外观、功能等的要求，并以此引导成本分析。

（3）以成本降低或成本优化为主要手段，谋求成本优势。产品的成本大部分是由研发设计阶段决定的，目标成本法从产品研发设计阶段开始即进行成本管控，可以及时改进或重新设计产品工艺流程，通过严格把控各环节的成本，获取成本优势。

（4）成立跨部门团队。企业在进行目标成本的制定、分解、实施和考核之前，需要成立由企业各部门组成的跨部门团队。目标成本法的实施需要各部门进行频繁的沟通，成立跨部门团队可以及时下达指令，有利于汇集目标成本制定所需要的信息、科学合理地分解目标成本、高效有序地开展工作，从而缩短产品面向市场的时间。

（5）能够及时、准确获得所需的各项信息。目标成本的制定需要市场部门提供的竞争对手信息、市场信息，需要销售部门提供的产品分销方式等信息，需要生产部门提供的产品工艺、生产流程等技术信息，需要财务部门提供的产品成本构成等财务信息，只要其中有数据无法及时、准确获得，就会影响目标成本的制定，延长产品上市时间，甚至是无法设计出符合需求的产品。

> **随堂小测**
>
> 下列各项中，不属于对目标成本法应用环境要求的是（　　　）。
>
> A. 产品处于一个比较成熟的买方市场环境
>
> B. 产品呈现出比较明显的单一化特征
>
> C. 产品呈现出比较明显的多样化特征
>
> D. 企业能及时、准确地获得财务和非财务信息

四、目标成本法的应用程序

应用目标成本法一般需经过目标成本的设定、分解、达成到再设定、再分解、再达成多重循环，以持续改进产品方案。具体应用程序如图 6-6-1 所示。

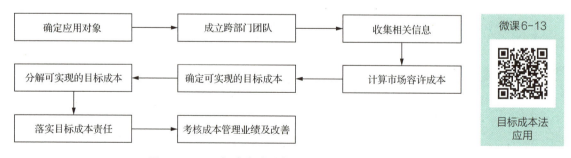

图 6-6-1　目标成本法的应用程序

微课6-13

目标成本法
应用

（一）确定应用对象

企业确定目标成本法的应用对象时应根据目标成本法的应用目标及其应用环境和条件，综合考虑产品的产销量和盈利能力等因素。下列产品比较适合作为应用对象。

（1）企业拟开发的新产品。

（2）功能与设计存在较大弹性空间、产销量较大且处于亏损状态或者盈利水平较低、对企业经营业绩具有重大影响的老产品。

> **随堂小测**
>
> 下列产品中，不适合使用目标成本法的是（　　）。
>
> A. 新开发的产品
>
> B. 产销量较大，且处于亏损状态的产品
>
> C. 产品呈现出较明显的多样化特征
>
> D. 产销量不大，且处于很好的盈利状态的产品

（二）成立跨部门团队

企业采用目标成本法的前提是成立一个管理水平较高的跨部门团队，在该团队下成立成本规划、成本设计、成本确认、成本实施等小组，各小组根据管理层授权协同合作完成相关工作。

（1）成本规划小组由业务及财务人员组成，负责设定目标利润，制定新产品开发或老产品改进方针，考虑目标成本等。该小组的职责主要是收集相关信息、计算市场驱动产品成本等。

（2）成本设计小组由技术及财务人员组成，负责确定产品的技术性能、规格，负责对比各种成本因素，考虑价值工程，进行设计图上成本降低或成本优化的预演等。该小组的职责主要是可实现目标成本的设定和分解等。

（3）成本确认小组由有关部门负责人、技术及财务人员组成，负责分析设计方案或试制品评价的结果，确认目标成本，进行生产准备、设备投资等。该小组的职责主要是可实现目标成本设定与分解的评价和确认等。

（4）成本实施小组由有关部门负责人及财务人员组成，负责确认实现成本策划的各种措施，分析成本控制中出现的差异，并提出对策，对整个生产过程进行分析、评价等。该小组的职责主要是落实目标成本责任、考核成本管理业绩等。

（三）收集相关信息

目标成本法的应用需要企业研究与开发、工程、供应、生产、营销、财务和信息等部门收集与应用对象相关的信息，这些信息一般包括以下内容。

（1）产品成本构成及料、工、费等财务和非财务信息。

（2）产品功能及设计、生产流程与工艺等技术信息。

（3）材料的主要供应商、供求状况、市场价格及其变动趋势等信息。

（4）产品的主要消费者群体、分销方式和渠道、市场价格及变动趋势等信息。

（5）本企业及同行业标杆企业产品盈利水平等信息。

（6）其他相关信息。

（四）计算市场容许成本

市场容许成本是指目标售价减去目标利润之后的余额。

企业通过市场调研获取市场需求信息、行业竞争者信息等，通过客户定位获取客户的个性化需求、支付意愿及消费能力，据此进行产品特性分析，制定新产品开发或老产品改进方针，确定产品的目标售价，再综合考虑企业利润预期、历史数据、竞争地位分析等因素确定目标利润，最后基于目标售价和目标利润计算市场容许成本。

【例6-6-1】光明文具公司地处资源丰富的地区，但由于管理和技术落后，产品研发能力较弱，其生产出同类产品的生产成本比同行业领头企业高58%～135%。光明文具公司效益较差，遇到了

生存危机。公司决定开发设计一种新型铅笔，并对其进行目标成本管理。光明文具公司根据 5 年的长期销售及利润计划，通过对市场充分的调查，最终确定新型铅笔的目标零售价格为 5 元／打，批发价定为 1.5 元／打，目标利润率为 16%。求新型铅笔的市场容许成本。

解： 市场容许成本 = 目标售价 - 目标利润

$$=1.5×（1-16\%）=1.26（元／打）$$

（五）确定可实现的目标成本

市场容许成本确定后，企业将市场容许成本与新产品设计成本或老产品当前成本进行比较，确定差异及成因，设定可实现的目标成本。

企业一般采用价值工程、拆装分析、流程再造、全面质量管理、供应链全程成本管理等措施和手段，寻求消除当前成本或设计成本偏离市场容许成本的措施，使市场容许成本转化为可实现的目标成本。

消除当前成本或设计成本偏离市场容许成本的措施可以采用以下办法：改进产品设计，改进生产工艺，寻找替代材料；使用先进的生产设备，提高工人的劳动生产率；加强设备维修，减少闲置设备；组织好生产经营活动。

【例 6-6-2】 沿用【例 6-6-1】的资料，新型铅笔可实现的目标成本由部件成本和加工成本构成。部件成本由供应商决定，加工成本由生产工艺决定。铅笔由石墨笔芯、木杆、涂料、橡皮擦和镶嵌橡皮擦的金属环构成。铅笔的加工过程由 7 个步骤构成。请根据现有的资料，对新型铅笔的成本进行估算，得出其每打成本构成。

解： 每打新型铅笔的成本构成如表 6-6-1 所示。

表 6-6-1　　　　　　　　　　　　新型铅笔成本构成　　　　　　　　　　　　单位：元／打

部件成本		加工成本	
涂料	0.10	制作石墨铅	0.10
木杆	0.10	锯削铅笔杆	0.20
石墨铅	0.06	铅笔杆开槽	0.05
金属环	0.25	制作毛坯笔	0.10
橡皮擦	0.24	涂饰毛坯笔	0.10
—	—	毛坯笔形状修整	0.05
—	—	镶嵌橡皮擦	0.15
小计	0.75		0.75

新型铅笔当前设计和生产技术制造成本 = 部件成本 + 加工成本 =0.75+0.75=1.5（元／打）。这比市场容许成本高 0.24 元／打。因此，为了使新型铅笔的成本达到可实现的目标成本，必须在当前成本的基础上降低 0.24 元／打。

光明文具公司采用了以下手段来降低每打的成本。①采用一种新型的涂刷方法，使得每打铅笔的涂料成本减少 0.02 元，涂刷人工成本减少 0.03 元，共节约 0.05 元。②在铅笔杆上锯削一些洞，以便使用者抓握，此举可以节约涂料成本 0.02 元／打。③用塑料环代替镶嵌橡皮擦的金属环。工程师们经过试验和探索，设计出了一种能镶嵌橡皮擦的塑料环，使得成本降低了 0.11 元／打。采取以上三种措施后，新型铅笔的可实现目标成本 =1.5-0.05-0.02-0.11=1.32（元／打）。

（六）分解可实现的目标成本

企业应按主要功能对可实现的目标成本进行分解，确定产品所包含的每一零部件的目标成本。在分解时，首先应确定主要功能的目标成本，然后寻求实现这种功能的方法，并把主要功能和主要功能级的目标成本分配给零部件，形成零部件级目标成本。同时，企业应将零部件目标成本转化为供应商的目标售价。

【例 6-6-3】沿用【例 6-6-2】的资料，新型铅笔的可实现目标成本为 1.32 元 / 打，离市场容许成本还差 0.06 元 / 打。光明文具公司着眼于零部件的供应商，把公司的成本压力传递到供应商。光明文具公司拟通过开发与供应商的协作关系来降低成本。光明文具公司通过与供应商的谈判及建立战略伙伴关系，涂料供应商答应降低涂料价格，使新型铅笔成本每打降低 0.01 元。木杆供应商降低木杆价格，使得木杆成本每打降低 0.01 元。橡皮擦供应商降低橡皮擦价格，使得橡皮擦的成本每打降低 0.04 元。至此，新型铅笔目标成本达到 1.26 元 / 打，其中的零部件成本和加工成本如表 6-6-2 所示。

表 6-6-2　　　　　　　　　　　　　新型铅笔成本构成　　　　　　　　　　　　　单位：元

项目	原每打成本	减少量	当前每打成本
零部件成本：			
涂料	0.10	0.05	0.05
木杆	0.10	0.01	0.09
石墨铅	0.06	—	0.06
金属环	0.25	0.11	0.14
橡皮擦	0.24	0.04	0.20
小计	0.75	0.21	0.54
加工成本：			
制作石墨铅	0.10	—	0.10
锯削铅笔杆	0.20	—	0.20
铅笔杆开槽	0.05	—	0.05
制作毛坯笔	0.10	—	0.10
涂饰毛坯笔	0.10	0.03	0.07
毛坯笔形状修整	0.05	—	0.05
镶嵌橡皮擦	0.15	—	0.15
小计	0.75	0.03	0.72
合计	1.50	0.24	1.26

光明文具公司由于采用目标成本法控制新型铅笔的成本，产品设计符合消费者需求，物美价廉，受到了消费者的欢迎，销售量大增，超额实现了目标利润。

（七）落实目标成本责任

企业应将设定的可实现的目标成本、功能级目标成本、零部件目标成本和供应商目标售价进一步量化为可控制的财务和非财务指标，落实到各责任中心，形成各责任中心的责任成本和成本控制标准，并辅之以相应的权限，将达成的可实现的目标成本落到实处。

（八）考核成本管理业绩及改善

目标成本法应用流程的最后需要分析成本控制的执行结果，找出未实现目标成本的原因，及时调整存在的问题，不断修正目标成本，完善实施流程。同时，考核成本管理业绩，对实现甚至超额完成了设定目标的部门及员工进行奖励，对未完成设定目标的部门及员工进行惩罚，以提高员工的积极性。

五、目标成本法的评价

（一）目标成本法的优点

（1）突出从原材料到产品出货进行的全过程成本管理，有助于提高成本管理的效率和效果。

（2）强调产品寿命周期成本的全过程管理和全员管理，有助于提升客户价值和产品市场竞争力。

（3）谋求成本规划与利润规划活动的有机统一，有助于提升产品的综合竞争力。

（二）目标成本法的缺点

应用目标成本法不仅要求企业具有各类所需要的人才，更需要各有关部门和人员的通力合作，这对管理水平要求较高，不容易被企业掌握和使用。

> ### 岗课赛证素质拓展
>
> #### 一、成本管理岗位核心能力
>
> 成本管理岗位的核心能力包括：能够利用成本管理的智能工具，科学编制成本计划，高质量开展产品成本的核算、成本分析、成本控制及绩效评价。
>
> #### 二、成本管理岗位任务
>
> （1）成本核算：填制成本核算原始凭证，计算产品成本，填制成本核算相关的记账凭证，编制成本报表。
>
> （2）成本管理：使用标准成本法、变动成本法、作业成本法、成本性态分析法完成成本差异计算与分析，进行成本的预算管理及成本控制分析。
>
> （3）成本分析：进行企业成本费用分析；获取相应成本数据，分析作业成本下的各种差异和变动成本法下的差异，进行季度和年度的成本分析等。
>
> （4）大数据技术业务：利用大数据技术完成企业成本、费用等核算业务，提高工作效率。
>
>
>
> 实例训练
>
> #### 三、实例分析
>
> 某公司广州白云店（商务型）2022年12月的相关成本数据如表6-1、表6-2所示。作业中心、作业及相关成本动因等如表6-3所示，其中，店长和后勤的人工成本计入服务支持资源费用中。

表6-1　　　　　　　　　　　**2022年12月门店实际成本费用明细表**

门店：广州白云店　　　　　　　　　　　　　　　　　　　　　　　　　　单位：元

项目	合计	项目	合计
餐厅费用	57 400.00	维修维护费	15 000.00
客房消耗	44 500.00	宣传推广费	30 000.00
人力费用	106 000.00	行政管理费	24 000.00
能耗费用	60 000.00	财务费用	5 000.00
税金及附加	8 000.00	物业类支出	160 000.00
总部费用（分摊）	100 000.00		

表6-2　　　　　　　　　　　**2022年12月门店实际人工成本明细表**

门店：广州白云店

项目	编制/人	基本工资/元	社保缴纳/元	奖金计提/元
店长	1	10 000.00	2 350.00	1 800.00
前台	4	18 000.00	5 100.00	3 600.00
客房	4	18 000.00	4 200.00	3 000.00
餐厅	2	11 000.00	1 960.00	2 890.00
后勤	3	13 000.00	3 100.00	2 000.00
编外临时工	2	5 000.00	0	1 000.00
合计	16	75 000.00	16 710.00	14 290.00

门店定编14人，但本月由于拓展业务需要，门店后勤雇了2位编外临时工负责酒店业务以外的后勤工作。

表6-3　　　　　　　　　　　　　作业中心、作业及相关成本动因

作业中心	主要作业	作业动因	资源	资源动因
前台服务	前台服务	接待次数	人力费用	工作天数
			行政管理费	工作人数
客房服务	客房服务	入住房天数	人力费用	工作人数
			客房消耗	入住人数
			能耗费用	入住房天数
餐厅服务	早餐服务	就餐人次数	人力费用	工作天数
			餐厅费用	就餐人次数
支持服务	支持服务	入住房天数	人力费用	工作天数
			维修维护费	次数
			宣传推广类	直接计入（不可分）
			财务费用	结算次数
			税金及附加	收入
			物业类支出	直接计入（不可分）
			总部费用（分摊）	直接计入（不可分）

要求： 根据上述明细表，完成人力费用和实际资源费用的归集。

解析： 该公司人力费用归集计算表如表6-4所示，实际资源费用归集计算表如表6-5所示。

表6-4　　　　　　　　　　　　　人力费用归集计算表

作业中心	人数	基本工资	社保缴纳	奖金计提	合计
前台服务	4	18 000.00	5 100.00	3 600.00	26 700.00
客房服务	4	18 000.00	4 200.00	3 000.00	25 200.00
餐厅服务	2	11 000.00	1 960.00	2 890.00	15 850.00
支持服务	4	23 000.00	5 450.00	3 800.00	32 250.00
合计	14	70 000.00	16 710.00	13 290.00	100 000.00

注：后勤和店长的工作属于支持服务作业活动。

表6-5　　　　　　　　　　　　　实际资源费用归集计算表

作业中心	资源	资源费用
前台服务	人力费用	26 700.00
	行政管理费	24 000.00
	小计	50 700.00
客房服务	人力费用	25 200.00
	客房消耗	44 500.00
	能耗费用	60 000.00
	小计	129 700.00
餐厅服务	人力费用	15 850.00
	餐厅费用	57 400.00
	小计	73 250.00

续表

作业中心	资源	资源费用
支持服务	人力费用	32 250.00
	维修维护费	15 000.00
	宣传推广类	30 000.00
	财务费用	5 000.00
	税金及附加	8 000.00
	物业类支出	160 000.00
	总部费用（分摊）	100 000.00
	小计	350 250.00

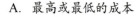 同步训练

拓展训练

一、单项选择题

1. 高低点法中的"高""低"是指（　　）。

　　A. 最高或最低的成本

　　B. 最高或最低的业务量

　　C. 最高或最低的成本或业务量

　　D. 最高或最低的成本和业务量

2. 在变动成本法下，当单价和成本水平不变时，营业利润额直接与（　　）相关。

　　A. 生产量　　　　　B. 销售量　　　　　C. 期初存货量　　　　D. 期末存货量

3. "标准成本"一词，在实际工作中指（　　）。

　　A. 单位产品的标准成本　　　　　　　　B. 实际产量的标准成本

　　C. 理想标准成本　　　　　　　　　　　D. 单位产品的标准成本或实际产量的标准成本

4. 如果制造费用在产品成本中占较大比重，较适宜采用的成本计算方法是（　　）。

　　A. 作业成本计算法　B. 变动成本计算法　C. 责任成本计算法　D. 完全成本计算法

5. 目标成本法下确定零部件的目标成本之后把压力传递给了（　　）。

　　A. 客户　　　　　　B. 生产车间　　　　C. 采购部门　　　　　D. 供应商

二、多项选择题

1. 下列成本管理活动中属于事前成本管理阶段的有（　　）。

　　A. 成本预测　　　　B. 成本决策　　　　C. 成本核算　　　　　D. 成本计划

2. 市场容许成本是根据（　　）确定的。

　　A. 目标售价　　　　B. 目标利润　　　　C. 实际售价　　　　　D. 预算利润额

3. 下列成本差异中，通常不属于生产部门责任的有（　　）。

　　A. 直接人工效率差异　　　　　　　　　B. 直接人工工资率差异

　　C. 直接材料价格差异　　　　　　　　　D. 直接材料数量差异

4. 直接人工效率差异形成的原因有（　　）。

　　A. 新工人上岗太多　　　　　　　　　　B. 工作环境不好

　　C. 机器或工具选用不当　　　　　　　　D. 设备故障太多

5. 在变动成本法下，产品成本包括（　　）。

　　A. 变动管理费用　　B. 变动制造费用　　C. 直接材料　　　　　D. 直接人工

三、判断题

1. 在变动成本法下，变动非生产成本是在计算边际贡献之前扣除的，所以它不再成为期间成本，这与完全成本法的处理截然不同。（　　）

2. 定期支付的广告费属于酌量性固定成本。（　　）

3. 一般而言，直接材料价格差异应由采购部门负责，直接材料用量差异应由负责控制材料的生产部门负责。（　　）

4. 作业动因是将作业中心的成本分配到产品或劳务的标准，它反映了作业中心对资源的耗用情况。（　　）

5. 作业成本法是成本计算方法的一种，其特点是先按资源动因分配费用，计算各作业中心成本，再按作业动因分配作业成本，计算产品成本。（　　）

四、实训题

实训一

（一）实训目的：分解混合成本。

（二）实训资料：某企业只生产一种产品，2×23 年前 6 个月该企业发生的制造费用如表 6-6 所示。

表 6-6　　　　　　　　　　　　1—6 月企业制造费用资料

月份	1	2	3	4	5	6
产量/件	80	84	90	86	92	100
制造费用/元	17 600	18 200	19 200	18 600	19 600	19 400

（三）实训要求：分别采用高低点法和回归分析法对该企业的制造费用进行分解。

实训二

（一）实训目的：应用变动成本法与完全成本法。

（二）实训资料：甲公司过去 3 年的产销业务量资料如表 6-7 所示。

表 6-7　　　　　　　　　　　　甲公司产销业务量资料　　　　　　　　　　单位：件

项目	第 1 年	第 2 年	第 3 年
期初存货量	0	2 000	0
本年生产量	12 000	10 000	8 000
本年销售量	10 000	12 000	8 000
期末存货量	2 000	0	0

假定：

（1）每年的产量是当年投产且全部完工的产量（即无期初、期末在产品）；

（2）每年的销售量中不存在销售退回、折让和折扣问题；

（3）各期成本水平（单位变动成本和固定成本总额）、售价水平不变；

（4）存货计价采用先进先出法。

甲公司成本及售价资料如下：产品售价为 120 元/件；单位变动生产成本为 40 元/件；每年固定生产成本为 240 000 元；单位变动非生产成本为 15 元/件；每年固定非生产成本为 200 000 元。

（三）实训要求：

（1）计算完全成本法和变动成本法下的单位产品成本；

（2）分别按完全成本法和变动成本法计算甲公司近 3 年的税前利润，填表 6-8 和表 6-9；

（3）分析两种方法下的税前利润发生差异的原因，并进行调整，填表 6-10。

表 6-8   **按完全成本法编制的税前利润表**   单位：元

项目	第1年	第2年	第3年	合计
销售收入				
减：销售成本				
期初存货成本				
本期生产成本				
本期可供销售成本				
减：期末存货成本				
本期销售成本总额				
销售毛利				
减：期间成本				
税前利润				

表 6-9   **按变动成本法编制的税前利润表**   单位：元

项目	第1年	第2年	第3年	合计
销售收入				
减：变动成本				
变动生产成本				
变动非生产成本				
变动成本总额				
边际贡献				
减：固定成本				
固定生产成本				
固定非生产成本				
固定成本总额				
税前利润				

表 6-10   **两种方法下税前利润的调整**   单位：元

项目	第1年	第2年	第3年	合计
完全成本法下税前利润				
减：期末存货中的固定制造费用				
加：期初存货中的固定制造费用				
变动成本法下税前利润				

实训三

（一）实训目的：应用标准成本法。

（二）实训资料：

美多公司采用变动成本法计算产品成本，其编制的甲产品的标准成本如表 6-11 所示。

表 6-11   **标准成本**

项目	数量标准	价格标准	标准成本
直接材料	5 吨	50 元 / 吨	250 元
直接人工	50 小时	6 元 / 小时	300 元
变动制造费用	50 小时	4 元 / 小时	200 元

甲产品本月实际产量为 500 件，其实际单位成本如表 6-12 所示。

表 6-12　　　　　　　　　　　　　　　甲产品实际单位成本

项目	耗用数量	实际价格	实际成本
直接材料	4.5 吨	52 元 / 吨	234 元
直接人工	45 小时	7 元 / 小时	315 元
变动制造费用	45 小时	3 元 / 小时	135 元

（三）实训要求：分别计算直接材料数量差异、直接材料价格差异、直接人工效率差异、直接人工工资率差异、变动制造费用效率差异、变动制造费用耗费差异。

实训四

（一）实训目的：应用作业成本法。

（二）实训资料：亚华公司同时生产 N1、N2 两种产品。2×22 年 10 月，该公司发生的制造费用总计 600 000 元，过去该公司制造费用按直接人工工时进行分配，有关资料如表 6-13、表 6-14 所示。

表 6-13　　　　　　　　　　　　　　　产品相关资料

项目	N1 产品	N2 产品
产量 / 件	1 000	2 000
直接材料成本 / （元 / 件）	60	80
材料用量 / 千克	3 000	2 000
直接人工工时 / （小时 / 件）	2	1.5
机器调控次数	15	5
产品抽检比例	50%	25%
小时工资率 / （元 / 小时）	30	30

表 6-14　　　　　　　　　　　　　　　制造费用资料　　　　　　　　　　　　　　　单位：元

作业	作业动因	成本库	制造费用
质量控制	抽检件数	质量控制	300 000
机器调控	调控次数	机器调控	200 000
材料整理	整理数量	材料整理	100 000
制造费用合计			600 000

（三）实训要求：分别采用完全成本法和作业成本法两种方法计算产品成本，填写表 6-15、表 6-16、表 6-17 和表 6-18。

表 6-15　　　　　　　　　　　　　　　完全成本法成本计算

成本项目	N1 产品	N2 产品	合计
直接材料总成本 / 元			
直接人工总成本 / 元			
制造费用 / 元			
产品成本合计 / 元			
产量 / 件			
单位成本 / （元 / 件）			
其中：制造费用分配率			

表 6-16 制造费用分配率计算

成本库	制造费用 / 元	成本动因	分配率
质量控制			
机器调控			
材料整理			

表 6-17 制造费用分配表

成本库	制造费用	分配率	N1 产品		N2 产品	
			作业动因	分配成本 / 元	作业动因	分配成本 / 元
质量控制						
机器调控						
材料整理						
合计						

表 6-18 作业成本法产品成本计算 单位：元

成本项目	N1 产品（1 000 件）		N2 产品（2 000 件）	
	单位成本	总成本	单位成本	总成本
直接材料成本				
直接人工成本				
制造费用				
合计				

项目七 绩效管理

政策指引

《管理会计应用指引第600号——绩效管理》等

知识目标

- 熟悉绩效管理的概念，对绩效管理有一个全面的认识；
- 掌握企业进行绩效管理应遵循的原则和应用环境；
- 熟悉关键绩效指标法的概念以及企业应用关键绩效指标法进行绩效评估的前提；
- 熟悉平衡计分卡的概念以及企业应用平衡计分卡进行绩效评估的前提；
- 熟悉经济增加值法的概念以及企业应用经济增加值法进行绩效评估的前提。

能力目标

- 通过学习绩效管理的基本知识，充分认识到合理的绩效管理对企业发展的重要作用；
- 通过对关键绩效指标法的学习，为适合这种方法的企业提供必要的绩效评定方法；
- 通过学习经济增加值法，掌握这种方法的计算调整项目及方式；
- 通过对平衡计分卡的学习，为适合使用这种方法的企业提供必要的绩效评定方法以及帮助找到企业绩效的目标值。

素养目标

- 将绩效管理基本知识应用到学习生活中，提升个人学习能力与管理能力；
- 通过学习对比关键绩效指标法、经济增加值法、平衡计分卡的内容，为企业找到适合的绩效管理方法，掌握对不同方法信息的收集与处理，从而提升分析问题和解决问题的能力。

以案导学

美好公司是一家大型综合企业，涉及农业、建筑业、交通运输业、旅游业等众多领域。

2022年12月，为了更好地激励员工，美好公司CEO张美丽女士决定在集团总公司及下属各子公司实施绩效管理。该集团人力资源总监刘信决定采用国内企业广泛使用的月度绩效考核办法。

考核办法实行半年后，刘信调查发现：员工的积极性没有提高，反而原先表现积极的员工也不积极了；各个部门上交的考核结果日趋平均，甚至有的部门给每个员工都打了相同的分数；整个公司的人际关系变得有些微妙，没有以前和谐了，同时员工的离职率也在不断提高。

【点评】古人云："赏不当功，则不如无赏；罚不当罪，则不如无罚。"公司应当建立有效的绩效考核激励机制和客观真实的评价体系，通过考核对员工工作进行评估，奖优罚劣，激发员工的内在潜能和工作热情，实现员工在公司内部岗位的优化，确保公司经营目标的实现。如果公司考核机制的结果长期趋于平均，考核评优出现"轮流坐庄"怪象，反而会事倍功半，甚至出现负面效果。

任务一 绩效管理认知

微课7-1

绩效管理概述

一、绩效管理概述

绩效管理是指企业与所属单位（部门）、员工之间就绩效目标及如何实现绩效目标达成共识，并帮助和激励员工取得优异绩效，从而实现企业目标的管理过程。绩效管理的核心是绩效评价和激励管理。

绩效评价是指企业运用系统的工具、方法，对一定时期内企业营运效率与效果进行综合评判的管理活动。绩效评价是企业实施激励管理的重要依据。

激励管理是指企业运用系统的工具、方法，调动员工的积极性、主动性和创造性，激发员工工作动力的管理活动。激励管理是促进企业绩效提升的重要手段。

（一）绩效管理应遵循的原则

1. 战略导向原则

绩效管理应为企业实现战略目标服务，支持价值创造能力提升。

2. 客观公正原则

绩效管理应实事求是，评价过程应客观公正，激励实施应公平合理。

3. 规范统一原则

绩效管理政策和制度应统一明确，并严格执行规定的程序和流程。

4. 科学有效原则

绩效管理应做到目标符合实际，方法科学有效，激励与约束并重，操作简便易行。

（二）绩效管理应用的方法

绩效管理领域应用的管理会计工具方法一般包括关键绩效指标法、经济增加值法、平衡计分卡、股权激励等。企业可根据自身战略目标、业务特点和管理需要，结合不同方法的特征及适用范围，选择一种适合的绩效管理方法单独使用，也可选择两种或两种以上的方法综合运用。

二、绩效管理的应用环境

（一）机构设置

企业进行绩效管理时，应设立薪酬与考核委员会或类似机构，主要负责审核绩效管理的政策和制度、绩效计划与激励计划、绩效评价结果与激励实施方案、绩效评价与激励管理报告等，协调解决绩效管理工作中的重大问题。

薪酬与考核委员会或类似机构下设绩效管理工作机构，主要负责制定绩效管理的政策和制度、制订绩效计划与激励计划，组织绩效计划与激励计划的实施，编制绩效评价与激励管理报告等，协调解决绩效管理工作中的日常问题。

【例 7-1-1】阳炎集团为了加强绩效管理的过程考核和结果考核，成立了薪酬与考核委员会，具体组织架构如图 7-1-1 所示。

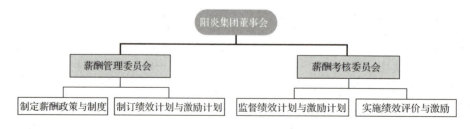

图 7-1-1　阳炎集团绩效管理组织架构

（二）制度建立

1. 制度体系

企业应建立健全绩效管理的制度体系，明确绩效管理的工作目标、职责分工、工作程序、工具方法、信息报告等内容。

2. 信息系统

企业应建立有助于绩效管理实施的信息系统，为绩效管理工作提供信息支持。

三、绩效管理的应用程序

应用绩效管理方法，一般按照制订绩效计划与激励计划、执行绩效计划与激励计划、实施绩效评价与激励、编制绩效评价与激励管理报告等程序进行。

（一）制订绩效计划与激励计划

企业应根据战略目标，综合考虑绩效评价期间的宏观经济政策、外部市场环境、内部管理需要等因素，结合业务计划与预算，按照上下结合、分级编制、逐级分解的程序，在沟通反馈的基础上，编制各层级的绩效计划与激励计划。

1. 绩效计划

绩效计划是企业开展绩效评价工作的行动方案，包括构建指标体系、分配指标权重、确定绩效目标值、选择计分方法和评价周期、拟定绩效责任书等一系列管理活动。制订绩效计划通常从企业级开始，层层分解到所属单位（部门），最终落实到具体岗位和员工。

（1）构建指标体系。企业可单独或综合运用关键绩效指标法、经济增加值法、平衡计分卡等方法或工具构建指标体系。指标体系应反映企业战略目标实现的关键成功因素，具体指标应含义明确、可度量。

（2）分配指标权重。指标权重的确定可运用主观赋权法或客观赋权法，也可综合运用这两种方法。主观赋权法是利用专家或个人的知识与经验来确定指标权重的方法，如德尔菲法、层次分析法等。客观赋权法是从指标的统计性质入手，根据调查数据确定指标权重的方法，如主成分分析法、均方差法等。

📖 知识拓展

德尔菲法又称专家调查法，是邀请专家对各项指标进行权重设置，形成汇总平均后的结果，然后将结果反馈给专家，再次征询意见，经过多次反复，逐步取得比较一致结果的方法。

层次分析法是指将业绩指标分解成多个层次，通过下层元素对上层元素相对重要性的两两比较，构成两两比较的判断矩阵，求出判断矩阵最大特征值所对应的特征向量并将其作为指标权重值的方法。

主成分分析法是指将多个变量重新组合成一组新的相互无关的综合变量，根据实际需要从中挑选出尽可能多反映原来变量信息的少数综合变量，进一步求出各变量的方差贡献率，以确定指标权重的方法。

均方差法是指将各项指标定为随机变量，指标在不同方案下的数值为该随机变量的取值，首先求出这些随机变量（各指标）的均方差，然后根据不同随机变量的离散程度确定指标权重的方法。

（3）确定绩效目标值。绩效目标值的确定可参考内部标准与外部标准。内部标准有预算标准、历史标准、经验标准等，外部标准有行业标准、竞争对手标准、标杆标准等。

（4）选择计分方法。绩效评价计分方法可分为定量法和定性法。定量法主要有功效系数法和综合指数法等，定性法主要有素质法和行为法等。

（5）选择评价周期。绩效评价周期一般可分为月度、季度、半年度、年度、任期。月度、季度绩效评价一般适用于企业基层员工和管理人员，半年度绩效评价一般适用于企业中高层管理人员，年度绩效评价适用于企业所有被评价对象，任期绩效评价主要适用于企业负责人。

（6）拟定绩效责任书。绩效计划制订后，评价主体与被评价对象一般应签订绩效责任书，明确各自的权利和义务，并作为绩效评价与激励管理的依据。绩效责任书的主要内容包括绩效指标、目标值及权重、评价计分方法、特别约定事项、有效期限、签订日期等。绩效责任书一般按年度或任期签订。

2. 激励计划

激励计划是企业为激励被评价对象而采取的行动方案，包括激励对象、激励形式、激励条件、激励周期等内容。激励计划按激励形式可分为薪酬激励计划、能力开发激励计划、职业发展激励计划和其他激励计划。

（1）薪酬激励计划。薪酬激励计划按期限可分为短期薪酬激励计划和中长期薪酬激励计划。

① 短期薪酬激励计划：主要包括对绩效工资、绩效奖金、绩效福利等的计划。

② 中长期薪酬激励计划：主要包括对股票期权、股票增值权、限制性股票以及虚拟股票等的计划。

（2）能力开发激励计划。能力开发激励计划主要包括对员工知识、技能等方面的提升计划。

（3）职业发展激励计划。职业发展激励计划主要是对员工职业发展做出的规划。

（4）其他激励计划。其他激励计划包括良好的工作环境、晋升与降职、表扬与批评等。

制订激励计划应以绩效计划为基础，采用多元化的激励形式，兼顾内在激励与外在激励、短期激励与长期激励、现金激励与非现金激励、个人激励与团队激励、正向激励与负向激励，充分发挥各种激励形式的综合作用。

> **注意**
>
> 绩效计划与激励计划制订完成后，应经薪酬与考核委员会或类似机构审核，报董事会或类似机构审批。经审批的绩效计划与激励计划应保持稳定，一般不予调整，若受国家政策、市场环境、不可抗力等客观因素影响确需调整的，应严格履行规定的审批程序。

> **随堂小测**
>
> 1. 绩效管理领域应用的管理会计工具方法，一般包括（　　）。
>   A. 关键绩效指标法　　　　　　　　B. 经济增加值法
>   C. 平衡计分卡　　　　　　　　　　D. 股权激励法
> 2. 短期薪酬激励计划主要包括对绩效工资、绩效奖金、（　　）等的计划。
>   A. 绩效福利　　B. 绩效津贴　　　　C. 绩效补贴　　　　D. 绩效考核分数

【例7-1-2】阳炎集团薪酬与考核委员会为了表彰对公司有突出贡献的员工，设置了薪酬激励计划，其中短期薪酬激励计划的绩效奖金分为8项，具体内容如表7-1-1所示。

表7-1-1　　　　　　　　　阳炎集团短期薪酬激励计划绩效奖金项目

奖项	奖金金额	评定标准
董事长特别贡献奖	10 000 元/人	在公司连续工作满20年、无重大不良记录
突出贡献奖	5 000 元/人	为公司作出重大贡献、创造突出效益；或为公司规避重大不良事件，避免公司遭受重大损失
红旗班组	2 000 元/班组	①一年内无批量产品不良；②班组人员流失率≤35%；③班组满勤率≥60%；④班组年度内无重大违反公司制度事件；⑤班组建设良好，民主评议在80分以上

续表

奖项	奖金金额	评定标准
优秀员工	1 000 元 / 人	①工作连续满 6 个月以上；②工作技能突出，为公司发展发挥核心作用；③年度出勤率≥98%；④服从公司工作安排、任劳任怨，起到模范带头作用
质量明星	500 元 / 人	①质量意识强，为公司产品质量提升、降低不良率作出突出贡献；②不制造不良产品，能堵住不良产品流出
技能能手	500 元 / 人	①个人专业技能突出；②能够指导其他员工工作，且有突出表现
项目奖	1 000 元 / 项目	在公司重大项目中起到核心作用，为项目的完成做出突出贡献
成本改善奖	500 元 / 人	为公司成本改善做出突出贡献，产生重大效益，节约成本

（二）执行绩效计划与激励计划

审批后的绩效计划与激励计划，应以正式文件的形式下达执行，确保与计划相关的被评价对象能够了解计划的具体内容和要求。

绩效计划与激励计划下达后，各计划执行单位（部门）应认真组织实施，从横向和纵向两方面落实到各所属单位（部门）、各岗位员工，形成全方位的绩效计划与激励计划执行责任体系。

绩效计划与激励计划执行过程中，企业应建立配套的监督控制机制，及时记录执行情况，进行差异分析与纠偏，持续优化业务流程，确保绩效计划与激励计划的有效执行。

1. 监控与记录

企业可借助信息系统或其他信息支持手段，监控和记录指标完成情况、重大事项、员工的工作表现、激励措施执行情况等内容。收集信息的方法主要有观察法、工作记录法、他人反馈法等。

2. 分析与纠偏

根据监控与记录的结果，重点分析指标完成值与目标值的偏差、激励效果与预期目标的偏差，提出相应整改建议并采取必要的改进措施。

3. 编制分析报告

分析报告主要反映绩效计划与激励计划的执行情况及分析结果，其频率可以是月度、季度、年度，也可根据需要确定。

绩效计划与激励计划执行过程中，绩效管理工作机构应通过会议、培训、网络、公告栏等形式，进行多渠道、多样化、持续不断的沟通与辅导，使绩效计划与激励计划得到充分理解和有效执行。

（三）实施绩效评价与激励

绩效管理工作机构应根据计划的执行情况定期实施绩效评价与激励，按照绩效计划与激励计划的约定，对被评价对象的绩效表现进行系统、全面、公正、客观的评价，并根据评价结果实施相应的激励。

评价主体应按照绩效计划收集相关信息，获取被评价对象的绩效指标实际值，对照目标值，应用选定的计分方法，计算评价分值，并进一步形成对被评价对象的综合评价结果。

绩效评价过程及结果应有完整的记录，结果应得到评价主体和被评价对象的确认，并进行公开发布或非公开告知。公开发布的主要方式有召开绩效发布会、企业网站绩效公示、面板绩效公告等，非公开告知一般采用一对一书面告知、电子邮件函告或面谈告知等方式。

评价主体应及时向被评价对象进行绩效反馈，反馈内容包括评价结果、差距分析、改进建议及措施等，可采取反馈报告、反馈面谈、反馈报告会等形式进行。

绩效结果发布后，企业应依据绩效评价的结果，组织兑现激励计划，综合运用绩效薪酬激励、能力开发激励、职业发展激励等多种方式，逐级兑现激励承诺。

（四）编制绩效评价与激励管理报告

绩效管理工作机构应定期或根据需要编制绩效评价与激励管理报告，对绩效评价与激励管理的结果进行反映。

绩效评价与激励管理报告是企业管理会计报告的重要组成部分，应确保内容真实、数据可靠、分析客观、结论清楚，为报告使用者提供满足决策需要的信息。

1. 绩效评价报告

绩效评价报告根据评价结果编制，反映被评价对象的绩效计划完成情况，通常由报告正文和附件构成。

（1）报告正文。报告正文包括评价对象、评价依据、评价过程、评价结果、需要说明的重大事项等。

（2）报告附件。报告附件包括评价计分表、问卷调查结果分析、专家咨询意见等报告正文的支持性文档。

2. 激励管理报告

激励管理报告根据激励计划的执行结果编制，反映被评价对象的激励计划实施情况，通常由报告正文和附件构成。

（1）激励情况说明。激励情况说明包括激励对象、激励依据、激励措施、激励执行结果、需要说明的重大事项等。

（2）管理建议。其他有关支持性文档可以根据需要以附件形式提供。

3. 绩效评价与激励管理报告分类

（1）定期报告。定期报告主要反映一定时期被评价对象的绩效评价与激励管理情况，每个会计年度至少出具一份定期报告。

（2）不定期报告。不定期报告根据需要编制，反映部分特殊事项或特定项目的绩效评价与激励管理情况。

4. 绩效评价与激励管理报告其他要求

（1）报送要求。绩效评价与激励管理报告应根据需要及时报送薪酬与考核委员会或其他类似机构审批。

（2）改进要求。企业应定期通过回顾和分析，检查和评估绩效评价与激励管理的实施效果，不断优化绩效计划和激励计划，改进绩效管理工作。

📝 **随堂小测**

1. 分析报告主要反映绩效计划与激励计划的执行情况及分析结果，其频率可以是（   ），也可根据需要确定。

    A. 月度　　　　　B. 季度　　　　　C. 年度　　　　　D. 以上全选

2. 绩效计划与激励计划执行过程中，企业应建立配套相关机制，确保绩效计划与激励计划的有效执行，包括（   ）。

    A. 监控与记录　　B. 分析与纠偏　　C. 编制分析报告　　D. 情况说明

📖 **以文化人**

"阳光绩效管理"走出县级供电企业绩效管理新路子

随着国家电网公司大力推进"提质增效"重点工作，供电公司农电工作逐步精细化管理，从新的管理理念宣贯、标准建设、培训管理、专项整治和绩效管理等五方面初步构建了农电管理新机制，实际应用取得了明显的效果。以下对蒙城县供电公司新模式下供电企业农电绩效管理进行浅析。

一、新模式下农电绩效精益化管理实施的背景

新的农电管理模式面临诸多管理方面的问题，农电员工的价值在工作中得不到充分体现和提升，直接影响了农电生产的安全、稳定和快速发展。公司成立伊始即开展广泛的调研分析，以突破农电绩效管理困局、促进农电管理持续完善为目的，不断探索解决的措施和办法。公司利用科学的绩效管理方法和手段，经过反复论证优化，逐渐形成适合新农电模式的绩效管理机制。

（一）适应农电变革后新模式的需要

公司与农电员工直接签订劳动合同，确保了农电管理模式平稳转换以及各项业务顺利衔接。同时，作为一个新成立的农电公司，如何在农电业务委托的新模式下从无到有搭建绩效管理体系，协调好利用绩效管理工具实现对各级团队的有效管控显得尤为重要。

（二）规范农电管理、提高管理水平的需要

公司成立前，大部分农电管理人员对绩效管理认识模糊不清、一知半解，沟通手段单一粗暴，责任心不强，缺乏实际操作技能，有的甚至认为绩效管理主要是领导"拍板"，考核只是履行程序、例行公事。"大锅饭现象"普遍存在，员工对绩效管理的认识比较片面，认为"考核就是扣钱"，普遍存在抵触情绪，积极性不高。各单位和供电所普遍未形成科学的管理制度。少数有简单考核办法的基层单位，考评方式主要是典型事件事后考核或者是为考核而考核，往往形式大于内容，很多临时任务、评优奖励、事故惩处等项目考核标准不一，考核流程混乱，基本没有体现绩效管理对业绩改善的积极作用。

（三）激发农电员工工作积极性的需要

农电工作涉及点多、面广，农电员工面临的工作环境复杂，设备、线路老化严重，加之检查多、任务杂，农电管理很难抓住重点。基层单位往往疲于应付，顾头不顾尾。同时，原有的考核以负激励为主，少有通过有效沟通反馈实现业绩改善的做法。考核结果仅限于"钱多钱少"，在其他方面基本没有应用，农电员工工作积极性普遍不高，在很大程度上制约和影响了农电业务的发展。

二、新模式下农电绩效精益化管理的主要做法

（一）建立完善的农电绩效管理体系

1. 建立农电机构全覆盖的三级管理组织体系

农电绩效管理组织机构分为三个层级：公司本部成立绩效管理委员会，分（子）公司成立绩效管理领导小组，各级团队设绩效管理联络员。

2. 制定突出业绩、凸显重点、重视基础的指标体系

建立完善的绩效管理指标体系，能够加强对绩效达成过程的控制，使得整个绩效管理的体系更加完善，从而促进公司的健康有序发展和达到管理的科学高效。农电绩效指标体系主要包含业绩指标、基础管理指标、事故考核指标、综合评价和员工个人行为考核五大类。

（二）强化过程管理，梳理流程落实责任

农电绩效年度计划书主要包含业绩考核指标和年度重点工作任务指标，主要根据公司的业绩指标和年度重点工作任务按照各级团队的专业类别逐级进行分解下达，通过签订年度计划书将公司指标落实到部门，部门指标落实到岗位。

（三）完善供电所"工作积分制"绩效管理

农电坚持"以人为本"的发展战略，根据现代企业标准化管理思想，结合班组管理工作负

担较重、供电所所长对绩效管理工作认识不足、持续激励效果需要提高等特点，以员工积分制为基础，将规范化、精细化的供电所绩效管理作为主要抓手，依靠标准化的绩效管理模板和管理流程，赋予供电所所长标准化的管理职责，建立规范、简洁的指标库，实施导向性的激励手段，以达到解决班组绩效管理缺乏标准载体、管理水平参差不齐、管理负担较重的问题，确保绩效管理行为标准的整体统一和绩效目标的实现；还可对工作性质相同的班组绩效进行评比，促使各个供电所的管理水平不断提高。

（四）深化农电绩效考核结果的应用

创新农电绩效激励机制，加强绩效结果的应用，绩效评定结果在业绩改善、薪酬分配、评先评优、人才选拔、管理人员任用、员工职业生涯、培训等各个方面真应用、真兑现，尤其要高度重视考核结果在薪酬分配、员工职业生涯方面的应用。

通过"阳光绩效管理"，县级供电公司实现绩效与薪酬的良性互动，体现"多劳多得、优绩优酬"的分配原则，真正把绩效落实到分配制度、员工激励上，实现公司赢得管理与效益、员工赢得进步与发展的"双赢"局面，使公司真正走向高质量发展之路，为我国经济社会高质量发展做出贡献，为实现中华民族伟大复兴贡献力量。

任务二　关键绩效指标法

一、关键绩效指标法概述

（一）关键绩效指标的定义

简单来说，关键绩效指标是指对企业绩效产生关键影响力的指标。实践中，关键绩效指标是指通过对企业战略规划、关键成果领域的绩效特征分析，识别和提炼出的最能有效驱动企业价值创造的指标。

（二）关键绩效指标法的定义

关键绩效指标法是指基于企业战略规划，通过建立关键绩效指标体系，将价值创造活动与战略规划目标有效联系，并据此进行绩效管理的方法。

（三）关键绩效指标法的适用范围

关键绩效指标法可单独使用，也可与经济增加值法、平衡计分卡等其他方法结合使用。关键绩效指标法普遍适用于不同性质、不同行业、不同规模的企业。关键绩效指标法的应用对象可为企业、下级单位（部门）和员工。

二、关键绩效指标法的应用环境

（一）构建指标体系

企业应用关键绩效指标法进行绩效管理时，应综合考虑绩效评价期间的宏观经济政策、外部市场环境、内部管理需要等因素构建指标体系。

（二）明确战略规划

企业应有明确的战略规划。战略规划是确定关键绩效指标体系的基础；关键绩效指标能反映战略规划目标，对战略规划实施效果进行衡量和监控。

阅读链接

《中共中央国务院关于全面实施预算绩效管理的意见》

（三）识别价值创造模式

企业应清晰识别价值创造模式，按照价值创造路径识别出关键驱动因素，科学地选择和设置关键绩效指标。

三、关键绩效指标法的应用程序

应用关键绩效指标法的一般程序包括制订以关键绩效指标为核心的绩效计划、制订激励计划、执行绩效计划与激励计划、实施绩效评价与激励、编制绩效评价与激励管理报告。

绩效计划是企业开展绩效评价工作的行动方案，包括构建指标体系、分配指标权重、确定绩效目标值、选择计分方法和评价周期、签订绩效合同等一系列管理活动。

（一）构建关键绩效指标体系

构建关键绩效指标体系的流程一般如下。

1. 制定企业级关键绩效指标

企业应根据战略规划，结合价值创造模式，综合考虑内外部环境等因素，设定企业级关键绩效指标。

2. 制定下级单位（部门）级关键绩效指标

根据企业级关键绩效指标，结合下级单位（部门）关键业务流程，按照上下结合、分级编制、逐级分解的程序，在沟通反馈的基础上，设定下级单位（部门）级关键绩效指标。

3. 制定岗位（员工）级关键绩效指标

根据下级单位（部门）级关键绩效指标，结合员工岗位职责和关键工作价值贡献，设定岗位（员工）级关键绩效指标。

> **随堂小测**
>
> 1. 企业应有明确的战略规划。战略规划是确定关键绩效指标体系的基础，关键绩效指标能反映战略规划目标，对战略规划实施效果进行衡量和（　　）。
>
> A. 评价　　　B. 监控　　　C. 考核　　　D. 发展
>
> 2. 制订绩效计划通常从企业级开始，层层分解到下级单位（部门），最终落实到具体岗位和（　　）。
>
> A. 员工　　　B. 上级　　　C. 下级　　　D. 组织

【例7-2-1】阳炎集团制定了"各部门绩效管理手册"，对公司所有部门都明确了关键绩效指标。以财务部为例，其具体考核指标和权重如表7-2-1所示。

表7-2-1　　　　　　　　　　阳炎集团财务部关键绩效指标

序号	指标内容	权重	指标考核说明
1	财务数据、财务报表的准确性和及时性	50%	两个指标考核：核算错误项目的条数和报送及时性
2	财务预算编制的正规性、有效性、及时性	15%	财务预算是否在规定时间内编制完成，财务预算准确性
3	财会工作的规范性	5%	违反财务制度的次数或项数
4	财务费用控制	5%	实际费用/预算费用的偏差
5	对公司的财务管理	5%	未及时发现的问题次数和损失
6	现金管理规范性	5%	违反公司现金管理规范次数
7	部门计划的完成情况	5%	部门计划的完成率、完成的质量
8	部门费用控制	10%	实际费用/预算费用的偏差
9	合计	100%	总体

（二）关键绩效指标的分类

企业的关键绩效指标可分为结果类和动因类两种。

1. 结果类指标

结果类指标是反映企业绩效的价值指标，主要包括投资资本回报率、净资产收益率、经济增加值、息税前利润、自由现金流等综合指标。

2. 动因类指标

动因类指标是反映企业价值关键驱动因素的指标，主要包括资本性支出、单位生产成本、产量、销售量、客户满意度、员工满意度等。

【例 7-2-2】阳炎集团绩效考核指标的评分标准采取"多、快、好、省"四项基本原则，把各层级对下达任务的完成程度以"快"为评分原则，按照指标完成的时间进度进行考核，具体如下。

（1）核心任务考核标准：提前／按时完成，满分；未按时完成，0 分。

（2）次级任务考核标准：提前／按时完成，满分；延迟 7 天内，扣总分的 50%；延迟 7 ～ 15 天，扣总分的 80%；延迟 15 天以上，0 分。

（三）关键绩效指标的选取要求

1. 数量要求

关键绩效指标应含义明确、可度量、与战略规划高度相关。指标的数量不宜过多，每一层级的关键绩效指标一般不超过 10 个。

2. 方法要求

选取关键绩效指标的方法主要有关键成果领域分析法、组织功能分解法和工作流程分解法。

（1）关键成果领域分析法。这是一种基于对企业价值创造模式的分析，确定企业的关键成果领域，并在此基础上进一步识别关键成功要素，确定关键绩效指标的方法。

（2）组织功能分解法。这是一种基于组织功能定位，按照各下级单位（部门）对企业总目标所承担的职责，逐级分解和确定关键绩效指标的方法。

（3）工作流程分解法。这是一种按照工作流程各环节对企业价值贡献程度，识别出关键业务流程，将企业总目标层层分解至关键业务流程相关下级单位（部门）或岗位（员工），确定关键绩效指标的方法。

> 📖 **知识拓展**
>
> 管理大师彼得·德鲁克在他 1954 年出版的著作《管理的实践》中提出了 SMART 原则。实施目标管理不但有利于员工更加明确高效地工作，而且为未来的绩效考核制定了目标和考核标准，使考核更加科学化、规范化，保证考核的公开、公平与公正。SMART 原则如表 7-2-2 所示。
>
> 表 7-2-2　　　　　　　　　　　　　　　　SMART 原则
>
> | SMART 原则 | 内容说明 |
> | --- | --- |
> | Specific
（明确的、具体的） | 绩效指标要切中特定的工作目标，不是笼统的目标，而应该适度细化，并且随情境变化而不断调整 |
> | Measurable
（可度量的） | 绩效指标或者是数量化的，或者是行为化的，同时需要验证这些绩效指标的数据或信息是可以获得的 |

续表

SMART 原则	内容说明
Attainable （可实现的）	绩效指标在付出努力的情况下可以实现，避免设立过高或过低的目标，从而失去考核指标的意义
Realistic （现实的）	绩效指标是实实在在的，可以通过证明和观察得到，而并非假设的
Time-bound （有时限的）	绩效指标必须具有明确的截止期限

3. 权重要求

关键绩效指标的权重分配应以企业战略规划为导向，反映被评价对象对企业价值贡献或支持的程度，以及各指标之间的重要性水平。

> ✏️ **提示**
>
> 单项关键绩效指标权重一般设定在 5%～30%，对特别重要的指标可适当提高权重。对特别关键、影响企业整体价值的指标可设立"一票否决"制度，即如果某项关键绩效指标未完成，无论其他指标是否完成，均视为未完成绩效目标。关键绩效指标的目标值应具有挑战性和可实现性，可设定基本目标值、挑战目标值等类似目标层级，激发被评价对象的潜能，并得到被评价对象的普遍认同。

（四）关键绩效指标目标值

1. 目标值标准

确定关键绩效指标目标值，一般参考以下标准。

（1）国家有关部门或权威机构发布的行业标准。

（2）竞争对手的标准。

（3）企业内部标准。

（4）经验（不能按前三项方法确定的，可根据经验确定）。

2. 确定目标值的后续工作

关键绩效指标的目标值确定后，应规定因内外部环境发生重大变化、自然灾害等不可抗力对绩效完成结果产生重大影响时，对目标值进行调整的办法和程序。一般情况下，由被评价对象或评价主体测算确定影响程度，向相应的绩效管理工作机构提出调整申请，报薪酬与考核委员会或其他类似机构审批。

绩效评价中有关计分方法和周期的选择、业绩合同的签订、激励计划的制订，业绩计划与激励计划的执行及报告编制应参照《管理会计应用指引第 600 号——绩效管理》。

四、关键绩效指标法的应用评价

（一）关键绩效指标法的优点

第一，关键绩效指标法将企业战略规划目标转化为被评价对象的日常关键绩效指标和行动目标，确保各层级围绕实现企业战略规划的关键活动开展工作，有利于企业战略规划目标的实现。

第二，关键绩效指标法根据识别的价值创造模式，把握关键价值驱动因素，通过优化关键业务流程，更有效地实现企业价值增值目标。

第三，关键绩效指标法的评价指标数量相对较少，易于理解和使用，实施成本相对较低，有利于推广实施。

（二）关键绩效指标法的缺点

第一，关键绩效指标法在应用过程中存在指标设计风险。

第二，关键绩效指标的选取需要透彻理解企业价值创造模式和战略规划，有效识别核心业务流程和关键价值驱动因素，指标体系设计不当将导致错误的价值导向或管理缺失。

📝 **随堂小测**

1. 企业的关键绩效指标可分为结果类和动因类两种。结果类指标主要包括（　　　）。
   A. 投资资本回报率
   B. 单位生产成本
   C. 息税前利润
   D. 自由现金流
2. 确定关键绩效指标目标值，一般参考以下标准（　　　）。
   A. 国家有关部门或权威机构发布的行业标准
   B. 竞争对手的标准
   C. 企业内部标准
   D. 经验

💡 **想一想**

关键绩效指标法在学习、生活中有哪些类似的应用呢？

任务三　经济增加值法

一、经济增加值法概述

经济增加值（Economic Value Added，EVA）是指税后净营业利润扣除资本成本后的净值。经济增加值及其改善值是全面评价经营者有效使用资本和为企业创造价值的重要指标。

微课 7-2

经济增加值的概念与分类

阅读链接

关键绩效指标法的应用实例

经济增加值为正，表明经营者在为企业创造价值；经济增加值为负，表明经营者在损毁企业价值。

经济增加值法是指以经济增加值为核心，建立绩效指标体系，引导企业注重价值创造，并据此进行绩效管理的方法。

经济增加值法较少单独使用，一般与关键绩效指标法、平衡计分卡等其他方法结合使用。

·经济增加值法的适用对象为成长期以后的企业。

✏️ **提示**

初创企业、人力资本和信息资本等无形资产占主导的企业，以及周期性、波动性较大的企业，应慎重选用经济增加值法。

经济增加值法的起源

经济学家汉密尔顿认为一个企业要为股东创造财富，就必须获得比债务和权益资本成本更高的报酬。其后，英国著名经济学家阿尔弗雷德·马歇尔提出了经济收益（经济利润）的概念，并认为企业必须产生足够多的盈利以补偿所有投入资本的成本才能长期生存。1995年，彼得·德鲁克在《哈佛商业评论》上撰文指出："我们通常说的利润，即用于发放股利的金额，根本并不是利润。只有当某项目获得了超出资金成本的利润，我们才能说'盈利'二字。缴纳税款看似产生了真正的利润，但其实这无足轻重。"所以，传统的财务会计盈利高估了利润，出现通过报表粉饰企业盈利的假象。

企业到底是谁的？就现在而言，这个问题应该不难回答。企业是属于出资人的，那么企业的经营管理是为了出资人吗？进一步思考可能会出现不同的答案。我国的企业经历了从国营、国有到股份制改革的变化，私营企业也在不断发展。出资人的多元化使其对企业的要求也出现了不同的变化，但是有一点是一样的，即要求企业是能够给股东带来回报的。这也就对企业的经营者提出了追求企业价值或者股东价值最大化的要求。

经济增加值是由美国学者贝内·斯图尔特在诺贝尔经济学奖获得者默顿·米勒和弗兰科·莫迪利安尼关于公司价值的经济模型理论之上于1982年提出的。美国著名的思滕思特咨询公司注册并实施了一套以经济增加值为基础的财务管理系统、决策机制及激励报酬制度。

1991年，贝内·斯图尔特在其著作 *The Quest For Value* 一书中，首次系统地阐述了经济增加值的框架，标志着经济增加值管理体系的成立。作为经济增加值概念的倡导者，贝内·斯图尔特于1993年9月20日在 *Journal of Applied Corporate Finance* 杂志中发表了名为"EVA-The Real Key to Creating Wealth"的文章，进一步介绍了许多企业在使用经济增加值激励并评价企业和部门经理业绩后取得的显著成就。20世纪90年代以来，欧美等国的许多企业相继导入企业价值创造的业绩评价指标——经济增加值。

二、经济增加值法的应用环境

应用经济增加值法需要企业树立价值管理理念，明确以价值创造为中心的战略经营目标，建立以经济增加值为核心的价值管理体系，使价值管理成为企业的核心管理制度。

（1）企业应综合考虑宏观环境、行业特点和企业的实际情况，通过识别价值创造模式，确定关键价值驱动因素，构建以经济增加值为核心的指标体系。

（2）企业应建立清晰的资本资产管理责任体系，确定不同被评价对象的资本资产管理责任。

（3）企业应建立健全会计核算体系，确保财务数据完整、真实、有效，及时准确地获取与经济增加值计算相关的会计数据。

（4）企业应加强融资管理，关注筹资来源与渠道，及时获取债务资本成本、股权资本成本等相关信息，合理确定资本成本率。

（5）企业应加强投资管理，把能否增加价值作为新增投资项目决策的主要评判标准，以保持持续的价值创造能力。

三、经济增加值法的应用程序

应用经济增加值法的一般程序包括制订以经济增加值指标为核心的业绩计划、制订激励计划、执行业绩计划与激励计划、实施业绩评价与激励、编制业绩评价与激励管理报告。

业绩计划是企业开展业绩评价工作的行动方案，包括构建指标体系、分配指标权重、确定业绩目标值、选择计分方法和评价周期、签订业绩合同等一系列管理活动。制定业绩计划通常从企业级开始，层层分解到下级单位（部门）或高级管理人员。

构建经济增加值指标体系的一般流程如下。

（一）制定企业级经济增加值指标体系

首先应结合行业竞争优势、组织结构、业务特点、会计政策等情况，确定企业级经济增加值指标的计算公式、调整项目、资本成本率等，并围绕经济增加值的关键驱动因素，制定企业的经济增加值指标体系。

（二）制定下级单位（部门）级经济增加值指标体系

根据企业级经济增加值指标体系，结合下级单位（部门）所处行业、业务特点、资产规模等因素，在充分沟通的基础上，设定下级单位（部门）级经济增加值指标的计算公式、调整项目、资本成本率等，并围绕下级单位（部门）经济增加值的关键驱动因素，细化制定下级单位（部门）的经济增加值指标体系。

（三）制定高级管理人员的经济增加值指标体系

根据企业级、下级单位（部门）级经济增加值指标体系，结合高级管理人员的岗位职责，制定高级管理人员的经济增加值指标体系。

> **随堂小测**
> 1. 经济增加值法的适用对象为（　　）企业。
>   A. 初创　　　　B. 成长期以后　　　C. 成熟　　　　D. 稳定期
> 2. 制定企业级经济增加值指标体系，应该考虑的情况是（　　）。
>   A. 行业竞争优势　B. 组织结构　　　C. 业务特点　　　D. 会计政策

四、经济增加值的计算

微课 7-3

经济增加值的计算

（一）经济增加值的计算公式

经济增加值等于税后净营业利润减去资本成本后的净额，资本成本为加权平均资本成本率与调整后的平均资本占用的乘积。

经济增加值 = 税后净营业利润 - 资本成本

= 税后净营业利润 - 平均资本占用 × 加权平均资本成本率

其中：税后净营业利润衡量的是企业的经营盈利情况；平均资本占用反映的是企业持续投入的各种债务资本和股权资本；加权平均资本成本率反映的是企业各种资本的平均成本率。

（二）经济增加值法常用的调整项目

计算经济增加值时，需要进行相应的会计项目调整，以消除财务报表中不能准确反映企业价值创造的部分。会计调整项目的选择应遵循价值导向性、重要性、可控性、可操作性与行业可比性原则，数据来源于财务报表。

计算税后净营业利润的会计调整项目，应根据不同企业的实际情况，以及企业不同时期的价值主张合理确定。常用的调整项目如下。

（1）一次性支出但收益期较长的费用，予以资本化处理，如研究开发费、大型广告费等。

（2）反映付息债务成本的利息支出，不作为期间费用扣除，扣除所得税影响后予以加回。

176

（3）营业外收入、营业外支出具有偶发性，将当期发生的营业外收支从税后净利润中扣除，并与以前年度累计发生的营业外收支合并做资本化处理。

（4）将当期减值准备发生额扣除所得税影响后予以加回。

（5）递延税金不反映实际支付的税款情况，将递延所得税负债的增加额、递延所得税资产的减少额加回税后净利润。

（6）其他非经常性损益调整项目，如股权转让收益等。

（三）应用经济增加值法的注意事项

（1）税后净营业利润等于会计税后净利润加上利息支出等会计调整项目后得到的税后利润。

（2）平均资本占用是所有投资者投入企业经营的全部资本，包括债务资本和股权资本。债务资本包括长期借款、短期借款、应付债券等有息负债，不包括应付账款、应付票据、其他应付款等不产生利息的无息流动负债。股权资本中包含少数股东权益。计算平均资本占用时选择的会计调整项目，可根据企业实际情况确定，一般计算公式如下。

$$平均资本占用 = 平均所有者权益 + 平均负债 - 平均无息流动负债 - 平均在建工程 + 平均减值准备 + 平均递延所得税负债贷方余额 - 平均递延所得税资产借方余额 + （累计营业外支出 - 累计营业外收入）\times（1 - 所得税税率）$$

$$平均无息流动负债 = 平均流动负债 - 平均短期借款 - 平均一年内到期的长期负债$$

$$平均减值准备 = 平均坏账准备 + 平均存货跌价准备 + 平均长期投资减值准备 + 平均短期投资减值准备 + 平均固定资产减值准备 + 平均无形资产减值准备 + 平均在建工程减值准备 + 平均商誉减值准备等减值准备$$

（3）加权平均资本成本率是债务资本和股权资本的加权平均资本成本率，反映投资者对投入资本的最低回报要求。

加权平均资本成本率的计算公式如下。

$$K_{\text{WACC}} = K_D \frac{\text{DC}}{\text{TC}}(1 - T) + K_S \frac{\text{EC}}{\text{TC}}$$

其中：TC代表资本占用，EC代表股权资本，DC代表债务资本，T代表所得税税率；K_{WACC}代表加权平均资本成本率；K_D代表债务资本成本率，K_S代表股权资本成本率。

债务资本成本率是企业实际支付给债权人的税前利率，反映的是企业在资本市场中债务融资的边际成本。如果企业存在不同利率的融资来源，债务资本成本率应使用加权平均值。

股权资本成本率是在不同风险下所有者要求的最低回报，通常根据资本资产定价模型确定，计算公式如下。

$$K_S = R_f + \beta（R_m - R_f）$$

其中：R_f为无风险收益率，R_m为市场预期回报率，（$R_m - R_f$）为市场风险溢价。β是企业股票相对于整个市场的风险指数。上市企业的β值，可采用最小二二乘法、回归分析法等方法测算确定，也可以直接采用投资银行、证券机构提供或发布的β值。非上市企业的β值，采用类比法，参考同类上市企业的β值确定。

（4）企业级加权平均资本成本率确定后，应结合行业情况、不同下级单位（部门）的特点，通过计算（能单独计算的）或指定（不能单独计算的）的方式确定下级单位（部门）的资本成本率。

（5）通常情况下，企业对下级单位（部门）所投入资本即股权资本的成本率是相同的，为简化资本成本率的计算，下级单位（部门）的加权平均资本成本率一般与企业保持一致。

（6）经济增加值法指标体系通常包括经济增加值、经济增加值改善值、经济增加值回报率、资本周转率、产量、销售量、单位生产成本等。应用经济增加值法建立的业绩评价体系，应赋予经济增加值指标较高的权重。

【例 7-3-1】根据阳炎集团所处的行业环境和企业经营环境，财务总监刘晓最后选择了经济增加值法来对公司进行绩效分析考核。阳炎集团的加权平均资金成本计算如表 7-3-1 所示。

表 7-3-1　　　　　　　　　　　阳炎集团的加权平均资金成本计算

项目	金额 / 元	百分比	税后资本成本率	加权平均资本成本率
长期借款	6 000 000	15%	8%×（1-25%）×100%=6%	0.9%
公司债券	8 000 000	20%	9%×（1-25%）×100%=6.75%	1.35%
普通股	26 000 000	65%	8%×（1-25%）×100%+4%=10%	6.5%
合计	40 000 000			8.75%

【例 7-3-2】沿用【例 7-3-1】的资料，阳炎集团的资金总额为 4 000 万元，税后利润为 500 万元，资本成本为 350（4 000×8.75%）万元，则阳炎集团的经济增加值计算如表 7-3-2 所示。

表 7-3-2　　　　　　　　　　　　阳炎集团经济增加值计算　　　　　　　　　　　单位：元

项目	金额
税后利润	5 000 000
减：加权平均资本成本	3 500 000
经济增加值	1 500 000

从表 7-3-2 的结果可以看出，经济增加值为正数，表明阳炎集团在扣除资本成本后仍有盈利，该公司正在创造财富。

五、经济增加值法的目标值

经济增加值法的目标值根据经济增加值基准值和期望的经济增加值改善值（ΔEVA）确定。

经济增加值目标值 = 经济增加值基准值 + 期望的经济增加值改善值

企业在确定经济增加值基准值和期望的经济增加值改善值时，要充分考虑企业规模、发展阶段、行业特点等因素。其中，经济增加值基准值可参照上年实际完成值、上年实际完成值与目标值的平均值、近几年（比如 3 年）实际完成值的平均值等确定。期望的经济增加值改善值，根据企业战略目标、年度生产经营计划、年度预算安排、投资者期望等因素，结合价值创造能力改善等要求综合确定。

经济增加值法下，业绩评价计分方法和周期的选择、业绩合同的签订可参照绩效管理中的相应内容。业绩评价周期一般可分为季度、半年度、年度、任期。

六、经济增加值法的激励计划

经济增加值法的激励计划按激励形式可分为薪酬激励计划、能力开发激励计划、职业发展激励计划和其他激励计划。应用经济增加值法建立的激励体系，应以经济增加值的改善值为基础。

（1）薪酬激励计划包括对目标奖金、奖金库和基于经济增加值的股票期权的计划。

①目标奖金是达到经济增加值目标值所获得的奖金，只对经济增加值增量部分实施奖励。

②奖金库是基于对企业经济增加值长期增长目标实施的奖励。企业设立专门的账号管理奖金，将以经济增加值为基准计算的奖金额存入专门账户中，以递延奖金形式发放。

③企业根据经济增加值确定股票期权的行权价格和数量，行权价格每年以相当于企业资本成

本的比例上升，授予数量由当年所获得的奖金确定。

（2）能力开发激励计划主要包括对员工知识、技能等方面的提升计划。

（3）职业发展激励计划主要是对员工职业发展做出的规划。

（4）其他激励计划包括良好的工作环境、晋升与降职、表扬与批评等。

业绩计划和激励计划制订后，执行、实施及编制报告参照任务一。经济增加值法在应用过程中应循序渐进，在企业及部分下级单位试点的基础上，总结完善后稳步推进。

七、经济增加值法的应用评价

（一）经济增加值法的优点

第一，经济增加值法考虑了所有资本成本，其核心是企业的盈利只有高于其资本成本时才会创造价值，更真实地反映了企业的价值创造能力。

第二，以经济增加值改善值为基础的激励体系，实现了企业利益、经营者利益和员工利益的统一，激励经营者和所有员工为企业创造更多的价值。

第三，应用经济增加值法，能有效遏制企业盲目扩张规模以追求利润总量和增长率的倾向，引导企业注重长期价值创造。

（二）经济增加值法的缺点

第一，经济增加值是对企业当期或未来 1～3 年价值创造情况的衡量和预判，无法衡量企业长远发展战略的价值创造情况，与企业战略的关联度不高。

第二，经济增加值的计算主要基于财务指标，无法对企业的运营效率与效果进行综合评价，需与其他非财务指标结合使用。

第三，经济增加值及其改善值的计算，涉及大量会计调整项目，并且不同行业、不同规模的企业，其加权平均资本成本率各不相同，计算比较复杂。

> **随堂小测**
>
> 1. 一次性支出但收益期较长的费用，予以资本化处理，如（   ）、大型广告费等。
>
>   A. 生产费用　　　B. 财务费用　　　C. 研发费用　　　D. 制造费用
>
> 2. 判断：应用经济增加值法，能有效遏制企业盲目扩张规模以追求利润总量和增长率的倾向，引导企业注重长期价值创造，一般单独使用。　　　　　　　　　　（   ）

任务四　平衡计分卡

微课 7-4

平衡计分卡的
概念与应用

一、平衡计分卡概述

平衡计分卡是指基于企业战略规划，从财务、客户、内部业务流程、学习与成长四个维度，将战略规划目标逐层分解转化为具体的、相互平衡的业绩指标体系，并据此进行绩效管理的方法。

平衡计分卡是企业进行绩效管理的重要方法之一。平衡计分卡具有战略规划与实施的功能，通常与战略地图等其他工具结合使用。

平衡计分卡适用于战略规划目标明确、管理制度比较完善、管理水平相对较高的企业。平衡计分卡的应用对象可为企业、部门和员工。

二、平衡计分卡的应用环境

企业应用平衡计分卡进行绩效管理时，应有明确的愿景和战略规划。平衡计分卡应以战略规划为核心，全面描述、衡量和管理战略规划，将战略规划转化为可操作的行动。

平衡计分卡可能涉及组织和流程变革，具有创新精神、变革精神的企业文化有助于成功实施平衡计分卡。

企业应对组织结构和职能进行梳理，消除不同组织职能间的壁垒，实现良好的组织协同，既包括企业内部各级单位（部门）之间的横向与纵向协同，也包括与投资者、客户、供应商等外部利益相关者之间的协同。

企业应注重员工学习与成长能力的提升，以更好地实现平衡计分卡的财务、客户、内部业务流程目标，使战略规划贯彻到每一名员工的日常工作中。

平衡计分卡的实施是一项复杂的系统工程，一般需要建立由战略管理、人力资源管理、财务管理和外部专家等组成的项目团队，推进实施工作的顺利完成。

企业应建立高效集成的信息系统，实现绩效管理、规划计划、财务管理、生产经营等系统的紧密结合，为平衡计分卡的实施提供信息支持。

三、平衡计分卡的应用程序

（一）应用平衡计分卡的一般程序

平衡计分卡应用的一般程序包括制定战略地图、编制以平衡计分卡为核心的业绩计划、制订激励计划、编制战略性行动方案、执行业绩计划与激励计划、实施业绩评价与激励、编制业绩评价与激励管理报告。

1. 制定战略地图

企业首先应制定战略地图，即基于企业愿景与战略规划，将战略规划目标及其因果关系、价值创造路径以图示的形式直观、明确、清晰地呈现出来。

战略地图基于战略主题构建，战略主题应反映企业价值创造的关键业务流程，每个战略主题包括相互关联的 1 ～ 2 个战略规划目标。

2. 编制业绩计划

战略地图制定后，应以平衡计分卡为核心编制业绩计划。业绩计划是企业开展业绩评价工作的行动方案，包括构建指标体系、分配指标权重、确定业绩目标值、选择计分方法和评价周期、签订业绩合同等一系列管理活动。编制业绩计划通常从企业级开始，层层分解到下级单位（部门），最终落实到具体岗位和员工。

（二）构建平衡计分卡指标体系的一般流程

平衡计分卡指标体系的构建应围绕战略地图，针对财务、客户、内部业务流程和学习与成长四个维度的战略规划目标，确定相应的评价指标。

构建平衡计分卡指标体系的一般流程如下。

1. 制定企业级指标体系

根据企业层面的战略地图，为每个战略主题的战略规划目标设定指标，每个目标至少应有 1 个指标。

2. 制定下级单位（部门）级指标体系

依据企业级战略地图和指标体系，制定下级单位（部门）的战略地图，确定相应的指标体系，使各下级单位（部门）的行动与企业战略规划目标保持一致。

3. 制定岗位（员工）级指标体系

根据企业、下级单位（部门）级指标体系，按照岗位职责逐级形成岗位（员工）级指标体系。

1. 战略地图制定后，应以（　　　）为核心编制业绩计划。
   A. 平衡计分卡　　　B. 经济增加值　　　C. 关键绩效指标　　　D. 绩效奖励
2. 平衡计分卡指标体系构建时，需要考虑的维度有（　　　）。
   A. 财务维度　　　　　　　　　　　B. 客户维度
   C. 内部业务流程维度　　　　　　　D. 学习与成长维度

（三）构建平衡计分卡指标体系的四个维度

构建平衡计分卡指标体系时，应注重短期目标与长期目标的平衡、财务指标与非财务指标的平衡、结果性指标与动因性指标的平衡、企业内部利益与外部利益的平衡。平衡计分卡每个维度的指标通常为 4～7 个，总量一般不超过 25 个。

企业构建平衡计分卡指标体系时，应以财务维度为核心，其他维度的指标都与核心维度的一个或多个指标相联系。企业可通过梳理核心维度目标的实现过程，确定每个维度的关键驱动因素，结合战略主题，选取关键绩效指标。

1. 财务维度指标体系的构建

财务维度以财务术语描述了战略规划的有形成果。企业常用指标有投资资本回报率、净资产收益率、经济增加值、息税前利润、自由现金流、资本负债率、总资产周转率等。

（1）投资资本回报率，是指企业一定会计期间取得的息前税后利润占其所使用的全部投资资本的比例，反映企业在会计期间有效利用投资资本创造回报的能力。一般计算公式如下。

$$投资资本回报率 = [税前利润 \times (1 - 所得税税率) + 利息支出] \div 投资资本平均余额 \times 100\%$$

$$投资资本平均余额 = (期初投资资本 + 期末投资资本) \div 2$$

$$投资资本 = 有息债务 + 所有者（股东）权益$$

（2）净资产收益率是指企业一定会计期间取得的净利润占其所使用的净资产平均数的比例，能够反映企业全部资产的获利能力。一般计算公式如下。

$$净资产收益率 = 净利润 \div 平均净资产 \times 100\%$$

（3）经济增加值等于税后净营业利润减去资本成本后的净额，资本成本为加权平均资本成本率与调整后的平均资本占用的乘积。经济增加值的计算公式如下。

$$经济增加值 = 税后净营业利润 - 资本成本$$

$$= 税后净营业利润 - 平均资本占用 \times 加权平均资本成本率$$

（4）息税前利润是指企业当年实现税前利润与利息支出的合计数。一般计算公式如下。

$$息税前利润 = 税前利润 + 利息支出$$

（5）自由现金流是指企业一定会计期间经营活动产生的净现金流超过付现资本性支出的金额，反映企业可动用的现金。一般计算公式如下。

$$自由现金流 = 经营活动净现金流 - 付现资本性支出$$

（6）资本负债率是指企业某一会计期末有息债务占所有者（股东）权益与有息债务之和的比例。一般计算公式如下。

$$资本负债率 = 有息债务 \div (有息债务 + 所有者权益) \times 100\%$$

（7）总资产周转率是指营业收入与总资产平均余额的比值，反映总资产在一定会计期间内周转的次数。一般计算公式如下。

$$总资产周转率 = 营业收入 \div 总资产平均余额$$

【例 7-4-1】阳炎集团旗下餐厅财务维度指标的构建过程如表 7-4-1 所示。

表 7-4-1 财务维度指标的构建

战略主题	战略目标	指标
收入增长战略	■ 提高收入 ■ 提高客户价值 ■ 餐饮转型	■ 净资产收益率 ■ 客户购买力 ■ 销售计划完成率
生产力提升战略	■ 改善成本结构 ■ 提高资产使用率	■ 经营现金流量 ■ 总资产周转率

2. 客户维度指标体系的构建

客户维度界定了目标客户的价值主张。企业常用指标有市场份额、客户获得率、客户保持率、客户获利率等。

（1）市场份额是指企业的销售量（或销售额）在市场同类产品中所占的比重。

（2）客户获得率是指企业在争取新客户时获得成功部分的比例。该指标可用客户数量增长率或客户交易额增长率来描述。一般计算公式如下。

客户数量增长率 =（本期客户数量 - 上期客户数量）÷ 上期客户数量 × 100%

客户交易额增长率 =（本期客户交易额 - 上期客户交易额）÷ 上期客户交易额 × 100%

（3）客户保持率是指企业继续保持与老客户交易关系的比例。该指标可用老客户交易增长率来描述。一般计算公式如下。

老客户交易增长率 =（老客户本期交易额 - 老客户上期交易额）÷ 老客户上期交易额 × 100%

（4）客户获利率是指企业从单一客户得到的净利润与付出的总成本的比率。一般计算方式如下。

单一客户获利率 = 单一客户净利润 ÷ 单一客户总成本 × 100%

【例 7-4-2】阳炎集团旗下餐厅客户维度指标的构建过程如表 7-4-2 所示。

表 7-4-2 客户维度指标的构建

战略主题	战略目标	指标
网红产品	■ 提高市场占有率 ■ 建立网红品牌	■ 市场份额 ■ 品牌知名度
长期合作伙伴	■ 提高客户满意度 ■ 提升客户价值 ■ 重点客户共赢	■ 餐饮订单好评率 ■ 客户毛利率 ■ 重点客户流失率

3. 内部业务流程维度指标体系的构建

内部业务流程维度确定了对战略规划产生影响的关键流程。企业常用指标有交货及时率、生产负荷率、产品合格率、存货周转率等。

（1）交货及时率是指企业在一定会计期间内及时交货的订单数占其总订单数的比例。一般计算公式如下。

交货及时率 = 及时交货的订单数 ÷ 总订单数 × 100%

（2）生产负荷率是指投产项目在一定会计期间内的产品产量与设计生产能力的比例。一般计算公式如下。

生产负荷率 = 实际产量 ÷ 设计生产能力 × 100%

（3）产品合格率是指合格产品数量占总产品数量的比例。一般计算公式如下。

产品合格率 = 合格产品数量 ÷ 总产品数量 × 100%

（4）存货周转率是指企业营业收入与存货平均余额的比值，反映存货在一定会计期间内周转的次数。一般计算公式如下。

$$存货周转次数 = 营业收入 \div 存货平均余额 \times 100\%$$

【例 7-4-3】阳炎集团旗下餐厅内部业务流程维度指标的构建过程如表 7-4-3 所示。

表 7-4-3　　　　　　　　　　　　　　　内部业务流程维度指标的构建

战略主题	战略目标	指标
运营管理流程	■ 标准化流程 ■ 专业化服务 ■ 常态化质检	■ 及时交货率 ■ 生产负荷率 ■ 产品合格率
客户管理流程	■ 品牌宣传 ■ 建立客户档案	■ 抖音、小红书等平台的宣传力度专属定制化服务满意度
创新服务流程	网红产品创新	立项新产品数量
法规与社会流程	控制监管系统	健康、安全保障率

4. 学习与成长维度指标体系的构建

学习与成长维度确定了对战略最重要的无形资产。企业常用指标有员工流失率、员工保持率、员工生产率、培训计划完成率等。

（1）员工流失率是指企业一定会计期间内离职员工占员工平均人数的比例。一般计算公式如下。

$$员工流失率 = 本期离职员工人数 \div 员工平均人数 \times 100\%$$
$$员工保持率 = 1 - 员工流失率$$

（2）员工生产率是指员工在一定会计期间内创造的劳动成果与其相应员工数量的比值。该指标可用人均产品生产数量或人均营业收入进行衡量。一般计算公式如下。

$$人均产品生产数量 = 本期产品生产总量 \div 生产人数 \times 100\%$$
$$人均营业收入 = 本期营业收入 \div 员工人数$$

（3）培训计划完成率可用培训计划实际执行的总时数与培训计划总时数的比值确定。

$$培训计划完成率 = 培训计划实际执行的总时数 \div 培训计划总时数$$

【例 7-4-4】阳炎集团旗下餐厅学习与成长维度指标的构建过程如表 7-4-4 所示。

表 7-4-4　　　　　　　　　　　　　　　学习与成长维度指标的构建

战略主题	战略目标	指标
人力资本战略	■ 增加关键岗位人才储备 ■ 完善培训体系	■ 关键岗位胜任率 ■ 核心员工保持率 ■ 培训计划完成率
信息资本战略	建立标准送餐售后一体化系统	及时配送率投诉反馈率
组织资本战略	企业文化建设	绩效导向的企业文化

📝 随堂小测

1. 企业构建平衡计分卡指标体系时，应以（　　　）为核心，其他维度的指标都与核心维度的一个或多个指标相联系。

　　A. 客户维度　　　　　　　　　　B. 内部业务流程维度

　　C. 财务维度　　　　　　　　　　D. 学习与成长维度

2. 内部业务流程维度确定了对战略规划产生影响的关键流程。企业常用指标有交货及时率、生产负荷率、（　　　）、存货周转率等。

　　A. 经济增加值　　B. 客户保持率　　　C. 培训计划完成率　　D. 产品合格率

（四）平衡计分卡指标设立的相关要求

1. 匹配要求

企业可根据实际情况建立通用类指标库，不同层级单位和部门结合不同的战略规划定位、业务特点选择适合的指标体系。

【例 7-4-5】阳炎集团旗下餐厅制作的平衡计分卡指标库如表 7-4-5 所示。

表 7-4-5　　　　　　　　　　　平衡计分卡指标库

维度	目标	指标
财务维度	■ 降低成本 ■ 提高收入 ■ 扩大利润	■ 成本核算指标 ■ 存货额度指标 ■ 营业收入指标 ■ 净利润率指标
客户维度	■ 维持客户 ■ 获取客户 ■ 健全服务	■ 客户保有率 ■ 新客户开拓率 ■ 客户投诉率 ■ 顾客满意度
内部业务流程维度	■ 食品安全 ■ 质量监督 ■ 营销策划	■ 卫生达标率 ■ 责任事故率 ■ 安全生产率 ■ 促销活动成功率
学习与成长维度	■ 技能培训 ■ 员工关怀 ■ 责任担当	■ 培训满意度 ■ 员工满意率 ■ 企业文化认同程度

2. 权重要求

平衡计分卡指标的权重分配应以战略规划目标为导向，反映被评价对象对企业战略规划目标贡献或支持的程度，以及各指标之间的重要性水平。

【例 7-4-6】阳炎集团旗下餐厅制作的平衡计分卡指标及权重如表 7-4-6 所示。

表 7-4-6　　　　　　　　　　　平衡计分卡指标及权重

序号	关键绩效指标	权重
1	餐饮销售任务全部完成	40%
2	净资产收益率提高到 2%	20%
3	核心员工流失率不超过 10%	20%
4	员工入职培训通过率超过 95%	10%
5	会员营业收入达到 30%	10%
合计		100%

3. 目标值要求

平衡计分卡绩效目标值应根据战略地图的因果关系分别设置。首先确定战略主题的目标值，其次确定主题内的战略规划目标值，然后基于平衡计分卡评价指标与战略规划目标的对应关系，为每个评价指标设定目标值，通常设计 3～5 年的目标值。

目标值应具有挑战性和可实现性，可设定基本目标值、挑战目标值等类似目标层级，激发评价对象潜能，并得到被评价对象的普遍认同。

平衡计分卡业绩目标值确定后，应规定因内外部环境发生重大变化、自然灾害等不可抗力对业绩完成结果产生重大影响时，对目标值进行调整的办法和程序。一般情况下，由被评价对象或评价主体测算确定影响额度，向相应的绩效管理工作机构提出调整申请，报薪酬与考核委员会或其他类似机构审批。

（五）平衡计分卡绩效计划与激励计划

在制订业绩计划与激励计划后，后续企业应在战略主题的基础上，制定战略性行动方案，实现短期行动计划与长期战略规划的协同，并长期跟踪完善，具体流程如下所示。

1. 制定战略性行动方案

（1）选择战略性行动方案。制定每个战略主题的多个行动方案，并从中区分、排序和选择最优的战略性行动方案。

（2）提供战略性资金。建立战略性支出的预算，为战略性行动方案提供资金支持。

（3）建立责任制。明确战略性行动方案的执行责任方，定期回顾战略性行动方案的执行进程和效果。

2. 创造协同效应

业绩计划与激励计划执行过程中，企业应按照纵向一致、横向协调的原则，持续地推进组织协同，将协同作为一个重要的流程进行管理，使企业和员工的目标、职责与行动保持一致，创造协同效应。

业绩计划与激励计划执行过程中，企业应持续深入地开展流程管理，及时识别存在问题的关键流程，根据需要对流程进行优化完善，必要时进行流程再造，将流程改进计划与战略规划目标相协同。

3. 长期跟进完善

平衡计分卡的实施是一项长期的管理改善工作，在实践中通常采用"先试点，后推广"的方式，循序渐进，分步实施。

四、平衡计分卡的应用评价

（一）平衡计分卡的优点

第一，平衡计分卡将战略规划目标逐层分解，转化为被评价对象的业绩指标和行动方案，使整个组织协调一致，将战略规划目标层层落到实处。

第二，平衡计分卡从财务、客户、内部业务流程、学习与成长四个维度确定绩效指标，平衡了短期目标与长期目标、财务指标与非财务指标、结果性指标与动因性指标、企业内部利益与外部利益，使绩效评价更为全面完整。

第三，平衡计分卡将学习与成长作为一个维度，既注重员工技能的提升，满足员工的发展愿望和发展要求，也注重组织资本、信息资本等无形资产的开发利用，有利于增强企业可持续发展的动力。

（二）平衡计分卡的缺点

第一，应用平衡计分卡绘制战略地图、确定战略主题和绩效指标体系的专业技术要求高，工作量比较大，操作难度也较大，实施比较复杂。

第二，平衡计分卡涉及大量指标数据的收集和计算，需要持续沟通和反馈且投入大量的资源，从启动到全面实施通常需要一年或更长的时间，实施成本比较高。

> **随堂小测**
> 1. 企业绩效指标权重一般设定在（　　），对特别重要的指标可适当提高权重。
>   A. 5%～30%　　B. 10%～20%　　C. 15%～30%　　D. 20%～40%
> 2. 平衡计分卡绩效计划与激励计划中制定战略性行动方案包括（　　）。
>   A. 提供人才协助　　　　B. 选择战略性行动方案
>   C. 提供战略性资金　　　D. 建立责任制

平衡计分卡在万科公司的应用

平衡计分卡作为一种典型的绩效评价系统，自提出后，便在全球500强的大部分企业里得到广泛应用，成为实施组织战略的工具。

平衡计分卡作为战略管理的重要工具，对万科的发展起到非常重要的作用。在运用平衡计分卡的过程中，万科主要从公司愿景与战略出发，在公司财务、客户、内部业务流程和学习与成长四个层面，分解公司战略目标，量化考核公司各项指标，把公司的各项战略转变为具体的行动，有效地提升了公司的业绩，使其成为国内房地产行业的领军企业。

在应用平衡计分卡的过程中，万科用文字明确总结了公司的宗旨、愿景和价值观，形成公司的评价指标库并用来考核所有一线公司。万科在实施平衡计分卡之初并不顺利，这主要是由平衡计分卡的性质决定的。平衡计分卡的实施需要建立在企业成熟的制度上，若企业基础管理水平薄弱，很难发挥平衡计分卡的作用，反而会使企业业绩进一步恶化。另外，平衡计分卡还需要与企业本身的价值理念契合。平衡计分卡提倡的管理理念与万科前二十年的发展历程相对吻合。

不同的行业所处的竞争环境大不相同，相同行业的不同房地产企业所需的战略也不同，因此需设定不同的平衡计分卡目标。如果盲目套用，不仅无法将平衡计分卡的长处充分发挥，反而会严重影响企业业绩的正常评估。万科平衡计分卡的具体内容如下。

第一，财务维度。

一方面，万科用净利润、集团资源回报率两个指标来考核旗下各一线公司；另一方面，集团旗下一线公司还要证明在上述财务指标之外，公司实现了价值的整治，这些价值不以实际利润的形式存在，但能影响一段时间的收益。万科通过设置项目净利润来考核项目预期利润，用集团投资回报率、项目销售毛利率、项目销售额、销售均价来评价项目的盈利能力。

万科属于房地产企业，需设置土地成本比重、单方建安成本、单方管理费用、单方销售费用来控制成本费用，从而优化成本结构；设置土地储备周转率、单位开发面积的资金成本、应收账款回收期、商品达到可销售状态时间、年销售商品房数量来提高项目资金的利用率，从而保证企业的资金平衡，使现金流通畅。

第二，客户维度。

企业通过与客户维持良好的供需关系，提升企业自身的竞争能力。在万科的价值观念中，"客户是永远的伙伴"这一条被列在核心位置，这也是万科运用平衡计分卡在客户维度上的阐释。万科会员俱乐部就是万科为增进客户关系所建立的。另外，万科每年在社区中与业主一起开展"万运会"，充分贯彻了"全心全意为您"的服务理念。万科通过设置区域市场占有率和产品结构合理性这两个指标来了解目标市场和顾客；设置顾客满意度、顾客推荐度和客户忠诚度来考核并尽可能提供客户满意的产品与服务；设置媒体宣传覆盖率、品牌认知度与影响力来提升企业的形象并增加产品附加值；设置合作方满意度来维护良好的外部关系。

第三，内部业务流程维度。

万科采取产品差异化战略，着重把握产品、市场和客户并不断创新设计。在内部业务流程方面，万科在运作中对创新、运营和售后服务等各个环节加以运营风险的控制。根据房地产企业的特色，在内部业务流程维度，可设置诸如战略管理、融资能力和策划研究等多个二级指标。具体而言，设置市场与产品把握能力、出图时间和设计的创新等指标来提高项目设计水平；设置业务区域拓展及土地储备率来加强项目开发能力和业务拓展能力；设置开工、开盘、入住时间来计划和确定合理的开发节奏；查验是否能够提供融资抵押物及明确的资金解决方案来降低财务风险；设置竣工时间、现场管理组织架构、工程合格率和企业资源贡献度来缩短工程周期，同时提高工程质量，从而整合资源。

第四，学习与成长维度。

在学习与成长维度方面，主要考量员工因素，尤其是由员工带来的风险。因此，一般在该维度下设置员工忠诚度、员工知识水平、员工培训费用、员工对变革的适应度与激励体制有效性等指标。从长远的角度来看，只有员工不断学习和创新，企业才能实现长远的目标。因此，保持企业的持续发展是学习与成长维度的核心内容。在这一维度，万科具体设置员工培训比率与周期、储备人才比率来提高人才的储备管理；设置主要职位合格人数比率和主要岗位人才满意度来优化人力资源的配备；设置员工满意度和员工岗位交叉培训度来创造和谐的工作气氛，更好地执行战略。

在四个不同的维度设置不同指标后，企业还可以运用诸如层次分析法来确定不同指标所占的权重。层次分析法是指将与决策有关的因素分解为不同的组成元素，按元素的相互关系划分有序的层次分析图，通过两两比较确定层次中诸因素相对于上一层某因素的相对重要性构造判断矩阵，最后综合判断以决定各因素相对重要性的排序。这样能够将非财务指标量化，在考虑房地产行业的特点后全方位考核企业绩效以及找到影响绩效的关键因素。

万科成功地运用平衡计分卡，有效开展企业战略管理和绩效管理，不仅优化了企业管理方式，而且提升了企业的资源调配能力和核心竞争力。但是，我们也要认识到万科在运用平衡计分卡的过程中可能存在的误区，以免对企业带来不良的影响。所以，我们需要有效结合企业的战略发展实际情况，选择适合企业管理的方法，帮助企业兼顾发展与风险平衡、质量与效益平衡、创新与韧性平衡，保持可持续增长、高效益发展和风险可控，从而改善企业的经营管理现状，走向高质量发展之路。

岗课赛证素质拓展

一、绩效管理岗位核心能力

（1）预算执行情况数据挖掘与分析能力：运用 Python 技术挖掘预算及预算执行情况数据，计算预算数据与执行数据之间的差额，并进行分析。

（2）公司层面绩效考核能力：对比公司预算与实际经营数据进行差异分析，针对关键考核指标进行评价；对平衡计分卡各个维度的相关数据进行深入分析，并完成指标考核评价。

（3）业务部门绩效考核能力：运用 Python 技术挖掘业务部门相关数据，计算各部门的关键评价指标，进行考核评价。

（4）员工层面绩效考核能力：结合公司绩效考核制度，针对员工的工作完成情况进行业绩评价与考核。

二、绩效管理岗位任务

（1）绩效考评：平衡计分卡、关键绩效指标（KPI）、责任中心考核评价等。

（2）业绩分析：企业盈利能力分析、成本控制与管理能力分析、资金利用效率能力分析、关键业绩指标分析、资产负债结构合理性分析、人均劳动效率分析等。

三、实例分析

北京太兴餐饮管理有限公司 2022 年预计资产负债表、预计利润表分别如表 7-1 和表 7-2 所示，2022 年资产负债表和 2021 年资产负债表分别如表 7-3 和表 7-4 所示，2022 年利润表如表 7-5 所示。

实例训练

表 7-1　　　　　　　　　　　**2022 年预计资产负债表**

编制单位：北京太兴餐饮管理有限公司　　　　　　　　　　　　　　　　　　　　单位：元

资产		负债和所有者权益	
流动资产：		**流动负债：**	
货币资金	1 223 992.00	短期借款	50 000.00
衍生金融资产	0.00	衍生金融负债	0.00
应收票据	0.00	应付票据	1 300 000.00
应收账款	168 060.00	应付账款	374 000.00
预付款项	342 000.00	预收款项	214 200.00
应收利息	0.00	应付职工薪酬	120 300.00
应收股利	0.00	应交税费	90 720.00
其他应收款	116 608.00	应付利息	0.00
存货	324 000.00	应付股利	0.00
持有待售的资产	0.00	其他应付款	1 040 446.00
一年内到期的非流动资产	0.00	持有待售的负债	0.00
其他流动资产	0.00	其他流动负债	0.00
流动资产合计	2 174 660.00	**流动负债合计**	3 189 666.00
非流动资产：		**非流动负债：**	
债权投资	0.00	长期借款	0.00
其他债权投资	0.00	应付债券	0.00
长期应收款	0.00	其中：优先股	0.00
长期股权投资	0.00	永续债	0.00
投资性房地产	0.00	长期应付款	1 500 000.00
固定资产	4 270 400.00	专项应付款	0.00
在建工程	420 000.00	预计负债	0.00
工程物资	0.00	递延收益	0.00
固定资产清理	0.00	递延所得税负债	0.00
生产性生物资产	0.00	其他非流动负债	0.00
油气资产	0.00	**非流动负债合计**	1 500 000.00
无形资产	200 000.00	**负债合计**	4 689 666.00
开发支出	0.00	**所有者权益：**	0.00
商誉	0.00	实收资本	120 000.00
长期待摊费用	0.00	资本公积	582 528.00
递延所得税资产	0.00	盈余公积	515 886.00
其他非流动资产	0.00	未分配利润	1 156 980.00
非流动资产合计	4 890 400.00	**所有者权益合计**	2 375 394.00
资产总计	7 065 060.00	**负债和所有者权益总计**	7 065 060.00

表 7-2　　　　　　　　　　　**2022 年预计利润表**

编制单位：北京太兴餐饮管理有限公司　　　　　　　　　　　　　　　　　　　　单位：元

项目	2022 年
一、营业收入	5 594 312.00
减：营业成本	3 013 000.00
税金及附加	57 834.00
销售费用	271 000.00
管理费用	618 000.00
财务费用	174 960.00
资产减值损失	0.00
加：公允价值变动收益（损失以"-"号填列）	0.00
投资收益（损失以"-"号填列）	0.00
其中：对联营企业和合营企业的投资收益	0.00
资产处置收益（损失以"-"号填列）	0.00
其他收益	0.00

续表

项目	2022 年
二、营业利润（亏损以"-"号填列）	1 459 518.00
加：营业外收入	0.00
减：营业外支出	400 000.00
三、利润总额（亏损总额以"-"号填列）	1 059 518.00
减：所得税费用	264 879.50
四、净利润（净亏损以"-"号填列）	794 638.50

表 7-3　　　　　　　　　　　　　2022 年资产负债表

编制单位：北京太兴餐饮管理有限公司　　　　　　　　　　　　　　　　　　　　单位：元

资产		负债和所有者权益	
流动资产：		流动负债：	
货币资金	1 359 992.00	短期借款	50 000.00
衍生金融资产	0.00	衍生金融负债	0.00
应收票据	0.00	应付票据	1 300 000.00
应收账款	188 400.00	应付账款	340 000.00
预付款项	360 000.00	预收款项	238 000.00
应收利息	0.00	应付职工薪酬	126 600.00
应收股利	0.00	应交税费	86 400.00
其他应收款	106 008.00	应付利息	0.00
存货	360 000.00	应付股利	0.00
持有待售的资产	0.00	其他应付款	1 300 559.00
一年内到期的非流动资产	0.00	持有待售的负债	0.00
其他流动资产	0.00	其他流动负债	0.00
流动资产合计	2 374 400.00	流动负债合计	3 441 559.00
非流动资产：		非流动负债：	
债权投资	0.00	长期借款	0.00
其他债权投资	0.00	应付债券	0.00
长期应收款	0.00	其中：优先股	0.00
长期股权投资	0.00	永续债	0.00
投资性房地产	0.00	长期应付款	1 500 000.00
固定资产	5 024 000.00	专项应付款	0.00
在建工程	420 000.00	预计负债	0.00
工程物资	0.00	递延收益	0.00
固定资产清理	0.00	递延所得税负债	0.00
生产性生物资产	0.00	其他非流动负债	0.00
油气资产	0.00	非流动负债合计	1 500 000.00
无形资产	200 000.00	负债合计	4 941 559.00
开发支出	0.00	所有者权益：	
商誉	0.00	实收资本	120 000.00
长期待摊费用	0.00	资本公积	1 313 528.00
递延所得税资产	0.00	盈余公积	198 453.00
其他非流动资产	0.00	未分配利润	1 444 860.00
非流动资产合计	5 644 000.00	所有者权益合计	3 076 841.00
资产总计	8 018 400.00	负债和所有者权益总计	8 018 400.00

表 7-4   **2021 年资产负债表**

编制单位：北京太兴餐饮管理有限公司   单位：元

资产		负债和所有者权益	
流动资产：		**流动负债：**	
货币资金	1 301 699.00	短期借款	50 000.00
衍生金融资产	0.00	衍生金融负债	0.00
应收票据	0.00	应付票据	1 300 000.00
应收账款	150 000.00	应付账款	280 000.00
预付款项	300 000.00	预收款项	225 000.00
应收利息	0.00	应付职工薪酬	105 000.00
应收股利	0.00	应交税费	72 000.00
其他应收款	128 301.00	应付利息	0.00
存货	300 000.00	应付股利	0.00
持有待售的资产	0.00	其他应付款	1 208 328.00
一年内到期的非流动资产	0.00	持有待售的负债	0.00
其他流动资产	0.00	其他流动负债	0.00
流动资产合计	2 180 000.00	**流动负债合计**	3 240 328.00
非流动资产：		**非流动负债**	
债权投资	0.00	长期借款	0.00
其他债权投资	0.00	应付债券	0.00
长期应收款	0.00	其中：优先股	0.00
长期股权投资	0.00	永续债	0.00
投资性房地产	0.00	长期应付款	1 500 000.00
固定资产	4 000 000.00	专项应付款	0.00
在建工程	350 000.00	预计负债	0.00
工程物资	0.00	递延收益	0.00
固定资产清理	0.00	递延所得税负债	0.00
生产性生物资产	0.00	其他非流动负债	0.00
油气资产	0.00	**非流动负债合计**	1 500 000.00
无形资产	200 000.00	**负债合计**	4 740 328.00
开发支出	0.00	**所有者权益：**	
商誉	0.00	实收资本	120 000.00
长期待摊费用	0.00	资本公积	787 977.00
递延所得税资产	0.00	盈余公积	104 850.00
其他非流动资产	0.00	未分配利润	976 845.00
非流动资产合计	4 550 000.00	**所有者权益合计**	1 989 672.00
资产总计	6 730 000.00	**负债和所有者权益总计**	6 730 000.00

表 7-5   **2022 年利润表**

编制单位：北京太兴餐饮管理有限公司   单位：元

项目	2022 年
一、营业收入	6 120 000.00
减：营业成本	3 240 000.00
税金及附加	64 800.00
销售费用	241 400.00
管理费用	637 200.00
财务费用	216 000.00
资产减值损失	0.00
加：公允价值变动收益（损失以 "-" 号填列）	0.00
投资收益（损失以 "-" 号填列）	0.00
其中：对联营企业和合营企业的投资收益	0.00
资产处置收益（损失以 "-" 号填列）	0.00
其他收益	0.00
二、营业利润（亏损以 "-" 号填列）	1 720 600.00
加：营业外收入	0.00
减：营业外支出	400 000.00
三、利润总额（亏损总额以 "-" 号填列）	1 320 600.00
减：所得税费用	330 150.00
四、净利润（净亏损以 "-" 号填列）	990 450.00

要求：（1）根据上述企业报表完成 2022 年经营财务状况完成分析。

（2）完成杜邦因素分析，并根据因素分析结果，按各因素对净资产收益率变化产生影响的绝对值从大到小按 1～3 进行排序。

说明：以完整小数位数引用计算，金额单位为元。带 % 的项目以百分比形式四舍五入保留 2 位小数（如 3.50%），其余结果四舍五入保留两位小数，差异为实际与预算之差。

解析：企业 2022 年经营财务状况完成分析如表 7-6 所示，杜邦因素分析如表 7-7 所示。

表 7-6 　　　　　　　　　　**2022 年经营财务状况完成分析**　　　　　　　　　　金额单位：元

	项目	预算	实际	差异	差异率
盈利能力分析	营业收入	5 594 312.00	6 120 000.00	525 688.00	9.40%
	净利润	794 638.50	990 450.00	195 811.50	24.64%
	销售净利率	14.20%	16.18%	1.98%	13.94%
	净资产收益率	36.41%	39.10%	2.69%	7.39%
发展能力分析	收入增长率	11.00%	21.43%	10.43%	94.84%
	总资产增长率	4.98%	19.14%	14.17%	284.53%
	营业利润增长率	-13.43%	2.05%	15.49%	-115.28%
营运能力分析	应收账款周转率	35.18	36.17	0.99	2.82%
	流动资产周转率	2.57	2.46	-0.11	-4.39%
	总资产周转率	0.81	0.83	0.02	2.33%
偿债能力分析	流动比率	0.68	0.69	0.01	1.19%
	速动比率	0.47	0.48	0.01	1.63%
	产权比率	197.43%	160.60%	-36.82%	-18.65%
	权益乘数	3.16	2.91	-0.25	-7.89%

注：权益乘数比较特殊，其公式为（期初资产总额＋期末资产总额）/（期初所有者权益总额＋期末所有者权益总额），期初数据采用 2021 年实际值，期末数据采用 2022 年预计数据。

表 7-7 　　　　　　　　　　　　　　　　**杜邦因素分析**

序号	因素分析	指标名称	2022 年预算值	2022 年实际值	第一因素替代	第二因素替代	第三因素替代	因素影响大小排序
1	分析对象	净资产收益率	36.41%	39.10%	41.48%	42.45%	39.10%	—
2	第一因素	销售净利率	14.20%	16.18%	16.18%	16.18%	16.18%	1
3	第二因素	总资产周转率	0.81	0.83	0.81	0.83	0.83	3
4	第三因素	权益乘数	3.16	2.91	3.16	3.16	2.91	2
	因素对净资产收益率 变化产生的影响				5.07%	0.96%	-3.35%	—

同步训练

一、单项选择题

1. 绩效管理的核心是绩效评价和激励（　　　）。

　　A. 管理　　　　　　　　　　　　B. 考核

　　C. 激励　　　　　　　　　　　　D. 手段

2. 绩效评价计分方法可分为（　　　）和定性法。

　　A. 定额法　　　B. 定量法　　　C. 定标法　　　D. 职业判断法

3. 结果类指标是反映企业绩效的价值指标，主要包括投资资本回报率、净资产收益率、经济增加值、息税前利润、（　　　）等综合指标。

　　A. 资本性支出　　B. 产量　　　C. 自由现金流　　D. 销售量

4. 经济增加值法下的会计调整项目的选择应遵循价值导向性、（　　　）、可控性、可操作性与行业可比性原则，数据来源于财务报表。

　　A. 重要性　　　B. 客观性　　　C. 谨慎性　　　D. 总体性

拓展训练

5. 财务维度以财务术语描述了战略规划的有形成果。企业常用指标有投资资本回报率、净资产收益率、经济增加值、息税前利润、自由现金流、资本负债率、（　　　）等。

  A. 总资产周转率 B. 产品合格率 C. 存货周转率 D. 员工满意度

二、多项选择题

1. 绩效管理应该遵守的原则有（　　　）。

  A. 战略导向原则 B. 客观公正原则 C. 规范统一原则 D. 科学有效原则

2. 企业应用关键绩效指标法进行绩效管理时，应综合考虑绩效评价期间的（　　　）等因素，构建指标体系。

  A. 宏观经济政策 B. 会计政策 C. 外部市场环境 D. 内部管理需要

3. 经济增加值法下，绩效管理的对象可为（　　　）。

  A. 企业 B. 下级单位 C. 高级管理人员 D. 员工

4. 学习与成长维度确定了对战略最重要的无形资产。企业常用指标有（　　　）。

  A. 员工保持率 B. 员工生产率 C. 培训计划完成率 D. 产品合格率

5. 平衡计分卡的优点包括（　　　）。

  A. 战略规划目标逐层分解，使整个组织协调一致，将战略规划目标层层落到实处

  B. 从四个维度确定绩效指标，绩效评价更为全面完整

  C. 有利于增强企业可持续发展的动力

  D. 真实地反映了企业的价值创造能力

三、判断题

1. 薪酬激励计划按期限可分为短期薪酬激励计划和中期薪酬激励计划。 （　　　）

2. 企业应清晰识别价值创造模式，按照价值创造路径识别出关键驱动因素，科学地选择和设置关键绩效指标。 （　　　）

3. 企业的关键绩效指标可分为结果类和动因类两种。 （　　　）

4. 能力开发激励计划主要包括对员工知识、技能等方面的提升计划、对发展做出的规划。 （　　　）

5. 平衡计分卡适用于战略规划目标明确、管理制度比较完善、管理水平相对较高的企业。 （　　　）

四、实训题

（一）实训目的：计算经济增加值。

（二）实训资料：流星公司有南门和北地两个业务部门，2×23 年部门相关财务数据如表 7-8 所示。

表 7-8   **流星公司南门、北地部门财务数据**   单位：万元

项目	南门	北地
税前经营利润	5 400	4 500
所得税	1 350	1 125
税后经营净利润	4 050	3 375
平均经营资产	45 000	30 000
平均经营负债	2 500	2 000
平均净经营资产	42 500	28 000

该公司企业所得税税率为 25%，公司没有需要调整的项目，加权平均资本成本率为 11%。

（三）实训要求：

（1）计算南门和北地两部门的经济增加值；

（2）使用经济增加值法分析、评价南门和北地两部门的绩效管理。